Joseph Bergmann

Die metallzeitliche Revolution

Zur Entstehung von Herrschaft, Krieg und Umweltzerstörung

Dietrich Reimer Verlag · Berlin

CIP-Kurztitel der Deutschen Bibliothek

Bergmann, Joseph:

Die metallzeitliche Revolution:
zur Entstehung von Herrschaft, Krieg u. Umweltzerstörung /
Joseph Bergmann
Berlin: Reimer 1987.
   ISBN: 3-496-00893-8

© 1987 by Dietrich Reimer Verlag
   Dr. Friedrich Kaufmann
   Unter den Eichen 57
   1000 Berlin 45

Alle Rechte vorbehalten
Printed in Germany
ISBN 3-496-00893-8

Vorwort 9

I Einführung und Wissenschaftsgeschichte 13

1. Zur Kulturanthropologie bzw. zur Wissenschaft vom Menschen . . . 16
2. Zur Neuen Geschichtswissenschaft 19
3. Stand der Zusammenarbeit zwischen der Wissenschaft vom Menschen bzw. der Kulturanthropologie und der Neuen Geschichtswissenschaft einerseits und der prähistorischen Archäologie andererseits 19
4. Wichtige Entwicklungslinien in der Geschichte der prähistorischen Archäologie 20
4.1. Methoden der Zeitbestimmung: O. Montelius, H. Hildebrandt, P. Reinecke. Naturwissenschaftliche Verfahren 20
4.2. Historische Erkenntnis als ein ursprüngliches Ziel der prähistorischen Archäologie 22
4.3. Methoden der Typologie (O. Montelius und seine Nachfolge in anderen Ländern) und der Typenkartierung (vor allem im deutschsprachigen Raum) 23
4.4. Gustaf Kossinnas Weg von der Typenkartierung zur Aufstellung von Kulturkreisen und seine „Methode der ethnischen Deutung" der Kulturkreise 23
4.5. Zur Nachfolge von Kossinna und seiner Methoden im In- und Ausland 25
4.6. Kritik an Kossinna: Ablehnung seiner „Methode der ethnischen Deutung", doch Beibehaltung der Aufstellung von Kulturkreisen . . 26

II	Kritik des Verfassers an der Methode der Kulturkreise in der prähistorischen Archäologie und neue Vorschläge	29
1.	Die Entlarvung der Kulturkreise als künstliche Konstruktionen ...	29
2.	Vorschläge zu einer anderen Aufarbeitung des Materials mit einer historischen Deutungsmöglichkeit	33
III	**Neue Methoden zur ethnischen und historischen Interpretation urgeschichtlicher Quellen (Untersuchungen zur frühen und älteren Bronzezeit Nordwestdeutschlands, ca. 1700–1000 v. Chr.)**	37
1.	Methoden der Untersuchung	37
2.	Unterschiedliche Bewaffnung bei den bronzeausgestatteten Männer- und unterschiedliche Tracht- und Schmuckarten bei den Frauengrabfunden aus den einzelnen Perioden der älteren Bronzezeit zeigen im Ergebnis regionale Grabfundgruppen innerhalb Nordwestdeutschlands	40
2.1.	Bewaffnungsunterschiede bei den Männergrabfunden lassen regionale Gebiete erkennen	40
2.2.	Der verschiedene Umfang der als Kriegergruppen zu interpretierenden regionalen Grabfundgruppen der Männer zeigt eine periodenmäßig wechselnde Vorrangstellung einzelner Gebiete innerhalb Nordwestdeutschlands an	44
2.3.	Die unterschiedlich mengenmäßige Relation der Männer- und Frauengräber deutet auf weitere Strukturunterschiede der einzelnen Gebiete hin	45
2.4.	Unterschiede in der Tracht-und Schmuckaustattung bei den Frauengrabfunden zeigen die gleiche regionale Gliederung wie die der Männergrabfunde	49
3.	Die regionalspezifischen Untergliederungen der Grabfundgruppen der Männer und Frauen in verschiedene Ausrüstungs- und Ausstattungsstufen bestätigen die Existenz der gebietsmäßigen Gesellschaften	53
3.1.	Stufengliederungen der Grabfundgruppen der Männer	54
3.2.	Stufengliederungen der Grabfundgruppen der Frauen	60
4.	Zur Frage der älterbronzezeitlichen Siedlungen	62

5.	Verschiedenartige Zusammensetzung der Mehrstück- und Einstück-Hortfunde aus den einzelnen Zeitperioden mit dem Ergebnis regionaler Hortfundgruppen in den gleichen bisher erkannten Gebieten Nordwestdeutschlands	64
5.1.	Verschiedenartige Zusammensetzung der Mehrstückhorte in den bisher erkannten Gebieten	66
5.2.	Einstückhorte als Ergänzung und Kontrast zu den Mehrstückhorten in den bisher erkannten Gebieten	68
6.	Kurzer Überblick über die bisherige Vorlage und Analyse der früh- und älterbronzezeitlichen Materialien Nordwestdeutschlands und das Desiderat der anschließenden Deutung	72
7.	Die Deutung der regionalen und der innerregional-stufenmäßigen Gliederungen	73
7.1.	Die Deutung der regionalen Grabfundgruppen	73
7.1.1.	Die Männergrabfunde	75
7.1.2.	Die Frauengrabfunde	77
7.1.3.	Die unterschiedlich mengenmäßige Relation zwischen bronzeausgestatteten Männer- und Frauengräbern in den einzelnen Regionen	78
7.2.	Die Deutung der innergebietlichen Stufengliederung der regionalen Grabfundgruppen	78
7.3.	Die Deutung der regionalen Hortfundgruppen	92
8.	Zusammenfassung und Ausblick	96
IV	**Schlußfolgerungen**	109
1.	Ging die Kultur der älteren Bronzezeit durch Umweltzerstörung zugrunde?	109
2.	Die metallzeitliche Revolution	113
3.	Urzeit und Jetztzeit	116
V	**Anmerkungen**	127
VI	**Literaturverzeichnis**	145
VII	**Nachweis der Abbildungen und Karten**	151
VIII	**Abbildungen, Karten**	153

Vorwort

Dieses Buch ist, außer für Archäologen, vor allem für Vertreter von Nachbardisziplinen, mit denen der Verfasser seit längerem in Verbindung steht – z. B. Ethnologen, Historiker, Soziologen – geschrieben worden; darüber hinaus für Vertreter weiterer geisteswissenschaftlicher Fächer sowie für alle Personen, die an Interdisziplinarität[1] interessiert sind.

Die prähistorische Archäologie pflegt heute, meist in Verbindung mit Ausgrabungen und Materialuntersuchungen, zwar die Zusammenarbeit mit der Naturwissenschaft, doch nur in geringem Maße mit geisteswissenschaftlichen Fächern der Richtung, wie sie eben genannt sind. Das anscheinend starke Interesse einer breiteren Öffentlichkeit an der Archäologie darf nicht darüber hinwegtäuschen, daß Wissenschaftler solcher Nachbardisziplinen bei uns zu wenig für sich *finden*. Als Kronzeuge ist dafür Karl Jaspers anzuführen, der in seinem Werk *Vom Ursprung und Ziel der Geschichte*[2] bei aller Bemühung und allem Interesse an der Vorgeschichte resignierend feststellen mußte, daß sie als Wissenschaft einfach zu wenig an Kenntnis über die wirklichen Lebensbezüge des Menschen vermitteln würde. Trotz wiederholter Beteuerung der theoretisch großen Bedeutung der Vorgeschichte als dem zeitlich weitaus längsten Lebensraum des Menschen kann er *Geschichte* doch erst mit dem schriftlichen *Bericht* beginnen lassen.

Die Ursachen für ein solches Urteil aber liegen an einer seit langem zu wenig weiterentwickelten Methodik in unserem Fach und an einem Defizit an Theorie insgesamt. Es ist das Anliegen dieses Buches, hier weiterzukommen und Gedankengänge zu entwickeln, die auch jenseits unserer engeren Fachgrenzen verstanden werden. Ich halte dies deshalb für wichtig, weil eine Geschichte der Menschheit nur in Verbindung mit anderen geisteswissenschaftlichen Disziplinen, vor allem auch den genannten, geschrieben werden kann, wobei auch die Ergebnisse der Archäologie nicht entbehrlich sind für jene Wissenschaftsgebiete und deren eigene Weiterentwicklung.

Solche Bemühungen können aber nicht allein im leeren Raum einer Nur-Theorie stattfinden. Sie müssen ausgehen von der Praxis und einer dabei entwickelten neuen Methodik. Dieses Buch gründet sich dementsprechend auf jahrzehntelange Arbeiten des Verfassers. Während dieser Zeit bemühte er sich mehr und mehr, mit den Ergebnissen und Gedankengängen von Nachbarfächern vertraut zu werden. Auch hier mußte zuerst ein bestimmter Grad des Verständnisses erreicht werden, ehe sich neue Gedanken zu einer inter- oder überdisziplinären Zusammenarbeit entwickeln konnten.

Diese Untersuchung beschäftigt sich mit dem vorgeschichtlichen Metallzeitalter (Bronze- und vorchristliche Eisenzeit) in Europa, das, in den einzelnen Ländern und Gebieten von Süd nach Nord zeitlich etwas gestaffelt, zwischen dem Anfang und der Mitte des zweiten vorchristlichen Jahrtausends einsetzte. Eine Ausnahme bildet lediglich der südöstlichste Zipfel des Erdteils, nämlich das insulare und festländische Griechenland, wo die ersten Bronzegegenstände bereits ein halbes Jahrtausend früher auftraten. Diesen Raum trafen über Kleinasien, aber auch wohl über See hingweg, noch intensive Auswirkungen der alten vorderasiatischen und ägyptischen Hochkulturen, die ihrerseits wieder ein halbes Jahrtausend früher, um rund 3.000 v. Chr., als erste der Welt die Bronze besaßen.

Europa wurde (außer dem genannten Südostzipfel) nicht mehr direkt von den Auswirkungen der alten vorderorientalischen Hochkulturen erreicht. Offenbar laufen hier bei der Entstehung des Metallzeitalters eigene Prozesse von einer in ihren Folgen welthistorischen Bedeutung ab, da ja auf dem Boden dieses Erdteils später das geschichtsträchtige Abendland entstand.

Dieses Buch behandelt den ersten Hauptabschnitt des europäischen Metallzeitalters, die frühe und ältere Bronzezeit. Es berichtet über eigene, langjährige Untersuchungen in einer bestimmten Region Mitteleuropas, nämlich Nordwestdeutschland, die mit einer neu entwickelten analytischen und interpretativen Methodik durchgeführt wurden. Die dabei erreichten neuen Ergebnisse und Einsichten sind m. E. modellhaft auch auf viele weitere Gebiete Europas deshalb übertragbar, weil sie sich damals auf einem prinzipiell gleichen Kulturniveau befanden.

Um hier noch einmal einige Zeitangaben zu nennen, die frühe und ältere Bronzezeit umfaßt in Norddeutschland und Nordeuropa (und in einigen angrenzenden Gebieten) die Zeitspanne von 1600–1000 v. Chr., in Süddeutschland (und gleichfalls einigen angrenzenden Gebieten) die Zeit von 1700–1200, und hat weiter nach Süden, Südwesten und Südosten einen z. T. noch etwas früheren Beginn.

Der eigentlichen Bronzezeit geht in all den hier genannten Räumen – also vom Vorderen Orient bis nach Nordeuropa – jeweils eine Übergangszeit mit mehr oder weniger vorhandenen Kupfergegenständen voraus. Diese Gegenstände aber befinden sich noch, vor allem in den meisten Teilen Europas, auf einem jungsteinzeitlichen Kulturniveau der Gesellschaften. Wenn sich hier auch mit ersten spürbaren Anzeichen etwas anbahnte, der eigentliche Zeitalterwechsel begann erst mit der richtigen Bronzezeit, in der das neue, kompliziertere technische und umfangreiche organisatorische Voraussetzungen erfordernde Metallprodukt zur Herrschaft gelangte. Die nun einsetzende Entwicklung erzeugte einen tiefgreifenden Wandel in den wichtigsten Bereichen der menschlichen Gesellschaft. Sie ist von einem deutlich prozeßhaften Charakter und einer Schnelligkeit, die in den vorangegangenen alt- und jungsteinzeitlichen Lebenszuständen der Menschheit völlig unbekannt war. Das eigentlich welthistorisch Bedeutende an diesem Prozeß aber ist, daß er sich, wohl fast ununterbrochen, bis heute fortsetzt. Die schon damals erreichten Formen und Erscheinungen auf dem wirtschaftlichen, gesellschaftlichen, politischen und ökologischen Gebiet haben heute ihre bis ins Riesige gesteigerten Fortsetzungen in der uns alle umgebenden Industriekultur und deren Auswirkungen gefunden, von denen die Hochrüstung und die Umweltzerstörung die bedrohlichsten sind.

Kassel, Oktober 1985

I. Einführung und Wissenschaftsgeschichte

Eine Hinführung zum Thema und wissenschaftsgeschichtliche Erläuterungen zum eigenen Fach und zu Nachbardisziplinen sind der Inhalt dieses Kapitels. Im zweiten Kapitel werden — bei dem Desiderat für eine unbedingt notwendige Historisierung des Faches — Kritik an den dafür unzulänglichen bisherigen Arbeitsweisen vorgetragen und neue Methoden vorgestellt. Das dritte Kapitel stellt die Anwendung dieser und weiterer neuer Methoden auf ein umfangreiches Quellenmaterial aus dem gesamten Nordwestdeutschland vor. Die Ergebnisse spiegeln die großen Veränderungen wider, die sich durch den Eingang des Metalls in die in Subsistenzwirtschaft lebenden Gemeinschaften auf den Gebieten der Wirtschaft, Gesellschaftsstruktur und Politik gebildet haben.

In den mit Hilfe dieser Ergebnisse durchgeführten weiterführenden Betrachtungen des vierten Kapitels wird der von mir entwickelte Begriff einer *metallzeitlichen Revolution* näher beschrieben und, aufgrund besonderer Nachweise, in diesem Kapitel zusätzlich der Bereich der Ökologie einbezogen. Immer deutlicher wird dabei, daß die Erscheinungen und tiefgreifenden Veränderungen dieser Zeit die Wurzeln sind für die gleichen, sich bis heute stetig steigernden Erscheinungen unserer Zeit, in der ja die Geschichte schriftlich fixiert ist. Die Bedingung für einen solchen Erkenntnisvorgang besteht allerdings darin, daß der Anschluß an die schriftgeschichtlichen Zeiten nur durch eine archäologischgeschichtliche Methode erreicht werden kann, wie sie in früheren Arbeiten entwickelt und in dieser Abhandlung vorgeführt wird.

Leider besteht in meinem Fach, eine Ausnahme bildet die Frühgeschichte, nur eine sehr geringe Tendenz zu einer solchen Arbeitsweise. Auf die Gründe für diese Haltung werde ich später in dieser Einführung vom Wissenschaftsgeschichtlichen her näher eingehen. Im Hinblick auf die soeben bezeichneten Desiderate ist es weiter notwendig, eigene, lange Bemühungen um Fortschritte auf diesem Gebiet so umfangreich in den nächsten Kapiteln darzustellen, daß der Leser die für das Metallzeitalter festgestellte archäologisch-historische Lage und die daraus erwachsenden Folgeerscheinungen im Sinne der Themenstellung versteht.

Archäologie ist ein Gesamtausdruck für verschiedene archäologische Teil-Disziplinen, wie die altorientalische, die klassische oder die prähistorische Altertumskunde. Sie alle verwenden neben oder anstelle der jeweiligen Spezialbezeichnung oft den Gesamtausdruck *Archäologie* zur Kennzeichnung ihres Faches, da dieser ein für die Nachbarfächer und darüber hinaus allgemein gültiger Begriff ist. Auch im Text dieser Arbeit ist dieser Ausdruck verwandt worden. Zur Debatte steht hier, präzise ausgedrückt, die prähistorische Archäologie, kurz Prähistorie oder Vorgeschichte bzw. Urgeschichte genannt. Während sich die anderen archäologischen Disziplinen neben einer zeitlichen Begrenzung meistens auf bestimmte Räume beziehen (z. B. orientalische, ostasiatische oder mittelamerikanische), erstreckt sich die Prähistorie, wie schon der Name sagt, auf den Zeitraum vor der Geschichte; genauer gesagt: auf den vor der schriftlich überlieferten Geschichte; denn auch die prähistorische Archäologie möchte trotz Schriftlosigkeit mit der ihr eigenen Arbeitsweise zu geschichtlichen Erkenntnissen vordringen, worauf noch zurückzukommen ist.

Die untere zeitliche Grenze der Prähistorie fällt mit dem ersten Auftreten des Menschen zusammen, die obere mit dem in den verschiedenen Ländern unterschiedlichen Beginn der Schriftgeschichte. Dieser riesige Zeitraum von mindestens zwei Millionen Jahren, ist um ein Hundert- oder Mehrhundertfaches größer, als der der geschriebenen Geschichte. Das Untersuchungsgebiet umfaßt den gesamten Erdball. Allein diese Tatsachen zeigen, welche Bedeutung die prähistorische Archäologie für die Erforschung der Menschheitsgeschichte besitzt.

Es ist klar, daß der einzelne Fachwissenschaftler nicht in diesem ganzen riesigen zeitlichen und räumlichen Rahmen *zu Hause* sein kann. So ist der Autor dieses Buches zuständig für die europäische Prähistorie, näherhin die mitteleuropäische und bewegt sich zeitlich gesehen in den Epochen von Paläolithikum bis in die Zeit einiger Jahrhunderte nach Christi Geburt. Ein Schwerpunkt lag dabei auf den letzten beiden vorchristlichen Jahrtausenden, welche die Metallzeiten, die Bronze- und die vorchristliche (auch *vorrömisch* genannte) Eisenzeit, umfassen. In ihnen sieht der Verfasser − nach der sogenannten *neolithischen Revolution*, dem Übergang zur landwirtschaftlichen Produktion (in Mitteleuropa vom 5.−4., im Vorderen Orient bereits vom 9.−7. vorchristlichen Jahrtausend an) − eine Zeitspanne von entwicklungsmäßig besonders starker Progressivität.

Den letzten beiden vorchristlichen Jahrtausenden entstammen auch die meist auf eigenen Ausgrabungen und Forschungen beruhenden Materialien, von denen jener Teil, der sich auf das 2. vorchristliche Jahrtausend bezieht, − analytisch und interpretationsmäßig aufgearbeitet und in mehreren Publikationen vorgestellt − als Vorgabe für diese Abhandlung dient. Der so gewonnene und hier jetzt vorzustellende Gesamtüberblick läßt das soeben als progressiv bezeichnete Metallzeitalter als eine evolutionäre Epoche erscheinen. Dieser Begriff wird von mir nicht im Sinne einer gewissermaßen gesetzmäßig völlig vorherbestimmten Entwicklung aufgefaßt, sondern soll eher besonders ausgeprägte innere Folgerichtigkeiten im Ablauf bestimmter historischer Prozesse, hier des Metallzeitalters, ausdrücken. In derartigen Prozessen kommen demnach durchaus mehr oder weniger (je nach Stärke einer kulturellen Bindung) freie Entscheidungen des Menschen bzw. einer menschlichen Gruppe vor, doch stammen sie vom Beginn besonderer historischer Prozesse, die von anfangs noch nicht einzuschätzenden schwerwiegenden Folgen begleitet werden. Solche Prozesse unterscheiden sich eben durch das Schwerwiegende der Folgen von vielen anderen mit *leichteren* Folgen, und gerade bei den ersteren, die wohl nur in größeren Abständen in der Geschichte erscheinen, kommt jene evolutionäre Komponente zur Wirkung. Ein Kriterium dabei ist, daß sich Generationen, die der Anfangs- bzw. Initialisierungsphase des Prozesses folgen, nur schwer diesen Auswirkungen entziehen können.

In den vorher erwähnten Arbeiten, die u. a. dieser Abhandlung zugrunde liegen, zeigen sich über viele Jahre hinwegreichende wissenschaftliche Bemühungen, die einerseits von älteren bewährten Verfahrensweisen ausgingen, bei denen aber andererseits stärker neue Methoden angewandt wurden, die vom Verfasser im Fortgang jener Arbeiten entwickelt wurden. Schon vor oder zu Beginn dieser Arbeiten war die Kenntnis von Nachbarfächern, besonders deren Arbeitsweise sowie Theorie und Praxis, sehr nützlich, notwendig aber waren solche für den Vorgang der Interpretation und Deutung von mir quellenmäßig und analytisch aufgearbeiteten Materialien. Zeigt doch bereits eine einfache (aber im Fach nur selten für eine Erkenntnisvermehrung angestellte) Überlegung, daß viele, meist organische und fast immer restlos vergangene Dinge, dazu die immateriellen Bereiche des menschlichen Lebens in der Urzeit, durch die Prähistorie nicht mehr oder nur selten im ausreichenden Maße aufzudecken sind. Ein Gang zu den Nachbarfächern ist demnach unabdingbar.

Eine solche Arbeits- und Betrachtungsweise möchte der Verfasser mit dem Ausdruck *Archäologie als Wissenschaft vom Menschen* bezeichnen, womit nicht eine neue Disziplin gemeint ist. Vielmehr soll damit die Zusammenarbeit einer Reihe von Fächern bezeichnet werden, die mit dem Wort *interdisziplinär* noch nicht richtig charakterisiert ist. Genauer gesagt, handelt es sich hier um ein *Aufeinanderzugehen* von Fächern auf einen gemeinsamen Interessenmittelpunkt hin, nämlich: d e n M e n s c h e n . Ihn hofft man hier deutlicher oder ganzheitlicher aufzufinden, was mit den Mitteln des jeweils eigenen Faches allein offenbar nicht möglich ist.

Eine solche Bewegung zu einer *Wissenschaft vom Menschen* hin ist seit Anfang des Jahrhunderts zuerst in der nordamerikanischen Forschung (von dort her stammt auch der Begriff *science of man*) entwickelt worden im Rahmen von Fächern, zu denen die Ethnologie und etliche andere gehören, die später noch genauer benannt werden. Der im folgenden Abschnitt näher vorgestellte Roland Girtler sagt dazu in seinem vor einigen Jahren erschienenen Buch[3] über die Kulturanthropologie folgendes: „Gegen Ende des 19. Jahrhunderts, als man einsehen mußte, daß das evolutionistische Paradigma nicht weit von Spekulation entfernt war, begannen sich die unter Anthropologie vereinten Einzeldisziplinen zu ihrem Nachteil zu verselbständigen. Als erste fanden die vergleichende Religionswissenschaft und die Urgeschichte den Weg aus der Anthropologie. Interessant ist nun, daß im amerikanischen Raum die Forderung nach einer integrativen Wissenschaft vom Menschen tradiert werden konnte, wie es die unter Boas weitergeführte *cultural anthropology* zeigt. Im europäischen Raum führten dagegen die Disziplinen vom Menschen von nun an ein Eigenleben, das zu durchbrechen erst eine Forderung der letzten Jahre ist."

In den deutschsprachigen Ländern hat man nun als Ausdruck für die geschilderte Arbeitsweise die Bezeichnung *Kulturanthropologie* verwandt, die inzwischen auch eine relativ größere Verbreitung gefunden hat. Inhaltlich ist sie völlig deckungsgleich mit dem Ausdruck *Wissenschaft vom Menschen*. Ich möchte den Ausdruck *Kulturanthropologie* aber deshalb in dieser Arbeit weniger benutzen, weil er aus sich heraus nicht so klar verständlich ist und auch schon zu Verwechslungen mit anderen, ähnlich klingenden Begriffen geführt hat. Da er aber, wie gesagt, im deutschsprachigen Raum neuerdings der übliche ist, werde ich mich in den folgenden erklärenden Abschnitten dieses Kapitels auch auf ihn beziehen — wissend, daß mit ihm dasselbe gemeint ist, wie mit dem von uns hier bevorzugten Ausdruck der *Wissenschaft vom Menschen*.

In den nun folgenden Abschnitten werden Erläuterungen dieses und noch weiterer für die Abhandlung wichtigen Begriffe gegeben, vor allem aber zum eigenen Fach·der prähistorischen Archäologie, wobei auch wichtige wissenschaftsgeschichtliche Entwicklungen vorgestellt werden. Sie werden zeigen, daß die prähistorische Archäologie im europäischen Raum schon lange Zeit hindurch von einer starken — zu starken — Beharrungstendenz in der Methoden- und Theoriebildung gekennzeichnet ist, die aufzulösen nur e i n Anliegen meiner Bemühungen ist; ein anderes, den Verfasser ebenso bewegendes: die europäische prähistorische Archäologie stärker in den Umkreis und in das Interesse jener Fächer zu führen, die schon länger in ihren Anstrengungen um eine *Wissenschaft vom Menschen* oder um eine *Kulturanthropologie* so erfolgreich zusammenwirkten.

1. Zur Kulturanthropologie bzw. zur Wissenschaft vom Menschen

In einem Beitrag[4] des zusammen mit E. W. Müller 1966 herausgegebenen Sammelbandes schreibt W. E. Mühlmann zur Kulturanthropologie: „Alle beteiligten Fachleute haben daher die Pflicht, sich um die Sache zu kümmern, sie zu untersuchen, ihr vernünftiges Maß zu bestimmen und zu verteidigen gegen alle Versuche dilettantischer Einbrüche und dilettantischen Mißbrauchs. Es wäre bedenklich, wenn die Fachleute sich weigerten, sich mit den neuen Fragestellungen *kulturanthropologischer* Art zu beschäftigen — aus Furcht, schon beim bloßen *Blick über den Zaun* mit den Miasmen des Dilettantismus infiziert zu werden: durch eine solche Haltung würde man eine an sich gesunde Sache am sichersten der Pestilenz des Obskurantismus preisgeben. Es kommt vielmehr darauf an, mutig den Zaun niederzulegen und mit wissenschaftlich vernünftigen Methoden das Neuland zu kultivieren." Diesem Appell, am Neuen mitzuwirken, folgt an späterer Stelle: „Die Kulturanthropologie ist vielmehr tatsächlich eine anthropologische Disziplin, d. h. sie zielt auf eine Erkenntnis des Menschen."

Einer jüngeren Generation gehört Roland Girtler an, der 1979 eine Monographie über Kulturanthropologie veröffentlichte.[5] Er sagt von der Intention seines Buches,[6] daß diese „sich orientiert an der Diskussion um die Interdependenz der mit der *gesellschaftlichen und kulturellen Natur* des Menschen befaßten Disziplinen, zu denen die Soziologie, die Ethnologie (bzw. Sozial- und Kulturanthropologie), die Psychologie, die Linguistik und die historischen Wissenschaften zählen." Von seinen Absichten und Vorstellungen sagt der Autor weiter:[7] „Implizit ist damit das Postulat verknüpft, die verschiedenen wissenschaftlichen Bereiche aufeinander zurückzuführen, womit ausgedrückt werden soll, daß eine Differenzierung einzelner Disziplinen z. T. eine artifizielle bleiben muß (beachte die strukturelle Einheit von Soziologie, Ethnologie und Geschichte). Eine solche angedeutete Interdisziplinarität, wie sie im amerikanischen Raum gefördert wird, findet sich bereits bei den Gründervätern der Soziologie, die, wie z. B. Durkheim, Malinowski und Thurnwald, *ethnologisches* Material mit *soziologischen* Theorien verwoben bzw. ersteres für letztere benutzten."

In dem Kapitel über *die Ideengeschichte der Kulturanthropologie und die Bestimmung der Kulturanthropologie* heißt es:[8] „Diese *Ideengeschichte* (der Kulturanthropologie) sollte aber auch andeuten, wie problematisch es ist, die *anthropologischen* Disziplinen voneinander zu trennen. Die Trennung in verschiedene Disziplinen ist in der zweiten Hälfte des vorigen Jahrhunderts bzw. erst in diesem Jahrhundert durchgeführt worden, was mit sich brachte, daß die ehemals miteinander verbundenen Bereiche, wie die Ethnologie, Prähistorie, Soziologie u. a., nun begannen, ein Eigenleben zu führen. Dies hatte zur Folge, daß der Mensch nicht mehr als *Ganzes* gesehen wurde ... " — „Mit dieser Atomisierung der Betrachtungsweise menschlichen Handelns ist der Verlust der Einsicht in die Komplexität menschlichen Seins verbunden, was schließlich zu Dehumanisierung der Einzeldisziplinen führte."

Aus den Zitaten ist zu ersehen, daß die Trennung der Einzeldisziplinen (oder genauer noch vielleicht der Verlust ihrer engen, mit vielen Arbeitsübergängen versehenen Nachbarschaft und des Bewußtseins, eine im ganzen übergeordnete Einheit darzustellen) zur Folge hatte, daß wichtige, ursprünglich vorhandene und auch das einzelne Fach bestimmende Ziele oft völlig aus den Augen verloren wurden.

Für sehr wichtig und auch den heutigen Status der betreffenden (und *betroffenen*) Einzeldisziplinen schlagartig beleuchtend halte ich das oben zitierte Postulat Girtlers, daß *die verschiedenen wissenschaftlichen Bereiche aufeinander zurückzuführen* seien. Damit wird deutlich, daß die Kulturanthropologie ja nicht eine der vielen und laufend weiterentstehenden, neuen Einzeldisziplinen sein kann (was ja gerade die, bei der heutigen Arbeitsweise anscheinend so schwer vermeidbare Crux ist), sondern die Rückgewinnung einer früheren, größeren Einheit anzustreben hat. Um sich über weitere Darstellungen der Kulturanthropologie zu orientieren, sei auf das umfangreiche Literaturverzeichnis bei Girtler verwiesen. Dort, wie auch bei Girtler selbst, wird genügend deutlich, daß es sich bei den beiden Ausdrücken *Wissenschaft vom Menschen* und *Kulturanthropologie* um deckungsgleiche Begriffe handelt.

Hinzuweisen ist jedoch noch auf eine dritte und wichtige Arbeit zur Kulturanthropologie, die mir erst einige Zeit nach ihrem Erscheinen im Jahre 1981 (schon als zweite Auflage)[9] zu Gesicht kam. Die Untersuchung Justin Stagls unterscheidet sich von der Arbeit Roland Girtlers durch eine andere Zielsetzung. Während Girtler in seiner Arbeit eine ausgezeichnete Übersicht bietet und die verschiedenen (zum Teil schon historischen, zum Teil aber immer noch bis heute nachwirkenden) Richtungen, vor allem der Ethnologie, schildert und dabei kritisch beleuchtet, verlegt Stagl die Problematik seiner Betrachtungen sozusagen *in das Herz der Wissenschaftler* selbst. Er weist öfters darauf hin, daß ihm daran gerade gelegen sei, was auch im Untertitel der Arbeit ausgedrückt wird: Man kann sagen, daß diese solcherart verschiedenen Aspekte der beiden Arbeiten sich ergänzen, aber auch notwendig sind, damit der Leser ein abgerundetes Bild vom Thema bekommt. Girtlers Arbeit haben wir einigermaßen für unser Anliegen zitiert, während wir von Stagls Ausführungen (auf die wir in einer anderen, für die Zukunft geplanten Arbeit, stärker zurückkommen wollen) hier zumindest noch einmal die Wichtigkeit seiner lt. Untertitel *wissenschaftssoziologischen Darstellung* hervorheben möchten. Vielleicht kann durch sie eine stärkere Bereitschaft auch bei anderen Wissenschaftlern geweckt werden, auf dem Weg des notwendigen erkenntnismäßigen Fortschritts voranzugehen. Auch meine Ansicht im eigenen Fach ist die, daß die Bereitschaft oder Nichtbereitschaft zu derartigen Fortschritten (s. meine obige Bemerkung über eine *zu starke Beharrungstendenz*) im einzelnen Wissenschaftler liegt. Hier werden die Entscheidungen innerhalb des Wissenschaftsbetriebes offenbar von vielen psychologischen Faktoren der Persönlichkeit und noch mehr der Gruppe gesteuert. Gegen sie mit Polemik anzugehen, ist schon deshalb ein falscher Ansatz, weil durch diese immer eine Gegenhaltung erzeugt wird. Der bessere Weg ist, durch Überzeugung zu wirken, auch wenn dies mühsamer und langwieriger, dafür aber auch dauerhafter ist.

2. Zur neuen Geschichtswissenschaft

Auf eine andere Seite möchte ich an dieser Stelle noch zu sprechen kommen. Girtler (siehe obige Zitate) und andere Autoren führen als der Kulturanthropologie zugehörige Fächer auch *die historischen Wissenschaften* oder auch direkt *die Geschichte* auf. Hier kann es sich aber in erster Linie nicht um die alte — und zu beachtlichen Teilen im Kern auch noch heute betriebene — Geschichte *der Haupt- und Staatsaktionen* handeln. Effizienter für die *kulturanthropologischen* Fächer (und im Kern zu ihnen gehörig) ist eine *Neue Geschichtswissenschaft*, unter welchem Titel eine Buchveröffentlichung von Georg G. Iggers[10] vorliegt. Eine gute Einführung bietet hierfür auch Hans-Ulrich Wehler in seiner *Geschichte als Historische Sozialwissenschaft*.[11] Es handelt sich, kurz gesagt, um die mühsame und viele Jahre währende Anstrengung, u. a. diese beiden, bis dahin fast völlig in Trennung befindlichen — oder in diese Situation geratenen — Fächer zu einer gemeinsamen Arbeitsweise (*historisch* für die Soziologie, *sozialwissenschaftlich* für die Geschichte) zu verbinden. Diese Bemühungen fielen in Deutschland in die Jahre nach 1950 oder 1960 und haben anscheinend erst in den siebziger Jahren eine feste Gestalt und bessere Grundlage gewonnen. In Frankreich wurden solche Bemühungen bereits in der Zeit nach dem Ersten Weltkrieg aufgenommen,[12] wofür besonders wichtig die 1929 von Lucien Febvre und Marc Bloch gegründete Zeitschrift *Annales d'histoire économique et sociale*, meist kurz *Annales* genannt, ist.

Eine nähere Verbindung scheint zwischen den Bereichen *Kulturanthropologie* und *Neue Geschichtswissenschaft* noch nicht zustandegekommen zu sein, obschon das unseres Erachtens einer der wichtigen künftigen Schritte sein sollte. Bei der folgenden Darstellung über die prähistorische Archäologie, u. a. über die vom Verfasser versuchten Fortschritte im Sinne unseres Themas, muß dieses besonders berücksichtigt werden. Eine historische Interpretation entspricht auch den weiter unten vorzutragenden, langjährigen eigenen Bemühungen.

3. Stand der Zusammenarbeit zwischen der Wissenschaft vom Menschen bzw. der Kulturanthropologie sowie der Neuen Geschichtswissenschaft einerseits und der prähistorischen Archäologie andererseits

Wie ist nun das Verhältnis der prähistorischen Archäologie zur Kulturanthropologie bzw. zur Wissenschaft vom Menschen? Während seit längerem bei der nordamerikanischen Forschung (von gewissen Ausnahmen in jüngerer Zeit abgesehen) ein enger Kontakt besteht, wofür die zahlreichen Beiträge in der Zeitschrift „Current Anthropology" zeugen, ist davon in der entsprechenden europäischen so gut wie gar nichts zu verspüren. Auch zu der oben kurz aufgeführten *Neuen Geschichtswissenschaft* besteht hier meines Wissens keinerlei Kontakt. Da aber die prähistorische Archäologie von Beginn an dahin tendierte, irgendwie zur *Geschichte* vorzudringen, ist es angebracht, einen kurzen Überblick über die Anfänge und die Weiterentwicklung des Faches zu geben: weniger über die oft eindrucksvollen Ausgrabungen und Funde als darüber, wie sich das Fach erkenntnistheoretisch bei der Bearbeitung seines Stoffes verhielt und welche Methoden dabei entwickelt wurden.

4. Wichtige Entwicklungslinien in der Geschichte der prähistorischen Archäologie

4.1. Methoden der Zeitbestimmung: O. Montelius, H. Hildebrandt, P. Reinecke. Naturwissenschaftliche Verfahren

Es ist klar, daß die Zeitbestimmung der archäologischen Fundmaterialien eine der wichtigsten Voraussetzungen dafür ist, zur *Geschichte* vorzudringen. Es ist deshalb auch nicht zu hoch bewertet, wenn man die Entdeckung des sogenannten Dreiperiodensystems — die Erkenntnis einer aufeinanderfolgenden Stein-, Bronze- und Eisenzeit — durch Christian Thomsen vom Dänischen Nationalmuseum in Kopenhagen in den Jahren 1820–1824 (veröffentlicht 1836[13]) als den wissenschaftlichen Beginn des Faches ansieht. Rund 50 Jahre später, etwa in den Jahren 1870–1875, gelang es Oskar Montelius vom Schwedischen Nationalmuseum in Stockholm, zusammen mit seinem Kollegen Hans Hildebrandt, große Teile des inzwischen stark angewachsenen skandinavischen Fundmaterials nach Formen und Typen zu gliedern.[14] Diese Formen und Typen ordnete dann Montelius später in *typologische Reihen*. Dabei schwebte ihm wohl das Prinzip des technischen Fortschritts oder einer Art *Evolution* vor, das die verschiedenen Entwicklungen einer Gesamtform erkennen ließ, wie z. B. bei Bronzebeilen oder Fibeln. Dies war für Montelius die Leitlinie eines zeitlichen Nacheinander. Es erscheint möglich, daß er dabei auch Gedanken von Charles Darwin übernommen hat, der eine entwicklungsmäßig-zeitliche Reihenfolge bei tierischen Lebewesen festgestellt hatte und dessen darüber erschienenes Buch *Die Entstehung der Arten* schon damals hoch im Kurs stand (auf die Problematik einer Übertragung von der Biogenetik auf menschliche Artefakte soll hier nicht näher eingegangen werden).

Montelius nannte sein Verfahren die *typologische Methode*. Mit Hilfe solcher zeitlichen, typologischen Formenreihen und dem gemeinsamen Vorkommen verschiedenartiger Typen in den sogenannten *geschlossenen Funden* (die sicher gleichzeitig niedergelegte Fundensembles sind, wie z. B. die verschiedenen Beigaben in einem Grabe), entwickelte er feinere zeitliche Unterteilungen der von Thomsen geschaffenen großen Zeitblöcke, hier vor allem der Bronze- und Eisenzeit. Diese feinere Zeiteinteilung nannte Montelius *Perioden*, die er mit I, II, III usw. bezeichnete. Dieses Zeitgerüst wurde gültig für Nordeuropa, größere Teile des nördlichen Mitteleuropas und Teile von Westeuropa.

Erst geraume Zeit später schuf der deutsche Forscher Paul Reinecke in München ein zweites Zeitsystem, dessen Unterteilungen mit A, B, C, D usw. bezeichnet wurden und das seinerseits gültig wurde für die südlichen Teile von Mitteleuropa und Teile von Süd-, Südost- und Südwesteuropa (dort auch mit landeseigenen Differenzierungen).[15] Die einzelnen Untergliederungen dieser beiden Systeme (man spricht z. B. von Periode I der Bronzezeit nach Montelius und Stufe A der Bronzezeit nach Reinecke) waren zeitlich nicht genau miteinander zu parallelisieren; sie wurden aber, besonders in den sich überschneidenden Randgebieten der Systeme, ungefähr zueinander in Beziehung gesetzt. Der Grund für die Verschiedenheit der Systeme beruhte auf einem verschiedenen Kulturablauf in diesen Räumen. Später stellte sich auch heraus, daß die Systeme keineswegs völlig in dem jeweiligen Großraum stimmten, was bei den in der Folgezeit entstehenden zahlreichen wissenschaftlichen Aufarbeitungen der verschiedenen Regionen entsprechend differenziert werden mußte.

Mit dem von Montelius zuerst geschaffenen Zeitgerüst war also eine Einteilung langer vorgeschichtlicher Epochen in Europa geschaffen worden, doch stellte diese Einteilung nur erst eine relative Chronologie dar, d. h. mit ihrer Hilfe konnte bestimmt werden, was zeitlich jeweils älter und was jünger war. Es fehlte eine absolute Chronologie, auch diese schuf Montelius.[16] Auf weiten Reisen in den mittel- und südeuropäischen Ländern, bis in den Vorderen Orient, studierte er umfangreiche Fundmaterialien in den dortigen Museen und Sammlungen. Zwei Punkte sind für die von ihm dann erreichte *absolute Chronologie* von ausschlaggebender Bedeutung. Der erste: Die südeuropäischen und vorderorientalischen Länder waren lange vor den Regionen Mittel- und Nordeuropas zu einer Art geschriebener Geschichte und zur Aufstellung von Jahreszahlen gekommen. Die dabei älteste Zeitrechnung besaß Ägypten, sie reichte bis rund 3.000 Jahre v. Chr. zurück.

Eine jüngere Geschichtsschreibung fand sich in Griechenland, deren Anfänge bis ins erste Viertel des letzten vorchristlichen Jahrtausends zurückging; dann im frühen Rom eine solche, die bis ins zweite Viertel dieses Jahrtausends reichte. Die ältesten antiken Nachrichten über Völkerschaften nördlich der Alpen stammen aus der letzten Hälfte des letzten vorchristlichen Jahrtausends. Aus den letzten beiden vorchristlichen Jahrhunderten, besonders aber aus den ersten Jahrhunderten nach Chr. mehren sich solche Berichte, um mit dem Untergang des römischen Reiches sehr zurückzugehen. Eine eigene Schriftgeschichte beginnt in Mitteleuropa mit den Franken und nimmt unter den Karolingern eine feste Gestalt an. In Nord- und Osteuropa treten Wikinger und slawische Völkerschaften erst in der Zeit um 1.000 n. Chr. und später in eine eigene Schriftgeschichte ein.

Zweitens sind für eine absolute Chronologie die archäologischen Fundstücke wichtig, die als Importe von älteren schriftbesitzenden Kulturen in Regionen gelangten, die erst später zur Schriftgeschichte übergingen, so etwa von Ägypten in die vorgriechischen und griechischen Gebiete oder vorgriechische und und später griechische und römische Importe in die Länder nördlich der Alpen. Dabei war auch das bereits erarbeitete relativchronologische Gerüst von größter Bedeutung: so etwa für die Zeitbestimmung des dritten und zweiten vorchristlichen Jahrtausends in Kreta und im späteren Griechenland, wo ägyptische Importe mit den dortigen archäologischen Stufen verbunden werden konnten. Die Zeitdauer der mit solchen archäologischen Methoden bestimmten einzelnen Stufen unterschritt etwa für das dritte vorchristliche Jahrtausend jeweils kaum 200 Jahre, während für die letzten Jahrhunderte v. Chr. Geb. Zeitstufen von *nur* etwa 100 Jahren Dauer erreicht wurden.

An dieser Stelle sei erwähnt, daß in den letzten Jahrzehnten auch Methoden einer Zeitbestimmung auf naturwissenschaftlicher Basis entwickelt wurden: Für die langen Zeiträume der älteren und mittleren Steinzeit – die mit den vorher genannten archäologischen Methoden nicht bestimmt werden konnten – wurde die C14-Methode herangezogen (sie beruht auf dem zeitlich bestimmbaren Zerfall von Kohlenstoff 14 in den Überresten von Lebewesen, wie etwa Knochen oder Holzkohle). Diese Methode kann aber in dieser Arbeit wegen z. T. geringer Datenunterschiede unberücksichtigt bleiben.

Eine zweite naturwissenschaftliche Methode, nun speziell für jüngere Perioden (inzwischen auch schon einige Jahrtausende umfassend) ist die Dendrochronologie, bei der die Datierung auf einer Untersuchung der Beschaffenheit und Struktur von Jahresringen in Bäumen und alten Hölzern beruht. Ihre Anwendbarkeit ist dadurch stark eingeschränkt, daß nicht immer entsprechendes Material in den Fundschichten und -komplexen vorhanden bzw. erhalten ist und weiterhin dadurch, daß – zu Anfang nicht als notwendig erkannte – regionale Untersysteme neuerdings aufgestellt werden müssen.

4.2. Historische Erkenntnis als ein ursprüngliches Ziel
     der prähistorischen Archäologie

Kommen wir auf die archäologischen Chronologiemethoden zurück, so war also noch vor der letzten Jahrhundertwende ein brauchbares Zeitgerüst für die vorchristlichen Epochen bis zurück in die Zeit um 3.000 v. Chr. erstellt worden.

Schon von ihrem Beginn an nahm sich, wie bereits erwähnt, die prähistorische Archäologie auch zum Ziel, die Vorgeschichte in eine Geschichte umzuwandeln. Dies sollte etwa auf folgendem Wege geschehen: Am zeitlichen Ende der Vorgeschichte, das gleichzeitig der Beginn einer Schriftgeschichte ist, wird in den antiken Schriftquellen von Stämmen und Völkerschaften in den von der Prähistorie anfangs vorzüglich bearbeiteten Regionen Mittel- und Nordeuropas berichtet, die von der schrifthistorischen Forschung generell als wesentliche Geschichtsträger angesehen werden. Da diese Einheiten zu dieser Zeit sozusagen schon fix und fertig vorhanden waren, lag nichts näher als der Gedanke, daß sie in dieser Form auch weiter in die vorgeschichtlichen Zeiten zurückreichen würden. Es müßte nur ein Weg entdeckt werden, wie man das mit den archäologischen Materialien beweisen könnte, zumal man damals, besonders auf sprachkundlichen Ansichten basierend, die Stämme als in langen Zeiten natürlich gewachsene (sozusagen biologische) Einheiten ansah.

4.3. Methoden der Typologie (O. Montelius und seine Nachfolge in anderen Ländern) und der Typenkartierung (vor allem im deutschsprachigen Raum)

Vom Ende des vorigen Jahrhunderts an unternahm es besonders die prähistorische Forschung in Deutschland, die archäologischen Fundmaterialien nach dem Vorbild von Montelius und Hildebrandt formen- und typenmäßig zu gliedern. Anders als bei Montelius, der ja in erster Linie ein chronologisches Gerüst erstellen wollte, nahm man nun die verschiedenen Typen in Museen und Sammlungen möglichst vollständig auf und trug die einzelnen Fundorte in geographische Karten ein. Das Ziel war, Gesamtverbreitungskarten von Typen zu erstellen. Dabei wurde schließlich eine eigene *Kommission für Prähistorische Typenkarten* gegründet, die die Ergebnisse ihrer Tätigkeit zwischen den Jahren 1900–1914 veröffentlichte.[17] ohne daß daraus weitere Schlüsse, erst recht nicht historischer Art, gezogen wurden.

4.4. Gustaf Kossinnas Weg von der Typenkartierung zur Aufstellung von Kulturkreisen und seine *Methode der ethnischen Deutung* der Kulturkreise

In den gleichen Jahren, also vom letzten Jahrzehnt des vorigen Jahrhunderts an, arbeitete auch Gustaf Kossinna mit Typenverbreitungskarten. Im Gegensatz jedoch zu den Mitgliedern der *Kommission für Prähistorische Typenkarten* versuchte er, aus solchen Verbreitungskarten weitgehende historische Schlüsse zu ziehen. Er war Schüler von Karl Müllenhoff, der sich damals mit anderen Philologen bemühte, das Problem der Urheimat der Indogermanen und Germanen von der sprachwissenschaftlichen Seite her zu lösen. In diesen Kreisen wurde die schon von der Romantik entwickelte Idee eines *uralten Volkstums* vertreten; auch der *Stamm* war danach, wie oben schon erwähnt, etwas *alt und in langen Zeiten natürlich Gewachsenes.*

Kossinna war begeistert von den Ideen seines Meisters und sah nach seinen eigenen Worten schon früh seine Lebensaufgabe darin, diese — seiner Meinung nach noch unzulänglichen — Gedanken durch die Hinzufügung von ihm selbst zu entwickelnde Methoden der vorgeschichtlichen Archäologie erst richtig beweiskräftig zu ihren Zielen zu führen. Dabei ging er so vor, daß er mehrere, sich räumlich einigermaßen deckende Typen- und Formenverbreitungskarten einer bestimmten Epoche als *Kulturprovinz* oder auch als *Kulturkreis* erklärte.[18] Dies stellte er zuerst für die ihm in besonderer Weise am Herzen liegenden Germanen und für deren in frühen antiken Schriftgeschichtsquellen angegebenen Siedlungsräume fest. Dann versuchte er, durch die dem jeweils jüngsten Kulturkreis vorhergehenden und diesem formenmäßig innerlich verwandten Kulturprovinzen das Ursprungsgebiet dieser ganzen genetischen Kulturreihe zu entdecken. Diesen Raum erklärte er dann als die Urheimat des sich in den Kulturprovinzen darstellenden Volkes, in diesem Falle also die der Germanen.

Mit diesen Anschauungen trat er zuerst 1895 auf einer Tagung der Deutschen Anthropologischen Gesellschaft in Kassel vor die Öffentlichkeit und erregte dabei eine beachtliche Aufmerksamkeit seiner Zuhörer. Leider zeigte er dabei überhaupt keine Verbreitungskarten der von ihm zitierten Kulturkreise vor, so daß es sich eigentlich nur um Behauptungen handelte. Damals nahm man noch an, daß er solcherlei beweisende Unterlagen zu Hause in seinem Arbeitsmaterial besäße und bald publizieren würde. Erst nach Jahrzehnten veröffentlichte er einige Verbreitungskarten, doch längst nicht alle, die für einen solchen Nachweis nötig gewesen wären. Auch seine *Methode* beschrieb er erst viele Jahre später, nämlich im Jahre 1911 im Rahmen seiner Arbeit *Die Herkunft der Germanen. Zur Methode der Siedlungsarchäologie*; leider auch hier nur sehr allgemein und im wesentlichen von Behauptungen getragen.

Wir wollen aus diesem Buch einige Zitate bringen: „Die Methode bedient sich des Analogieschlusses, insofern sie die Erhellung uralter, dunkler Zeiten durch Rückschlüsse aus der klaren Gegenwart oder aus zwar ebenfalls noch alten, jedoch durch reiche Überlieferung ausgezeichnete Epochen vornimmt. Sie erhellt vorgeschichtliche Zeiten durch solche, die in geschichtlichem Lichte stehen, zunächst am besten die jüngsten, dem Beginn der Geschichte unmittelbar vorausliegenden vorgeschichtlichen Zeiten durch die benachbarte Frühgeschichte. Diesen so angesponnenen Faden der Erkenntnis vorgeschichtlicher Zeit ... lassen wir nun nicht wieder fallen, sondern spinnen ihn in immer ältere Zeiten hinauf." — „Der leitende Gesichtspunkt, dessen Richtigkeit für die früh geschichtlichen Zeiten tausendfach erprobt worden ist, sich stets von neuem bewährt und somit ebenso für die dicht angrenzenden, wie für die weit zurückliegenden v o r geschichtlichen Perioden seine Geltung haben muß, ist folgender: S c h a r f umgrenzte archäologische Kulturprovinzen decken sich zu allen Zeiten mit ganz bestimmten Völkern und Völkerstämmen."

4.5. Zur Nachfolge von Kossinna und seiner Methoden im In- und Ausland

Diese von Kossinna[19] propagierte Richtung einer Vorgeschichtsforschung fand bedauerlicherweise eine nicht geringe Nachfolge. Daß sich solches über eine längere Zeit hielt, lag (außer den nichtwissenschaftlichen Tendenzen) eben auch daran, daß Kossinna, wie schon gesagt, so lange mit den *Beweisen* seiner Behauptung zurückhielt, die sich dann nicht allein als sehr lückenhaft für seine eigenen Postulate herausstellten, sondern auch zeigten, daß man mit Kossinnas angeblicher *Methode* die gesteckten Ziele nicht erreichen konnte. Dies wurde vor allem dadurch deutlich, daß von einer ernsthafter sich mühenden Forschung vergeblich versucht wurde, mit dieser Arbeitsweise die *Urheimat* oder den *Uranfang* anderer europäischer Völkerschaften oder Stämme im nordalpinen Raum, die in den antiken Schriftquellen auftauchten – so etwa die der Kelten – zu ergründen. In den von der Zeit der ersten schriftgeschichtlichen Erwähnungen an nach rückwärts in die Vorgeschichte hinein verfolgten Kulturkreisen zeigten sich in den entsprechenden Siedlungsräumen bald kulturelle Abbrüche, die es nicht gestatteten, von einer noch darüber hinaus reichenden genetischen Einheit zu sprechen.

So zeigt sich beispielsweise bei der Erforschung der Urgeschichte der Kelten, die man mit der Latènekultur im großen und ganzen in Verbindung bringen konnte, daß sich vom Endstadium dieser Kultur, der jüngereisenzeitlichen Spätlatènekultur um Christi Geburt (wo sich ihre Träger auch nach antiken Schriftquellen über weite Teile des südlichen Mitteleuropas und des westlichen und südöstlichen Europas verbreitet hatten), kulturgenetisch nur bis in die Zeit um 450 v. Chr. zurückgehen ließ (wo in der Frühlatènekultur die Kelten hauptsächlich nur erst Süddeutschland und einige darüber hinausgehende Landschaften besiedelten). Die davorliegende Hallstattzeit (etwa 700–450 v. Chr.) zeigte ein kulturell anderes Gesicht. Von dieser wich die davorliegende Kultur der sogenannten Urnenfelderzeit (etwa 1.200–700 v. Chr.) wieder deutlich ab und von der Urnenfelderzeit die wiederum ältere Kultur der süddeutschen Hügelgräberbronzezeit (etwa 1.600–1.200 v. Chr.). Einige Zeit hindurch (besonders solange Kossinna noch nicht völlig widerlegt war) hielt man es für möglich, daß sich die Urgeschichte der Germanen bis in die frühe Bronzezeit (ca. 1.600 v. Chr.) zurückverfolgen ließe, doch erwies sich später (nach 1950), daß man sie höchstens noch mit den Anfängen der sogenannten Jastorfkultur (etwa 5. Jahrhundert v. Chr.) im norddeutschen und südskandinavischen Raum identifizieren konnte.

4.6. Kritik an Kossinna: Ablehnung seiner Methode der ethnischen Deutung, doch Beibehaltung der Aufstellung von Kulturkreisen

Wie verhielt sich nun näherhin die Wissenschaft der prähistorischen Archäologie in der Zeit *neben* und *nach* Kossinna, also etwa in der Zeit von 1900–1950 und in der Zeit nach 1950? Es sei nochmals betont, daß es hier nicht darum geht, die Fortschritte der prähistorischen Archäologie auf allen möglichen Teilgebieten zu schildern – so etwa dem Gebiet des eminent wichtigen Ausgrabungswesens oder der Hinzuziehung naturwissenschaftlicher Arbeitsmethoden –, sondern lediglich um die Weiterentwicklung der Theorie des Faches, besonders der unumgänglich erscheinenden, aber wohl begründeten Historisierung.

Wir verließen weiter oben die frühere diesbezügliche Entwicklung des Faches (sozusagen *vor Kossinna*) mit den Bemühungen der *Kommission für Prähistorische Typenkarten*, die sich wie gesagt auf die Erstellung von Formen- und Typenkarten beschränkte und keine weiteren historischen Folgerungen daraus zog. Im sonstigen Fach wurde es jedoch jetzt allgemein üblich, aus verschiedenen, sich einigermaßen räumlich deckenden Typenkarten Formenkreise aufzustellen, die man dann auch *Kulturkreise* nannte. Das Ziel, über diese hinaus bzw. mit deren Hilfe zu historischen Ergebnissen zu gelangen und Stämme und Völkerschaften hinter ihnen festzustellen, erwies sich nach der Aufgabe der *Methode* von Kossinna (die man ja auch keineswegs allgemein im Fach vertreten hatte) als unmöglich. Neue und andersartige Wege wurden aber (vielleicht in einer Art *Schockwirkung* auf die höchst bedenklichen, außerwissenschaftlichen Wirkungen von Kossinna) leider nicht beschritten.

Es wurde bereits ausgeführt, daß es nur schwierig gelang, diese *Kulturkreise* genannten Formenkreise mit anderen Elementen anzureichern als eben nur mit Formen und Typen, wofür hier auf ein Beispiel hingewiesen sei. So gibt es einen *Kulturkreis der süddeutschen Hügelgräberbronzezeit* und einen *Kulturkreis der älteren nordischen Bronzezeit*. Der Unterschied zwischen ihnen besteht im wesentlichen nur in den verschiedenen Bronzetypen und -formen. Wollte man als ein weiteres unterscheidendes kulturelles Merkmal auf die Grabform hinweisen, zeigt sich aber, daß diese in beiden Kulturkreisen gleich ist. Die bei beiden vertretene Grabform ist nämlich das Hügelgrab mit Körperbestattung. Steineinbauten, wie sie mehr in den Hügeln Süddeutschlands (das Gebiet ist in Wirklichkeit größer als dieser Raum) vorkommen, finden sich auch in Teilregionen des Nordens. So wie es in einigen Gebieten des Nordens Hügel gibt, die aus Plaggen (Grassoden) statt reiner Erde erbaut sind, so gibt es auch im süddeutschen Raum Gebiete, in denen die Steineinbauten variieren.

Die gestreckte Körperbestattung, wohl allgemein in Baumsärgen, ist in beiden Räumen prinzipiell gleich.

Die Siedlungsform als unterscheidendes Merkmal zwischen dem Norden und dem Süden zu verwenden, entfällt deswegen, weil man für diese Zeit erst relativ wenige Siedlungen bzw. Teile von solchen auffinden und aufdecken konnte. Es gibt also eigentlich keinen Grund dafür (wenn man einmal davon absieht, die Fundstücke allein als das bestimmende Merkmal eines Kulturkreises anzusehen), die beiden oben genannten Kulturkreise nicht zu einem gemeinsamen Kulturkreis zusammenzuziehen, der dann etwa heißen könnte: *Kulturkreis der mittel- und nordeuropäischen Hügelgräberbronzezeit* (wobei *Mitteleuropa* noch etwas ungenau gefaßt wäre, weil diese bronzezeitlichen Hügelgräber noch erheblich darüber hinausreichen).

II. Kritik des Verfassers an der Methode der Kulturkreise in der prähistorischen Archäologie und neue Vorschläge

Doch nicht nur in der ersten Hälfte unseres Jahrhunderts, auch in seiner zweiten, also in den letzten Jahrzehnten, und bis heute unverändert andauernd, nahm die Aufstellung neuer *Kulturkreise* weiter zu. So konnte ich 1968 schreiben:[20] „Mit ihnen (den Kulturkreisen) haben wir die vorgeschichtliche Welt in einem Umfange bevölkert, daß sie die eigentliche Welt des Faches geworden sind." Was jetzt notwendig war, (wie eigentlich schon die ganze Zeit *neben* und *nach* Kossinna), war die Weiterentwicklung der theoretischen Grundlagen des Faches *nach Montelius*. Die hier, wie schon gesagt, nicht zur Debatte stehenden praktischen Fortschritte − z. B. die enorme Verbesserung der Ausgrabungstechnik − können auch keinen Ersatz für die Weiterentwicklung der Theorie bilden, die ihrerseits sogar befruchtend auf die Praxis zurückwirken könnte.

Zwei Bereiche sind dabei besonders wichtig. Erstens eine kritische Stellungnahme zum Wesen des *Kulturkreises* überhaupt, die auch die zuletzt genannte, bisherige Auffassung des Faches in Frage stellt. Zweitens die Bemühung, neue Wege zu erkunden, um den Anspruch des Faches, eine historische Wissenschaft zu sein, gerecht zu werden; damit also auch die Theorie weiterzuentwickeln.

1. Die Entlarvung der Kulturkreise als künstliche Konstruktion

Über den *Kulturkreis* wurden von mir verschiedene Aufsätze veröffentlicht.[21-24] Sie entstanden im Zusammenhang mit Bemühungen zur eben genannten zweiten Forderung, worüber weiter unten berichtet wird. In diesen Aufsätzen wurde öfters festgestellt, daß die *Kulturkreise* in unserem Fach (in der mit dieser Bezeichnung verbundenen Vorstellung, daß sie Gruppierungen von historischer Qualität widerspiegelten − dies auch noch nach Aufgabe ihrer ethnischen Ausdeutbarkeit im Kossinna'schen Sinne) in Wirklichkeit künstliche Konstruktionen sind. Sie sind ja in der Mehrzahl so entstanden, daß man oft Ganzheiten (in diesem Fall *geschlossene Funde*, die man zuerst für die durchaus notwendige Zeitbestimmung benutzt hatte) in ihre Bestandteile zerlegte (hier in die einzelnen Fundgegenstände), diese typenmäßig bestimmte, als Einzeltypen kartierte und solche Kartierungen als Splitter künstlich wieder zusammenfügte und das Ganze schließlich einen *Kulturkreis* nannte. Hier entstand also eine künstliche Synthese, und was man versäumte, war das Studium der material- und damit quellenmäßig vorgegebenen Ganzheiten.

Daß man diese Kulturkreise tatsächlich nicht nur als Formenkreise ansah, sondern *mehr* hinter ihnen vermutete, geht aus folgendem hervor:[25] In Abhandlungen etwa zum jungsteinzeitlichen Kulturkreis der Bandkeramik wird öfters von den *Trägern* dieses Kulturkreises gesprochen oder auch einfach von *den Bandkeramikern*. In anderen Fällen spricht man z. B. beim Streitaxtkulturkreis von *den Streitaxtleuten*. Wo solche eingängigen Wortbildungen nicht möglich sind, spricht man dann von den *Trägern* dieses oder jenes Kulturkreises. Auch wenn man sich von der *ethnischen Deutung* Kossinnas und seiner *Methode* offiziell abgewandt hatte: die *Träger* von Kulturkreisen kommen schon Begriffen nahe, wie *Volk* oder *ethnische Einheiten*.

Dabei – und das sei auch an dieser Stelle wiederholt – ist die Suche nach solchen Gruppierungen ja notwendig für eine Historisierung des Faches. Abzulehnen sind jedoch die hier aufgezählten Versuche vor allem deshalb, weil sie, worüber noch näher zu reden sein wird, von einer falschen Vorstellung über das Wesen solcher Gruppierungen, wie z. B. Stämmen, ausgehen. Derartige Gedankengänge, wie eben auch die Kossinna'schen, haben etwas Unlebendiges und Starres über Gemeinschaftsgruppierungen an sich, die ja zur lebendigen Welt des Menschen gehören. Zu einer solchen Haltung, speziell beim typologischen Verfahren, fand Ernst Wahle (1889–1981), einer der bedeutendsten Gelehrten unseres Faches, bereits 1951 beherzigenswerte, kritische Worte in einem Aufsatz, der den kennzeichnenden Titel trägt: *Typologisches und wirklichkeitsnahes Denken in der prähistorischen Forschung.*[26] Diese und andere kenntnisreiche und anregende Arbeiten[27] Wahles wurden im Fach vielleicht in einem gewissen Maße registriert, doch wurden sie kaum rezipiert, was man nur mit großem Bedauern feststellen kann. Aus diesem Grunde bringen wir hier von ihm eine Reihe von Zitaten.

Wahle sagt (a. a. O. 287) von früheren größeren Darstellungen der Vorgeschichte, die sich auf ganz Europa beziehen, angefangen bei der Arbeit des Schweden H. Hildebrandt von 1880, bis zu Ausführungen von J. Brøndstedt über Dänemark aus den Jahren 1938–1940: „Hier wie dort ist der historische Ablauf im wesentlichen nur ein fortgesetzter Wandel der Gerätetypen und eine Folge von Fundprovinzen." Später (a. a. O. 288) heißt es: „Obwohl also das archäologische Objekt seit einem Jahrhundert der Erstellung eines historischen Bildes dient, wird die Frage nach den tatsächlichen Lebensvorgängen der Vorzeit erst wesentlich später gestellt und liegt sie noch heute einem Teil der Prähistoriker fern." Über die beschränkte Aussagemöglichkeit, die die Fundgegenstände allein vermitteln, heißt es (a. a. O. 288): „Tatsächlich bieten uns die Funde einen relativ kleinen Ausschnitt aus dem ehemaligen Leben. . . ."

Nach der Aufführung eines der seltenen, besonders wegen seiner Fundumstände bedeutenden Fundkomplexes, der eine ganz andere Aussageergiebigkeit besitze, folgt (a. a. O. 288 f.): „Gerade diese Funde besonderer Art weisen darauf hin, daß die archäologische Typentafel von einer geradezu gefährlichen Einseitigkeit ist." Dann heißt es (a. a. O. 289). „Diese Überlegung betreffs der Lückenhaftigkeit des Stoffes führt zu der Frage, weshalb denn nicht die ethnologische Erkenntnis in stärkerem Umfange hier herangezogen wird. Tatsächlich hat schon die Beobachtung der Naturvölker im 18. Jahrhundert der frühgeschichtlichen (*frühgeschichtlich* und *Frühgeschichte* steht bei Wahle oft für die sonst üblichen Ausdrücke *vorgeschichtlich* und *Vorgeschichte* Anm. des Verfassers) Forschung gute Dienste geleistet und sind ja auch von 1859 an in den Anthropologischen Gesellschaften und Kongressen Prähistorie und Ethnologie zur Zusammenarbeit aufgerufen. Es war für die Frühgeschichte sehr lehrreich, das vielgestaltige Leben der *Primitiven* der Gegenwart im Hinblick auf den Menschen der Urzeit studieren zu können."

Mit den letzten Worten spricht Wahle durchaus im Sinne der hier interessierenden kulturanthropologischen Arbeitsweise. Von solchen für die Prähistorie bedeutsamen ethnologischen Auskünften sagt Wahle etwas später (a. a. O. 289) noch deutlicher: „Diese Fundgrube für Heranziehung von Zuständen und Vorgängen, deren Erkenntnis dem Archäologen versagt ist, wird freilich erst heute in ihrer Bedeutung gewürdigt." Dieses ist m. E. allerdings eine zu optimistische Aussage, weil sich außer Wahle nur ganz wenige in der deutschen Prähistorikerschaft fanden, die sich zu einer solchen Zusammenarbeit bekannten oder sie gar realisierten. Zu ihnen gehört K. J. Narr, der solches grundlegend seit langer Zeit für das Paläolithikum durchführt.

Schließlich kann Wahle etwas weiter (a. a. O. 291 f.) nur einige wenige Archäologen aufführen, die sich gegen eine übertriebene Typologie wandten, bzw. für eine dringendere Frage nach „dem handelnden Menschen" einsetzten. Unter ihnen befindet sich ein Deutscher, der kennzeichnenderweise außer einem Dänen noch der zweiten Hälfte des vorigen Jahrhunderts angehört. Es handelt sich um O. Tischler, bei dem solches 1881 „mehr zwischen den Zeilen" zu lesen sei. Dann wird der Däne S. Müller herausgestellt mit Arbeiten von 1878, 1884 und 1897. Weiter heißt es dann im Zitat: „Aber die Überlegungen dieser Art haben sich damals nicht durchsetzen können, so eindringlich auch noch von anderen Seiten die schematische Typologie als *Skandinavismus* verurteilt wurde. Eine Darstellung des norwegischen Altertums von A. W. Brøgger (1925) ist nichts anderes als eine einzige breite Ablehnung dieser Richtung, und später fordern V. G. Childe (1935) und A. M. Tallgren (1936) in programmatischen Aufsätzen die Lösung von der übertriebenen Formenkunde und der schematischen Gleichsetzung von Kulturprovinzen und Völkern." Dies also Ausführungen von Ernst Wahle.

Gefährlich, weil irreführend, ist auch die Bezeichnung *Kreis* in dem hier behandelten Begriff *Kulturkreis*. Damit ist ja die Vorstellung von etwas Abgeschlossenem und für sich Bestehendem verknüpft, das sich von anderen *Kreisen* räumlich abgrenzt und was hinsichtlich *ethnischer Gebilde* ja auch anzunehmen wäre. In Wirklichkeit sind aber immer nur einige Formen und Elemente annähernd räumlich derart gleich verbreitet, daß sich mit ihnen ein *Kulturkreis* umschreiben läßt. Andere Formen zeigen verbreitungsmäßig ganz andere Bilder, obschon es sich bei ihnen nicht etwa um einzelne Importstücke handelt, sondern um Formen, die auch in dem betreffenden *Kulturkreis* relativ oft vorkommen.

Hier ein Beispiel aus einem meiner oben zitierten Aufsätze.[28] Der *Lüneburgische Kulturkreis* der älteren Bronzezeit in Nordostniedersachsen läßt sich durch eine Reihe von räumlich nur dort vorkommenden Formen umschreiben. Daneben kommen zahlreich vor: a) Doppelradnadeln, die aber eine Verbindung des Lüneburgischen mit ganz Nordwestdeutschland, Hessen und Süddeutschland zeigen (wo sie überall gleichfalls zahlreich vertreten sind); b) enggerippte Halskragen weisen dagegen eine Verbindung des Lüneburgischen mit dem Gebiet der nordischen Bronzezeit und mit Mecklenburg auf; c) mit Bukkeln verzierte Scheibenkopfnadeln zeigen schließlich eine Verbindung des Lüneburgischen mit dem Mecklenburgischen. Man sieht daraus, daß, trotz des Namens und der damit verbundenen Vorstellung, *Kulturkreise* nicht die räumliche Abgegrenztheit zeigen, die sie für ggfs. dahinter angenommene geschlossene *Trägergruppen* doch wohl besitzen müßten.

Im Rahmen der Erforschung der Bronzezeit wurde auch genügend auf den Bronzehandwerker hingewiesen, dessen Wirken ja deutlich aus den vielfachen Erzeugnissen ersichtlich wurde. Mit ihm erschien nun für die Forschung ein wirklicher Spezialist, der in den neolithischen Gesellschaften offenbar in dieser Art noch nicht vorhanden war. Bei der Postulierung eines solchen Berufsstandes in der Bronzezeit ist es eigentlich sehr verwunderlich, daß man sich kaum Gedanken darüber machte, die Tätigkeit und besonders die gesellschaftliche Stellung des Bronzehandwerkers näher zu erkunden. Aufgrund von räumlich enger verbreiteten Typen wurde zwar oft behauptet, daß in dem betreffenden Kulturkreis ein *einheimisches Bronzehandwerk* bestanden hätte, ohne daß eigentliche Beweise dafür erbracht wurden. Nur selten fand sich jemand unter den Fachvertretern, der sich in Arbeiten und Kongreßberichten um dieses Problem mühte und die Notwendigkeit, sich stärker um die Erforschung des Handwerkertums (hier besonders des Bronzehandwerks) zu kümmern, dringlich hervorhob.[29] Diesen Darlegungen und Aufrufen schenkte man wieder kaum Gehör. Eine solche Haltung des Faches gegenüber diesen und anderen fortschrittlichen Auffassungen und Bemühungen kann man, wenn auch mit Bedauern, nur als eine völlig in den alten Gleisen beharrende ansehen.

Nach der Auffassung des eben zitierten Fachmannes, die auch der Autor teilt, spiegeln Verbreitungskarten älterbronzezeitlicher Typen Absatzgebiete von Handwerkern wider. Den Befund, daß die Verbreitungsbilder vieler Typen sich auch in bestimmten geographischen Räumen nicht decken, wie meine obigen Beispiele zeigten, möchte ich wie folgt deuten: Erstens dürfte ein solcher räumlich unterschiedlicher Niederschlag vielleicht den Absatz verschiedener Handwerker darstellen. Zweitens könnten solche raumüberschreitenden Niederschläge die Tätigkeit von Wanderhandwerkern anzeigen, die nicht in die Gruppen integriert waren, an die sie ihre Erzeugnisse lieferten. Sichere Hinweise für in die Abnehmergruppen gesellschaftlich eingebundenen Handwerker ließen sich bis jetzt für die ältere Bronzezeit der allermeisten Teile Europas nicht entdecken. Gelegentlich aufgefundene Gußformen brauchen – trotz einer oft geäußerten gegenteiligen Meinung – gleichfalls keinerlei Beweiskraft zu besitzen, wenn das auch auf den ersten Blick hin so scheinen möchte. Diese Stücke könnten oder dürften von den zeitlich nur befristet bestehenden Arbeitsplätzen der Wanderhandwerker aus in den Besitz von Einheimischen gelangt sein, wofür sich manche, hier nicht zu diskutierende Erklärungsmöglichkeiten anbieten. Im übrigen stellen solche Stücke, auch einzeln gefundene, ihrer Fundart nach Hortfunde dar, deren Deutung in mehrfache Richtung geht, worüber erst weiter unten berichtet werden soll.

Die Existenz von Wanderhandwerkern, besonders im Metallgewerbe, ist umfangreich aus der Völkerkunde belegt. Dort ist auch ihr Status näher bekannt, wonach sie sehr oft nicht in die politischen Gruppen eingegliedert sind, an die sie ihre Erzeugnisse liefern. Sie gehören zu dem Kreis der *Fremden* und werden unter einem ganz bestimmten Blickwinkel von den Einheimischen betrachtet: Einmal sind sie sehr gefürchtet – mit dem Beruf dieser Leute verbindet sich oft eine spirituelle und zauberische Tätigkeit – zum anderen werden sie verachtet und als Parias angesehen. Eine verwandtschaftliche Verbindung mit ihnen einzugehen, ist ganz ausgeschlossen. Diese Stellung, die wir also auch für vorgeschichtliche Wanderhandwerker vielleicht annehmen dürfen, macht es verständlich, daß sie außer ihren genannten Erzeugnissen, archäologisch nicht *auftauchen*, z. B. auch nicht auf den Gräberfeldern – unter Mitgabe des einen oder anderen Handwerksgerätes – bestattet wurden.

2. Vorschläge zu einer anderen Aufarbeitung des Materials mit einer historischen Deutungsmöglichkeit

Wir wollen jetzt näher auf die zweite Forderung im Rahmen dieses Kapitels kommen, nämlich neue Wege zu erkunden und zu beschreiben, die uns einem geschichtlichen Verständnis bei der Aufarbeitung vorgeschichtlicher Materialien näher bringen können. Mit ersten Bemühungen darum begann ich schon vor Jahrzehnten in meinen Arbeiten über die frühe und ältere Bronzezeit. Sie werden hier — vor dem Bericht über spätere größere Arbeiten — aufgeführt, um die Entwicklung meiner Ideen aufzuzeigen. Absolut handelt es sich in etwa um den Zeitraum von 1.700/1.600 —1.000 v. Chr. und den Perioden I—III nach Montelius. Periode I (frühere Bronzezeit) umfaßt etwa die Zeit von 1.700/1.600—1.400 v. Chr. Ihr jüngerer Teil (ca. 1.550—1.400 v. Chr.) wird als *Stufe Sögel* (nach einem Fundort in Niedersachsen) bezeichnet und ist vor allem für Nordwestdeutschland kennzeichnend, weiterhin auch für den Norden. Die Periode II umfaßt etwa den Zeitraum von 1.400—1.200 v. Chr. und die Periode III denjenigen von 1.200—1.000 v. Chr., die beide zusammen die ältere Bronzezeit bilden.

In einem Aufsatz *Zur frühen und älteren Bronzezeit in Niedersachsen*[30I] aus dem Jahre 1952 hatte ich u. a. die Verhältnisse der *Sögeler Stufe* behandelt, die als Zeitepoche und *Kulturkreis* in Nordwestdeutschland zuerst von E. Sprockhoff vorgestellt und in mehreren Veröffentlichungen untersucht worden war (die Zitate der Arbeiten dieses und anderer Autoren finden sich in meinem Aufsatz lt. Anmerkung 30 I). Sprockhoff hatte 6—8 Formen als typisch für die Sögeler Stufe und den Sögeler *Kulturkreis* genannt. Weiter stellte er eine Reihe geschlossener Ausstattungen aus Männergräbern vor. Frauengräber kommen — soweit sie nach Bronzebeigaben als solche bestimmt werden können — so gut wie gar nicht vor; vermutlich sind die Frauen in der frühen Bronzezeit noch ohne Bronzebeigaben bestattet worden.

Das Fundmaterial der frühen und älteren Bronzezeit stammt zum allergrößten Teil aus Gräbern, zu einem kleineren Teil aus Horten, während Siedlungen (und dann nur kleinste Überreste) dieses Zeitraums zu den Seltenheiten gehören. Das letztere dürfte damit zusammenhängen, daß die zugehörigen Siedlungen dem Boden kaum Spuren eingedrückt haben oder daß sie sich unter den fundleeren oder nur mit untypischen Keramikresten versehenen befinden, die archäologisch nicht datiert werden können. Einige derartige neuere Ausgrabungsbefunde aus Dänemark, die nach der C14-Methode zeitlich bestimmt werden konnten, machen dieses auch für unseren Raum wahrscheinlich.

Von den von Sprockhoff als typisch für den Sögeler *Kreis* genannten Formen konnte ich in meinem Aufsatz feststellen, daß sie kaum alle in einem einzelnen Grab zusammen vorkamen. Als wirklich typisch kann man danach für den ganzen Raum nur das Kurzschwert (mit dem eine lange Schwertentwicklung über die Bronze- und Eisenzeit hinweg einsetzt) auffassen, das seinerseits wieder in den beiden Formen Typ Sögel und Typ Wohlde vorliegt. Schon mit Hilfe der Typenbearbeitung und -kartierung konnte ich weiter differenziertere Unterschiede im niedersächsischen Gesamtraum feststellen. Dabei wurden zwei Regionen deutlich, die sich in der nächsten Epoche, der Periode Montelius II, als besonders reich an Bronzefunden herausstellten und sich formenmäßig auch weiterhin zu gewissen Teilen unterschieden. Es handelt sich einmal um das

Gebiet der südlichen Lüneburger Heide, das an zwei rechtsseitigen Nebenflüßchen der Aller liegt (etwa 40 km nördlich von der Stadt Hannover), zum anderen um das Ilmenaugebiet, das von dem gleichnamigen linksseitigen Nebenfluß der Niederelbe durchflossen wird, an dessen Mittellauf die Stadt Lüneburg liegt (etwa 40 km südöstlich von Hamburg).

Die Kartierung des Kurzschwertes Typ Sögel ergab, daß es über Niedersachsen hinaus vor allem noch weiter nach Westen, nämlich nach Holland hinein, verbreitet war; ebenfalls fanden sich weitere Exemplare nördlich der Elbe im Gebiet des nordischen Kreises. Innerhalb Niedersachsens wurden Sögelschwerter sowohl in Gräbern des Südheide- als auch des Ilmenaugebietes gefunden. Einzelfunde dieser Kurzschwertform, die man − bei dem damals sicher sehr hohen Wert der Stücke − nicht etwa als *verlorene* Gegenstände auffassen kann (wie das früher öfters geschah), dürften möglicherweise Einstückhorte sein (die Frage nach den Gründen für das Vergraben oder Versenken von Mehrstückund Einstückhorten wird von der Forschung verschieden beantwortet). Hortfunde stellen jedenfalls etwas ganz anderes dar als Grabfunde, bei denen es sich um Beigaben bzw. Ausstattungen für den Toten handelt.

Bei der heutigen Formenkartierung wird deshalb (leider noch nicht allgemein) von der Fundart her unterschieden zwischen Gegenständen, die aus Gräbern, Horten oder Siedlungen stammen. Hier ist es nun interessant, daß Einstückhorte von Kurzschwertern des Typs Sögel wie auch des Typs Wohlde in den Gebieten der Südheide und der Ilmenau so gut wie völlig fehlen, während sie im übrigen Niedersachsen, z. B. im Weser-Emsgebiet, öfter vorkommen. Mehrstückhorte der Sögelstufe, die aus anderen Gegenständen als Kurzschwertern bestehen, kommen gleichfalls nicht im Südheide- und Ilmenaugebiet vor.

Die Kurzschwertform Typ Wohlde hat in der Verbreitung eine deutliche Westgrenze bereits in einem Streifen gleich links der Weser. Sie findet sich zahlreich im Südheide-, fehlt aber im Ilmenaugebiet. Das geknickte Randleistenbeil der Sögeler Stufe kommt als Beigabe in Gräbern nur je einmal in der Südheide und im Ilmenaugebiet vor. Im letzteren Raum fanden sich noch eine Reihe Exemplare aus Einzelfunden (meist zwar ohne genauere Fundortangabe, doch *aus dem Lüneburgischen* stammend). Als Grabbeigabe findet sich diese Form dann zahlreicher im Weser-Emsgebiet.

Die vorhergehenden Erklärungen zu den wichtigsten regionalen Unterschieden in der Fundart haben wir bereits aus einer gleich zu zitierenden größeren Arbeit angeführt. Aus dem Aufsatz von 1952 (s. Anm. 30 I) ist aber bereits zu ersehen, daß sich schon bei genauerer typenmäßiger Gliederung räumliche Unterteilungen innerhalb eines vorher als einheitlich angesehenen, größeren Gebietes erkennen lassen. In diesem Aufsatz wurden aber auch bereits die Ansätze entwickelt, die weg von den Typen und hin zu einer funktionalen Betrachtungsweise führten. Es handelt sich darum, daß man bestimmte Waffenformen nicht nur unter dem Blickpunkt von Typen ansieht, sondern vom Charakter der Bewaffnungsart her, ein an sich, wie man meinen möchte, ganz naheliegender Gedanke. Daß er nicht eher entwickelt wurde, zeigt eben, wie außerordentlich stark und unbeweglich die Forschung einzig auf den Methoden der Typologie und Typenkartierung verharrte; offenbar deshalb, weil man (bis heute!) hoffte, durch eine immer weiter getriebene Verfeinerung der Typologie und der Zusammenfassung solcher Ergebnisse in *Kulturkreisen* zu historischen Erkenntnissen zu gelangen — ein Trugschluß, über den weiter oben schon des längeren gesprochen wurde. Zu der neuen Betrachtungsweise gehört auch, daß man viele Ausstattungsstücke von Frauengräbern nicht mehr nur als Schmuckformen, sondern auch als Bestandteile der Tracht ansieht; in allerjüngster Zeit nimmt diese Betrachtung von Frauengräbern im Fach erfreulicherweise etwas zu.

Mit einer solchen, eben zuletzt skizzierten Arbeitsweise konnte ich mich damals als einzigen Fachvertreter auf Friedrich Holste (1908–1942) beziehen, der im Rahmen einer 1939 erschienenen Arbeit über *Die Bronzezeit im nordmainischen Hessen* (in der auch sonst, wie wir es ja damals alle im Fach taten, typologisch gearbeitet wurde) einige solcher Gedanken zu entwickeln begann. In meinem Aufsatz von 1952 (der, wie oben unter Anmerkung 30 II zitiert, auf meine Marburger Dissertation von 1941 zurückging) konnte ich feststellen, daß in der Periode II der Bronzezeit an der Ilmenau auch die Lanze zur Bewaffnung gehörte, eine Fernwaffe, die in der Südheide zu dieser Zeit völlig fehlte. Bei der Frauentracht verhielt es sich so, daß im Ilmenaugebiet das Obergewand mit einer Nadel zusammengehalten wurde, während in der Südheide dafür zwei Nadeln (oder als gleichwertig im funktionalen Sinn eine Nadel und eine Fibel) gebraucht wurden, was damit auch auf möglicherweise verschiedene Schnitte der Gewänder oder verschiedene Trachtenformen schließen läßt.

Unzulänglich war es damals noch bei Holste und bei mir, daß man nur von einzelnen Elementen der Bewaffnung und der Tracht ausging. Unrichtig war es von uns beiden, daß mit solchen Bewaffnungs- und Trachtelementen auf einheitliche ethnische Verhältnisse derartig großer Gebiete geschlossen bzw. gemutmaßt wurde, wie sie die Kultur der ganzen süddeutschen Hügelgräberbronzezeit oder die der älteren nordischen Bronzezeit räumlich darstellen; was weiterhin vor allem auf einem unrichtigen Verständnis des Ethnosbegriffes beruhte. Hier konnten erst Fortschritte von mir in einer späteren, größeren (und auf einem umfangreicheren Material beruhenden) Arbeit erreicht werden, vor allem auch durch eine engere Heranziehung verschiedener Nachbardisziplinen, worüber jetzt des längeren berichtet wird.

III. Neue Methoden zur ethnischen und historischen Interpretation urgeschichtlicher Quellen (Untersuchungen zur frühen und älteren Bronzezeit Nordwestdeutschlands, ca. 1700–1000 v. Chr.)

1. Methoden der Untersuchung

Neue und ergiebigere Wege wurden in der 1970 veröffentlichten, größeren Arbeit über *Die ältere Bronzezeit Nordwestdeutschlands. Neue Methoden zur ethnischen und historischen Interpretation urgeschichtlicher Quellen* beschritten.[31] Hierzu erschien im Jahre 1968 noch ein Vorbericht unter dem Titel *Ethnosoziologische Untersuchungen an Grab- und Hortfundgruppen der älteren Bronzezeit in Nordwestdeutschland*.[32] In diesem Bericht erläuterte ich bereits die Arbeitsprinzipien und trug kritische Bemerkungen an bisherigen Verfahrensweisen, vor allem der künstlichen, doch als solcher nicht erkannten Bildung von *Kulturkreisen* vor. In der Monographie wurde dann ein umfangreicheres Unterlagenmaterial nach den neuen Methoden bearbeitet und die Ergebnisse interpretiert. Diese Unterlagen beschaffte ich durch die Aufnahme von Funden und Fund- und Grabungsberichten aus allen zuständigen Museen und Sammlungen des ganzen Landes Niedersachsens und des Landesteils Westfalen vom Land Nordrhein-Westfalen.

In der Arbeit wurden die Fundensembles (geschlossene Funde) ganzheitlich — nach der zeitlichen Bestimmung also nicht gleich für die Typenbestimmung auseinandergerissen — sondern aufgeteilt nach den schon genannten Epochen innerhalb der frühen und älteren Bronzezeit und getrennt nach Männergräbern, Frauengräbern, Hortfunden (unter letzteren auch Einzelfunde) und tabellarisch in ihrer f u n k t i o n a l e n Bedeutung erfaßt (nur ausnahmsweise bei einigen Gegenständen gleicher Funktion noch unterteilt nach größeren Formenunterschieden). Als Beispiel seien die Ausrüstungen der Männergräber der Periode II genannt. Sie wurden aufgeschlüsselt nach Nahkampfwaffen: Vollgriffschwerter, Griffplatten- und Griffzungenschwerter, Dolche, Absatzbeile; Fernkampfwaffen: Feuersteinpfeilspitzen (also Bogenwaffe), gezähnte Feuersteinlanzenspitzen, Bronzelanzenspitzen; weitere Ausrüstungen: Feuerschlaggeräte, Bronzehaken, Fibeln, Nadeln, Armringe, kleine Goldspiralen, Fingerringe und -spiralen, Keramik.

Die tabellarisch zusammengefaßten Männer- wie auch Frauengräber der jeweiligen Epoche (Stufe Sögel, Periode II und Periode III) aus ganz Nordwestdeutschland lassen innerhalb dieses Gesamtraumes gebietsmäßige Unterschiede in der Ausrüstung erkennen. Dabei handelt es sich um folgende Bezirke: Nordhannover, Ilmenaugebiet, Südheidegebiet, Weser-Emsgebiet, Westfalen und Mittel- und Südhannover. Die Anzahl der bronzeausgestatteten Gräber des nordwestdeutschen Gesamtraumes stieg von der Stufe Sögel (in der es vermutlich noch keine Frauengräber mit Bronzebeigaben gab) in der Periode II erheblich an und fiel in der Periode III wieder in einem bestimmten Maße ab. Diese Schwankungen hatten offenbar verschiedene innere und äußere Gründe, wozu auch die Möglichkeit des Bezugs von Bronze (dessen Grundmaterialien Kupfer und Zinn in unserem Raum kaum nennenswert anstanden oder hier nicht gewonnen werden konnten) bzw. wahrscheinlicher von fertigen Bronzegegenständen gehörte.

Die geschilderten, auch gebietsmäßig differierten Schwankungen in der Gräberanzahl zeigt genauer eine Tabelle (Abb. 6). Aus ihr ist weiterhin das sowohl epochen- als auch gebietsmäßig unterschiedliche Mengenverhältnis der Frauengräber gegenüber den Männergräbern zu ersehen, worauf später noch zurückzukommen ist. Sodann erkennt man aus dieser Tabelle, daß die Gebiete Nordhannover, Ilmenau, Südheide und Weser-Ems über alle drei Epochen hinweg mit bronzeausgestatteten Gräbern in Erscheinung treten. Dabei bilden Ilmenau und Südheide in der Periode III ein *Ganzes*, d. h. es lassen sich keine Unterschiede in der Art der Ausstattung nachweisen, worüber gleichfalls näher zu sprechen sein wird. Westfalen besitzt sodann in der Periode III keine bronzeausgestatteten Gräber mehr, während Mittel- und Südhannover überhaupt nur in der Periode II mit einigen derartigen Gräbern in Erscheinung tritt. Von diesem Gebiet muß man demnach annehmen, daß es kaum zu einer richtigen Bronzekultur gelangte, was auch möglicherweise für andere, von bronzeausgestatteten Gräbern *freie* Gebiete in Nordwestdeutschland gelten könnte. Daß solche Gegenden unbesiedelt waren, ist sehr unwahrscheinlich, vielmehr zeigt sich, daß es offenbar einer Reihe von verschiedenen Voraussetzungen bedurfte, damit ein Gebiet es zu einer *Bronzekultur* bringen konnte.

Bevor mit den spezielleren Untersuchungen begonnen werden kann, seien hier zum besseren Verständnis unseres Forschungsmetiers noch folgende Hinweise gegeben. Der weitaus größte Anteil des Untersuchungsmaterials besteht aus Grabfunden. Aus Gründen einer geringeren Vergänglichkeit (dazu auch einer besseren Erkennbarkeit) haben sich für die Epoche der älteren Bronzezeit Gräber viel umfangreicher erhalten als die Überreste von Siedlungen. Die Gesamtanzahl dieser Gräber stellt dabei jedoch nur einen kleinen Bruchteil dessen dar, was ursprünglich vorhanden war, weil viele Gräber im Laufe der Zeiten durch den Ackerbau und andere Eingriffe des Menschen in den Boden (vor allem seit dem Mittelalter und der Neuzeit) vernichtet wurden.

Die Toten wurden fast ausnahmslos in Hügelgräbern beigesetzt, kreisrunden

Anlagen mit einem Durchmesser von etwa 10–20 m und einer Höhe, die im heutigen Zustand 1,50 m in Nordwestdeutschland kaum übersteigt. In unserem Raum sind solche Hügel meist aus anstehendem Boden oder aus Plaggen (Grassoden), weniger aus Steinen erbaut. Sie stellen eine Form dar, die zu dieser Zeit in Europa weit verbreitet war und zu deren Errichtung man anderswo und bei gegebenen Umständen, außer Erde, auch reichlich Steine konstruktiv verwandte. Im Innern der Hügel befinden sich eine, oft zwei bis drei, doch seltener noch mehr Bestattungen, die meistens auf dem gewachsenen Boden, also auf dem Hügelgrund, daneben auch im Hügelkörper angelegt sind und bei denen in den meisten Fällen die Männer vor allem mit ihren Waffen, die Frauen mit Bestandteilen der Tracht und Schmuck aus Bronze ausgestattet sind.

In einem älterbronzezeitlichen Gräberfeld vereinigen sich in lockerer Form oft nicht mehr als zehn Hügel zu einem Friedhof, wofür die Abbildungen 1 und 2 ein Beispiel zeigen; einen ausgegrabenen Hügel gibt Abbildung 3 wieder. Auf der Abbildung 4 ist ein unausgegrabener, auf der Abbildung 5 ein ausgegrabener Grabhügel mit verschiedenen Grabanlagen zu sehen. Die Toten wurden hier, wie öfters nachgewiesen, in mächtigen eichenen Baumsärgen bestattet, die in den meisten Fällen allerdings restlos vergangen sind.

Auf der Karte 1 sind die vorher schon genannten Bezeichnungen der verschiedenen Gebiete in Nordwestdeutschland eingetragen, deren jeweilige Eigenart vorzüglich an Bewaffnungs- und Trachtunterschieden nachgewiesen wird, wie es im folgenden näher dargelegt werden soll. Die Karte 2, aus einem historischen Atlas entnommen,[33] zeigt die von uns als überholt angesehene Darstellung der älterbronzezeitlichen Verhältnisse Europas in Form von sogenannten Kulturkreisen, von denen bereits ausgeführt wurde, daß sie in dieser Form künstliche Konstruktionen der Forschung und hinter ihnen keine eigenständigen Gruppen historischer Qualität zu erkennen sind. Für Nordwestdeutschland ist hier eine Signatur (Nr. 17) eingetragen und als Region der *Lüneburger Gruppe* der älteren Bronzezeit deklariert. Der von mir in diese Karte eingezeichnete Rahmen deckt sich mit Karte 1 von Nordwestdeutschland, in welchem Gesamtraum ich die genannten sechs Gebiete bezeichnete.

Einige Versuche, die hier nicht vorgeführt werden, zeigten mir, daß sich auch auf die anderen, zahlreich auf der wiedergegebenen Europa-Karte (s. Karte 2) eingetragenen bronzezeitlichen *Kulturgruppen,* die von mir entwickelte Methode anwenden läßt. Die Durchführung der dafür notwendigen Forschungen übersteigt jedoch die Arbeitskraft eines einzelnen, wie hier die des Verfassers. Dazu muß noch festgestellt werden, daß die Strategien der augenblicklich in den meisten europäischen Ländern herrschenden Wissenschaftsrichtung solche Forschungen leider nicht aufkommen lassen. Aber auch ohne solche wünschenswerten weiteren regionalen Aufarbeitungen kann man bereits aufgrund des ganz ähnlichen allgemeinen Zivilisationsstandes für die meisten Gebiete Europas in der älteren Bronzezeit prinzipiell gleiche Entwicklungen annehmen, wie ich sie mit Hilfe meiner Methoden für Nordwestdeutschland erkennen konnte. Danach müßten sich hinter den als ungeschichtlich angesehenen sogenannten Kulturkreisen, wie in Nordwestdeutschland, jeweils eine Reihe von politischen Gesellungseinheiten feststellen lassen, denen nun ihrerseits aufgrund meiner Forschungsergebnisse — auch ohne eine, quellenmäßig bedingte, Namensüberlieferung — eine volle historische Qualität zuzumessen sein dürfte.

2. Unterschiedliche Bewaffnung bei den bronzeausgestatteten Männer- und unterschiedliche Tracht- und Schmuckarten bei den Frauengrabfunden der einzelnen Perioden der älteren Bronzezeit zeigen im Ergebnis regionale Grabfundgruppen innerhalb Nordwestdeutschlands

2.1. Bewaffnungsunterschiede bei den Männergrabfunden lassen regionale Gebiete erkennen

An dieser Stelle sollen die erkannten unterschiedlichen Bewaffnungen und Ausrüstungen in den einzelnen Gebieten kurz geschildert werden: In allen in der Stufe Sögel vertretenen fünf Regionen Nordwestdeutschlands gehörten Kurzschwerter und Randleistenbeile zur Bewaffnung. An weiteren Nahkampfwaffen kam in nur je einem Grabe, und damit nicht typisch für derartige regionale Bewaffnungen im ganzen (und zwar in Westfalen, Weser-Ems und der Südheide) ein Bronzedolch hinzu, der an der Ilmenau und in Nordhannover völlig fehlte. In Nordhannover war jedoch häufiger unter den Ausstattungen ein Feuersteindolch vertreten, eine späte Ausprägung jungsteinzeitlicher Formen, die zu dieser Zeit auch in Männergräbern Skandinaviens vorkommt.

An Fernkampfwaffen fand sich nur im Ilmenaugebiet mehrmals die Lanzenspitze in den Gräbern, die noch jeweils einmal in Weser-Ems und in Westfalen vorkam, in den restlichen Gebieten aber völlig fehlte. Pfeil und Bogen als weitere, besondere Fernkampfwaffe war den Grabfunden zufolge (nach den in der älteren Bronzezeit benutzten Feuersteinpfeilspitzen) in den Gebieten Nordhannover, Südheide und Weser-Ems in Gebrauch, während sie an der Ilmenau und in Westfalen zur damaligen Zeit fehlte. An anderen Ausrüstungsstücken in den Grabausstattungen — nämlich Goldspiralen, Nadeln, Wetzsteinen, Feuerschlaggeräten (aus Feuerstein) und der Beigabe von Keramik — ließen sich weitere gebietsmäßige Unterschiede nachweisen, die hier nicht mehr einzeln aufgeführt werden sollen.

Die Unterschiede in der Bewaffnung sind gravierend, wie die funktional ausgerichtete Betrachtungsweise — bis dahin für diese Zeiträume überhaupt noch nicht im Fach angewandt — erkennen ließ. Zeigte sie doch für eine Reihe von Gebieten in Nordwestdeutschland (s. Karte 3) eine unterschiedliche Bewaffnungsart an. Und nicht nur das, sondern auch eine verschiedene Kampfesweise; denn neben dem Nahkampf auch den Fernkampf — sei es mit der Lanze oder mit Pfeil und Bogen — einzusetzen, dürfte sogar mit einer anderen Kampfesstrategie zusammenhängen. Neben diesen wichtigen funktionalen Unterschieden in der Ausstattung war es nicht uninteressant, auch einige auffällige formenmäßige Unterschiede bei einer gleichen Waffenart, in dieser Zeit vor allem beim Kurzschwert und beim Randleistenbeil, festzustellen. Wurden doch solche unterschiedlichen Formen — und dies hatte, wie weiter oben schon ausgeführt, bereits die typenmäßige Betrachtung des Fundstoffes ergeben — vermutlich von ganz verschiedenen Bronzewerkstätten bezogen.

Können solche rein typenmäßigen Beobachtungen noch zusätzlich bei der Herausarbeitung der gebietsmäßigen Unterschiede verwandt werden, so ist deren Bedeutung eben auch nur eine zusätzliche. Mit ihnen allein lassen sich derartige Ergebnisse, wie sie hier vorgestellt wurden, überhaupt nicht erbringen; sie führen vielmehr für eine historische Auswertung des prähistorischen Quellenmaterials in die Irre, wovon oben ja bereits die Rede war.

Bronzeausgestattete Frauengräber kommen erst von der nächsten Epoche an vor, sind jedenfalls in der Stufe Sögel noch nicht sicher nachgewiesen. Einige wenige Gräber, die meist nur mit einer Nadel ausgestattet sind, können (ohne eine anthropologische Untersuchung von Skelettresten) nicht als solche angesprochen werden, da auch Männer mit gleichen Nadeln beigesetzt wurden, wie einige Grabausstattungen sicher bezeugen.

So wenden wir uns jetzt der nächsten Epoche zu, der Periode II der Bronzezeit, und dort wieder zuerst den Männergräbern. Dabei sei wiederholt, daß sich in dieser Periode die Region Westfalen ausrüstungsmäßig nicht mehr vom Gebiet Weser-Ems unterscheiden läßt, so daß wir die beiden Regionen als ein einheitliches Gebiet ansehen müssen. Diese Anschauung wird durch folgende Beobachtung unterstützt: Die bronzeführenden Hügelgräber Westfalens lagen in der Sögelstufe am Südrande des Landes, während sie sich jetzt in einem Nordostzipfel befinden, der schon an das Weser-Emsgebiet angrenzt. Diese Tatsache ist für die spätere Deutung solcher Befunde wichtig, da es sich ja offenbar nicht um eine *Angliederung* des *alten* bronzezeitlichen Westfalen handelt. Das Problem der neu vorkommenden Hügelgräber im Nordostzipfel des Landes wird später noch zu besprechen sein. Als zusätzliches Gebiet taucht jetzt die Region Mittel- und Südhannover auf, die aber nur sehr schwach mit einigen bronzeausgestatteten Gräbern besetzt ist.

Die Nahkampfwaffen der Periode II bestehen aus Schwert, Dolch und Absatzbeil. Dabei ist die erstgenannte Waffe noch zu unterteilen in das — herstellungsmäßig aufwendigere — Vollgriffschwert und das Griffplatten- und Griffzungenschwert. Im Gegensatz zu der vorhergehenden Sögelstufe, wo der Dolch entweder in einigen Gebieten völlig fehlte, in den anderen jeweils nur einmal vorkam (und das weitverbreitete Kurzschwert die einzige Stichwaffe war), wurde diese Waffe jetzt in allen Gebieten verwandt; lediglich in Mittel- und Südhannover kommt sie — bei den nur wenigen vorhandenen Gräbern vielleicht auch verständlich — nur einmal vor.

Das Schwert gehört zum Waffenbestand aller Gebiete, außer der Südheide. Dies ist wieder einer der auffälligsten Unterschiede in der Bewaffnungs- und Kampfesart, wobei die hohe Gräberanzahl der Südheide den Ausfall dieser Waffe besonders deutlich macht. Einzig in Nordhannover ist neben dem Griffplatten- und Griffzungenschwert auch das Vollgriffschwert in der Ausrüstung vertreten. Das Absatzbeil als dritte Nahkampfwaffe der Periode kommt schließlich in der Ausrüstung aller Gebiete vor, bis auf Mittel- und Südhannover. Die, wie schon gesagt, geringe Gräberanzahl mit Bronzen in diesem Gebiet macht eine Entscheidung schwierig, ob diese Waffe hier wirklich in der Ausrüstung fehlte.

Von den Fernkampfwaffen treten Lanzenspitzen (insgesamt, wie in der vorigen Epoche, nicht zahlreich), außer an der Ilmenau, jetzt auch mehrfach in Nordhannover und in der Südheide auf. In den beiden restlichen Gebieten ist nur jeweils ein Grab mit dieser Waffe ausgestattet. Eine gezähnte Feuersteinlanzenspitze führt mehrfach nur noch Nordhannover, je einmal liegt sie in Gräbern der Südheide und des Weser-Emsgebietes mit Westfalen. Die Fernkampfwaffe des Bogens kommt (nach Funden von Feuersteinpfeilspitzen), wie in der Sögelstufe, jetzt auch in der Periode II wieder sehr zahlreich in der Südheide vor. An der Ilmenau ist sie nur einmal in einem Grabfund vertreten, was einer fast völligen Ablehnung dieser Waffe gleichkommt, wie es hier auch in der Sögelstufe der Fall war. Nordhannover, das in der Sögelstufe den Bogenkampf vielfach anwandte, hat ihn in der Epoche II fast ganz aufgegeben; nur zwei Grabfunde sind noch mit dieser Waffe ausgestattet. Eine gänzliche Ablehnung des Bogenkampfes ist im Weser-Emsgebiet mit Westfalen festzustellen. Damit zeigt auch der Weser-Ems-Raum in dieser Kampfesart einen völligen Wandel gegenüber der Sögelstufe an, wo er nach den Grabfunden umfangreich geübt worden war. Im Gebiet Mittel- und Südhannover deutet nur ein Grabfund die Verwendung des Bogens an.

Endlich lassen sich anhand weiterer sonstiger Ausrüstungsstücke — nämlich Trachtzubehör (Fibeln und Nadeln) sowie Schmuckgegenstände (Armringe, kleine Goldspiralen, Fingerringe und -spiralen) — gebietsmäßige Unterschiede feststellen, die hier wieder nicht gesondert betrachtet werden sollen.

Bei der Waffenausrüstung werden auch in der Periode II auffällige Unterschiede der einzelnen Gebiete deutlich (s. Karte 5), wo einzig für den Weser-Ems-Raum einige Gebietsverluste am östlichen Grenzsaum festzustellen sind. Die Unterschiede in der Ausrüstung drücken wiederum nicht nur eine verschiedene Bewaffnungs-, sondern auch Kampfesart dieser Räume aus, die — wenn man an die unterschiedliche Kombination von Nah- und Fernkampf denkt — offenbar auch wieder eine verschiedene Kampfesstrategie anzeigen.

Der letzte Abschnitt der älteren Bronzezeit ist die Periode III. Die der älteren Bronzezeit des Nordens und Norddeutschlands in vielen allgemeinen Kulturäußerungen entsprechende Süddeutsche Hügelgräberbronzezeit geht bereits am Anfang unserer Periode III (etwa 1.200 v. Chr.) zu Ende, und es beginnt dort die ganz anders geartete Urnenfelderzeit. Ihr entspricht (wieder in den großen allgemeinen Kulturäußerungen) die jüngere Bronzezeit des Nordens und Norddeutschlands, die aber erst rund 200 Jahre später beginnt. Die dazwischenliegende und jetzt hier zu behandelnde Periode III zeigt aber auch bereits deutliche Unterschiede zur vorhergehenden Periode II, andererseits auch manche Verbindungen zu den älteren Zeiten. Im ganzen scheint mir — entsprechend der bisherigen Auffassung — eine Einheit *Ältere Bronzezeit* zu bestehen und der große Wandel hier erst mit dem Beginn der jüngeren Bronzezeit einzusetzen. Zum Verbindenden gehört, daß auch in der Periode III das Hügelgrab als Grabform weiterbesteht. Auch wird — neben sporadisch aufkommendem Verbrennungsritus — die Körperbestattung noch weitergeübt.

Eine erhebliche Änderung stellt in unserem nordwestdeutschen Raum sicher die Verringerung der Regionen mit Bronzekultur auf drei Gebiete dar: a) Nordhannover, b) Ilmenau, vergrößert jetzt um das Gebiet der Südheide und (nur bei Männergräbern) einige südlich daran anschließende Gebiete, die früher zur Region Mittel- und Südhannover gehörten. Die Grabausstattungen lassen sich hier in ihrer Zusammensetzung nicht mehr unterscheiden, so daß von einem vergrößerten Ilmenaugebiet gesprochen werden muß. Im eigentlichen Ilmenauraum befinden sich jedoch die meisten Gräber, während in den jetzt angeschlossenen Gebieten weniger bronzeausgestattete Gräber vorkommen. Dabei dürfte die Bezeichnung *vergrößertes Ilmenaugebiet* einigermaßen zutreffend sein. c) Weser-Emsgebiet. Der Raum Westfalen ist im Quellenmaterial bronzeausgestatteter Hügelgräber nicht mehr erkennbar.

Zu den Nahkampfwaffen gehört das Schwert, das in allen drei Gebieten vorhanden ist. Getrennt nach drei verschiedenen Formen, kommen davon in Nordhannover zwei mehrfach vor, ebenfalls im vergrößerten Ilmenaugebiet, dazu noch einmalig die dritte Form und im Weser-Emsgebiet nur eine Schwertform. Dolche gibt es mehrfach nur im vergrößerten Ilmenaugebiet, je einmal in den beiden anderen Räumen. Eine neue Waffen(?)form, das Messer, kommt mehrfach in Nordhannover und im Ilmenaugebiet vor, fehlt dagegen völlig im Weser-Ems-Raum.

Die Fernkampfwaffe „Lanze" findet sich in den Gräbern des vergrößerten Ilmenaugebietes, und zwar in einem solchen Umfange, daß sie hier fast in keinem Grab (des an Gräbern noch dazu weitaus reichsten Gebietes in dieser Epoche) fehlt. Mehrfach erscheint diese Waffe auch noch im Weser-Ems-Raum, während sie in Nordhannover völlig fehlt; sie war dort auch in der (mit Gräbern reich versehenen) Periode II nur wenig vorhanden und fehlte in der Sögelstufe gänzlich. Nur im Ilmenaugebiet – und hier auch nur in zwei der zahlreichen Gräber – ist noch der Bogenkampf belegt, der in den beiden anderen Gebieten jetzt nicht mehr nachweisbar ist. Weitere Ausrüstungsstücke – in dieser Epoche nur noch Nadeln und Keramik – kommen in allen drei Gebieten vor. Die Schilderung der Bewaffnung zeigt auch in dieser Periode eine gebietsmäßig verschiedene Bewaffnungs- und Kampfesart und wohl auch Kampfesstrategie an (s. Karte 5).

2.2. Der verschiedene Umfang der als Kriegergruppen zu interpretierenden regionalen Grabfundgruppen der Männer zeigt eine periodenmäßig wechselnde Vorrangstellung einzelner Gebiete an

An dieser Stelle soll auf die mengenmäßig verschiedene Verteilung der bronzeausgerüsteten Männergräber nach Gebieten und Perioden eingegangen werden. Hierzu ist zu sagen, daß die Hauptmasse der Gräberfunde dem vorigen und dem jetzigen Jahrhundert verdankt wird. Von Ausnahmen abgesehen, wurde meine Materialsammlung etwa mit dem Jahre 1950 (literaturmäßig etwa 1968) abgeschlossen. Im einzelnen entstammt das in den Museen und Sammlungen Nordwestdeutschlands aufbewahrte Fundmaterial offiziellen (im vorigen Jahrhundert auch laienmäßigen) Ausgrabungen einzelner, gelegentlich auch mehrerer Hügelgräber, so gut wie gar nicht jedoch Untersuchungen ganzer Hügelgräberfelder. Die einzige Ausnahme stellt die in den Jahren 1936–1944 von H. Piesker durchgeführte große Planausgrabung von 19 Hügelgräberfeldern mit insgesamt 123 Hügeln im Gebiet der Südheide dar. Dieses 1958 veröffentlichte Material[34] wurde für meine Untersuchungen komplett mit herangezogen. Nur in dem jetzt zu besprechenden statistischen und mengenmäßigen Überblick wurde es nicht verwendet, so daß auch für den Raum der Südheide nur das bis zu dieser großen Planuntersuchung angefallene Fundmaterial, bzw. hier die betreffende Gräberanzahl, benutzt wurde.

Setzt man einmal voraus, daß die obengenannten und für die Übersicht benutzten Grabungen relativ gleichmäßig im ganzen Gebiet von Nordwestdeutschland erfolgten (was zwar sicherlich nicht genau anzugeben ist, doch im großen und ganzen einigermaßen stimmen könnte), so dürfte das aus dem mengenmäßigen Vergleich gewonnene Ergebnis auch gewisse weitere Aussagen erlauben.

Danach würden aufgrund der höchsten Gräberzahlen folgende Gebiete die jeweilige *Vorrangstellung* besitzen. In der Stufe Sögel (nur Männergräber): der Raum Weser-Ems. In der Periode II bei Männergräbern: Nordhannover, bei Frauengräbern jedoch das Ilmenaugebiet. In der Periode III, sowohl bei Männer- als bei Frauengräbern: (für die jeweilige Anzahl der Frauengräber siehe für diesen Abschnitt Abb. 6) das vergrößerte Ilmenaugebiet. Rechnet man Männer-

und Frauengräber bei unserer Betrachtung zusammen, so würde das Ilmenaugebiet auch in der Periode II die *Vorrangstellung* besitzen.

Als Erklärung für eine solche *Vorrangstellung* könnte man daran denken, daß diese in der regional vielleicht verschieden großen Möglichkeit bestünde, Gegenstände aus Bronze in die Gemeinschaften einzuführen; doch solches dürfte eher nur die Voraussetzung für das gewesen sein, was die regionalen Gesellschaften damit *unternahmen*. Das Ergebnis bestand in der Bewaffnung der Männer, die damit die Kriegergruppen der gebietlichen Gemeinschaften darstellen dürften. Der Fortgang der Untersuchung wird an späterer Stelle nähere Beiträge zu dem damit zusammenhängenden Fragenkreis liefern.

2.3. Die unterschiedlich mengenmäßige Relation der Männer- und Frauengräber deutet auf weitere Strukturunterschiede der einzelnen Gebiete hin

Wir wollen jetzt das — sicherlich anders gelagerte — Problem der verschiedenen Anteiligkeit von Männer- und Frauengräbern an der Gräberanzahl, getrennt nach Gebieten und Zeiten, besprechen, wie vorher schon kurz geschehen. Wie bereits öfters erwähnt, besitzt die Sögelstufe wohl keine sicheren bronzeausgestatteten Frauengräber. Von den vermuteten Wanderhandwerkern bezog man damals in erster Linie Waffen für die Männer, daneben offensichtlich auch schon in gewissem Maße Trachtbestandteile (Nadeln) und Schmuck (in der Stufe Sögel kleine Schmuckspiralen aus Gold), ebenfalls nur für die Männer.

Um das Mengenverhältnis Männergräber/Frauengräber hier genauer vorzustellen, sei wieder auf die schon genannte Tabelle aus meiner Arbeit über die ältere Bronzezeit verwiesen[35] (Abb. 6). Danach ist das Verhältnis von Männer- zu Frauengräbern der Periode II in Nordhannover 4 : 1, im Ilmenaugebiet 1 : 4, in der Südheide übersteigen die Frauengräber die Männergräber nur wenig, in Mittel- und Südhannover ist das Verhältnis gut 1 : 4, im Weser-Emsgebiet mit Westfalen beträgt das Verhältnis schließlich 1 : 2 bis 1 : 3 zugunsten der Frauen, wobei sich das Übergewicht der Frauengräber innerhalb dieser beiden Teilgebiete in der Region Weser-Ems befindet. Hieraus ist insgesamt zu ersehen, daß sich einzig im Raum Nordhannover ein sehr großes Untergewicht der Frauengräber befindet, bzw. ein entsprechendes Übergewicht der Männergräber, dies alles natürlich nur an bronzeausgestatteten Gräbern nachgewiesen.

Man muß aber, auch in den Gebieten mit Bronzekultur, mit beigabenlosen Gräbern rechnen, wie sie aus etlichen Grabhügeln in ganz Mittel- und Nordeuropa belegt sind. Solche Nachweise sind aber nur möglich, wenn entsprechende Steinsetzungen den Platz eines Grabes anzeigen oder Skelettreste bzw. Bodenverfärbungen von der Bestattung selbst übrig geblieben sind. Derartige Befunde stellen aber Ausnahmen dar gegenüber einer auch in manchen Bronzekulturgebieten vermutlich viel höheren Anzahl ehemals vorhanden gewesener beigabenloser Gräber, bei denen die Bestattungen selbst spurlos vergangen sind. Könnte man jedoch alle diese Gräber erfassen und sie sogar bei erhaltenen Skeletten anthropologisch nach Alter und Geschlecht bestimmen, so wäre damit auch (nach einer empirisch bestimmten Berechnungsformel der biologischen Anthropologie) die demographische Repräsentanz feststellbar. Unter diesem Begriff versteht man die Zusammensetzung einer Bevölkerungsgruppe nach Personen aller Altersstufen und Geschlecht. Diese Repräsentanz wird z. B. bei Gräberfeldern als richtig bezeichnet, wenn sie einer entsprechend erwarteten Zusammensetzung im einzelnen entspricht. Solches wäre aber, selbst bei völlig ausgegrabenen älterbronzezeitlichen Gräberfeldern mit (in sehr vielen Fällen) vergangenen Körperbestattungen nicht ohne weiteres möglich (vielleicht würde eine gezielte Phosphatuntersuchung zum Nachweis vergangener Körperbestattungen gewisse Abhilfe schaffen).

Die weiter vorn genannten, regional verschiedenen Mengenverhältnisse von bronzeausgestatteten Männer- und Frauengräbern sind aber offenbar durch eine entsprechende, mit der Struktur der jeweiligen Gebiete zusammenhängenden Selektion seitens der Bestattungsgemeinschaft zustandegekommen, was noch zu untersuchen wäre. Kehren wir dabei zuerst zum Gebiet Nordhannover zurück, das in der Periode II ein Verhältnis 4 : 1 bei den bronzeausgestatteten Männer- und Frauengräbern zeigt. Die in ihren Waffenrüstungen untersuchten Männer stellen offenbar die Krieger dar. Nicht nur aus der Ethnologie, sondern auch aus der Archäologie – hier aus Gräberfeldern z. B. der Frühgeschichte, wo sich Skelette oft erhalten haben –, weiß man durch die anthropologische Bestimmung, daß sich die Krieger aus verschiedenen Sozial- und/oder Altersstufen rekrutierten.[36] Dies könnte deshalb auch für die ältere Bronzezeit Nordwestdeutschlands zutreffen. Unter den Kriegern dieser Zeit würden sich also vermutlich Erwachsene und (nach der Initiation für mannbar erklärte) Jugendliche, die sich möglicherweise für verschiedene Kampfesarten eigneten, befinden. Die Frauen in solchen Gesellschaften – gliedern sich, wie ihre Tracht zeigt, ausstattungsmäßig also vielleicht auch in Erwachsene und (initiierte) Jugendliche; davor kommen altersmäßig die Kinder (Klein- und Großkinder) beiderlei Geschlechts.

Bezüglich der Männer-Frauenrelation bei den bronzeausgestatteten Gräbern Nordhannovers erscheint es wie schon angedeutet, für die Kriegergruppe der Männer möglich, daß sie sich nicht nur aus den zwei Altersgruppen Erwachsene und (initiierte) Jugendliche zusammensetzte, sondern noch aus weiteren Untergliederungen, etwa aufgrund verschiedener Waffen- und Kampfesgeeignetheit oder einer noch näheren Altersunterteilung. Durch eine solche Differenzierung wäre vielleicht die hohe Relationszahl 4 für die Männerseite im Gebiet Nordhannover zu erklären.

Die niedrige Relationszahl der im Rahmen der Tracht erfaßten bronzeausgestatteten Frauengräber — die also nur ein Viertel der Krieger beträgt — dürfte ihre Ursachen in den speziellen gesellschaftlichen Strukturen des Gebietes haben. Ob die niedrige Anzahl bronzeausgestatteter Frauen näherhin auch dadurch erklärt werden kann, daß in diesem Gebiet etwa nur die verheirateten Frauen in den Vorzug einer solchen Ausstattung kamen, ist ein Gedanke, der noch weiter untersucht werden müßte; aus manchen ausgegrabenen Hügelgräbern dieser Zeit in Mittel- und Nordeuropa ist eine auffällige Zuordnung bronzeausgestatteter Frauen zu bronzeausgestatteten Männern innerhalb des Hügels zu ersehen, ein Befund, bei dem solche Personen meist als Ehepaare angesehen werden. Ist das richtig, wofür auch Auskünfte aus anderen vorgeschichtlichen Zeiten und Räumen vorliegen, würde dies auch für die ältere Bronzezeit allgemein auf die höhere Stellung der Ehefrauen hinweisen.

Doch auch ohne die Möglichkeit einer Einsicht in die nähere Art der Gemeinschaftsstruktur hätten wir doch mit Hilfe archäologischer Quellen durch die allgemeine Feststellung einer solchen spezifischen Struktur ein weiteres Unterscheidungsmerkmal für die verschiedenen Gebiete und die dort lebenden Gemeinschaften in Nordwestdeutschland gewonnen.

Bei dem Verhältnis von Männer- und Frauengräbern in der Südheide, die mengenmäßig fast gleich sind, würde man unter den Männern wieder die waffentragenden Krieger verstehen. Bei den Frauen wäre es dann möglich, daß es sich bei ihnen sowohl um die verheirateten Frauen als auch um unverheiratete handelt, die altersmäßig der jüngeren unverheirateten Kriegergruppe der Männer entsprechen (dazu vielleicht noch weibliche Kinder).

Wie aber ist das große (und nach den Regeln einer richtigen demographischen Repräsentanz zu große) Übergewicht der Frauen im Ilmenaugebiet (4 : 1), in Mittel- und Südhannover (4 : 1) und im Gebiet von Weser-Ems mit Westfalen (2 : 1 bis 3 : 1) zu verstehen? Die Erklärung könnte hier vielleicht so lauten, daß nicht alle altersmäßig für den Waffendienst in Frage kommenden Männer in die Kriegergruppe aufgenommen wurden, sondern ein beachtlicher Teil von ihnen aufgrund einer strengeren Auswahl oder aus welchen Gründen auch immer davon ausgeschlossen blieb. Dieser Teil wäre dementsprechend ohne Waffen bestattet und befände sich wieder unter jenem Teil der Gräber, die mangels erhaltener Anzeichen in den Hügelgräbern nicht ohne weiteres auffindbar — oder, wenn das Grab erkannt, nicht geschlechtlich identifizierbar — sind. Falls dort bestattete Männer schon verheiratet waren, könnten auch Frauengräber dieser Art ebenfalls nicht erkannt worden sein.

Möglicherweise waren aber auch die Gräber solcher Männer und Frauen einfacher gebaut (z. B. kein steinumsetzter Baumsarg) und wurden deshalb (bei ja sehr oft vergangenem Skelett) selbst bei sorgsamster Ausgrabung nicht entdeckt. Es wäre auch möglich, daß ein derartiger Personenkreis überhaupt nicht unter den Hügeln, sondern unter flacher Erde, vielleicht in der Nähe der Hügelgräber, bestattet wurde, wofür es anderswo gewisse Hinweise gibt. Hier würden sie dann — unter den eben geschilderten Umständen — kaum entdeckt werden. Selbst wenn sie, durch gelegentlich doch erhaltene Skelette, den Findern auffallen, können sie als beigabenlose Gräber auch von den Archäologen meist nicht zeitlich bestimmt werden, da gegebenenfalls mögliche naturwissenschaftliche Datierungsmethoden für solche Fälle leider immer noch viel zu wenig angewandt werden.

Im übrigen sind für einige neolithische Kulturen auch schon etliche, durch Keramikbeigaben datierbare, Körpergräber unter flacher Erde entdeckt, die sonst unter überirdischen Grabdenkmälern, wie z. B. Megalithgräbern, liegen. Dies unterstützt meine Theorie, besonders auch, weil Keramikbeigaben in den Gräbern der älteren Bronzezeit unseres Raumes nur sehr selten auftreten und als untypisch gelten müssen. Jedenfalls kann der Zufall bei der Ausbildung unseres eigentümlichen und regionalspezifischen Fundbildes im Mengenverhältnis bronzeausgestatteter Männer- und Frauengräber keine Rolle gespielt haben; vielmehr handelt es sich hier offenbar um intentionelle und strukturbedingte Faktoren.

Ist diese Möglichkeit wirklich richtig, legt das die Annahme nahe, daß die unter den Hügeln bestatteten und mit Waffen beigesetzten Männer nur die Kriegergruppe der Gemeinschaft darstellen, zu der der Großteil der Männer gehört haben dürfte. Solche Gemeinschaften — und damit auch die ältere Bronzezeit — für kriegerisch zu halten, ist sehr naheliegend. Gebiete mit einem Überschuß bronzeausgestatteter Frauengräber könnten schließlich auch so erklärt werden, daß die Krieger der Gemeinschaft jeweils mehrere Frauen hatten. Dies sind zwar hypothetische, doch vielleicht für die fortschreitende Forschung wegweisende Überlegungen. Die tiefere Bedeutung solcher gebietsmäßig verschiedener Zustände dürfte also wohl mit den (wenn auch mit archäologischen Mitteln nicht genauer erkennbaren) verschiedenen gesellschaftlichen Strukturen der betreffenden Einheiten zu tun haben.

Stimmt das weiter oben erörterte Mengenverhältnis der ausgegrabenen Gräber der Gebiete in relativer Hinsicht einigermaßen mit der früheren Wirklichkeit überein, so könnte man aus den vorgestellten Befunden doch vielleicht folgern, daß in der Periode II das Gebiet Nordhannover die Vorrangstellung innerhalb Nordwestdeutschlands aufgrund seiner größten und differenziertesten Kriegergruppe einnehmen würde, so wie das Weser-Emsgebiet in der Stufe Sögei. Die *Vorrangstellung* eines Gebietes in einer bestimmten Epoche scheint eben dabei mit dem Blick auf die Größe und Differenziertheit der Kriegergruppe vielleicht doch besser begründet zu sein (soweit dies überhaupt möglich ist) als allein, wie weiter vorn geschehen, mit dem Blick auf die gebietsmäßigen Mengenverhältnisse der bronzeausgestatteten Gräber insgesamt, nämlich die Männer- und Frauengräber zusammengezählt. Diese dürften zwar den Hauptteil des vermutbaren jeweiligen Bronzebesitzes in Relation einigermaßen widerspiegeln, doch würde die Größe einer Kriegergruppe doch wohl das spezifische Anzeichen der äußeren Macht darstellen.

Betrachten wir jetzt auf der Tabelle (s. Abb. 6) die Verhältnisse der Periode III mit den noch verbleibenden drei Gebieten Nordhannover, Ilmenau mit Südheide und den Weser-Ems-Raum, so zeigt sich unter dem eben genannten Gesichtspunkt der Größe der Kriegergruppe eine die anderen Regionen weit überragende Stärke des Ilmenau-Südheidegebietes. Gegenüber den entsprechenden Verhältnissen in der Periode II übertrifft sie die Stärke von Nordhannover um die Hälfte und die des eigenen Gebietes und der Südheide zusammen um fast das Doppelte. Die (nach den zuständigen Gräbern ermittelte) Stärke der Kriegergruppe ist in Nordhannover in der Periode III auf ein Siebtel des Bestandes in der Periode II gesunken. Die schon in der Periode II (dort noch zusammen mit Westfalen) nur geringe und seit der Sögelstufe schon auf zwei Drittel gesunkene Stärke des Weser-Emsgebietes hat sich gerade noch gehalten.

Die Anzahl der Frauengräber übersteigt im Ilmenau-Südheidegebiet in der Periode III nur wenig (um ein Siebtel) die Männergräber. Die gleichfalls ganz schwachen Anteile der Frauengräber in Nordhannover sind anzahlmäßig fast gleich mit den wenigen Männergräbern. Im Weser-Emsgebiet findet sich jetzt nur noch ein bronzeausgestattetes Frauengrab, das mehrfach von den Männergräbern übertroffen wird. Die relativen Verhältnisse Männer-/Frauengräber haben sich demnach in allen Gebieten charakteristisch verändert und sind z. T. in ihr Gegenteil verkehrt worden, was, nach den oben zu diesen Verhältnissen geäußerten Ansichten, auch mit Änderungen der jeweiligen Gesellschaftsstruktur der einzelnen Gebiete zusammenhängen könnte.

Zusammenfassend sei noch einmal zur Vorrangstellung der Gebiete aufgrund der Stärke der Kriegergruppen gesagt, daß sie vom Weser-Emsgebiet in der Sögelstufe über Nordhannover in der Periode II zum Ilmenau-Südheidegebiet in der Periode III übergeht, wobei sie innerhalb dieses Gesamtzeitraumes auch absolut zunimmt.

2.4. Unterschiede in der Tracht- und Schmuckausstattung bei den Frauengrabfunden zeigen die gleiche Gliederung wie die der Männergrabfunde

Nunmehr sollen die gebiets- und epochenmäßigen Unterschiede bei den bronzeausgestatteten Frauengräbern behandelt werden. Vor der Aufzählung der Ausrüstungsstücke der Frauen in der Periode II ist an die Besprechung der Tabelle in Abbildung 6 zu erinnern. Neben den dort für alle Epochen bezeichneten unterschiedlichen Mengenverhältnissen Männergräber/Frauengräber im Laufe der Zeiten i n n e r h a l b der einzelnen Gebiete waren für die jeweilige Epoche die mengenmäßigen Unterschiede der Männergräber/Frauengräber z w i s c h e n den Gebieten sehr auffällig. Führend in der Anzahl der Frauengräber war hier in der Periode II das Ilmenaugebiet, dem mit mittleren Mengen Weser-Ems mit Westfalen und die Südheide (bei der letzteren waren aus statistisch notwendigen Gründen die aus der großen Planuntersuchung 1936—1944 stammenden Grabfunde nicht mitgezählt), mit einer noch geringeren Gräberzahl das Gebiet Mittel- und Südhannover folgten, während das Schlußlicht hier Nordhannover bildete.

Folgendermaßen sieht die Ausrüstung der Frauen der Periode II aus, die entsprechend dem Untersuchungsverfahren fast völlig wieder nach funktionalen Gesichtspunkten gegliedert ist: Stirnschmuck, Halsschmuck, Armschmuck, Nadeln, Fibeln, Knöpfe, Lockenspiralen, Lockenspiralen aus Gold, Ohrschmuck, Fingerschmuck, konzentrisch gerippte Anhänger, Brustschmuckscheiben, Gürtelschmuckscheiben (diese beiden letzteren nur nach günstigen Befunden bei Ausgrabungen unterscheidbar), Beinschmuck, Kleiderschmuck, Haubenschmuck, Umhangschmuck (die letzten drei wieder nur nach günstigen Grabungsbefunden zu unterscheiden). Neben diesem reichlichen Schmuckinventar tritt erstaunlicherweise noch ein Dolch, doch nur in der Ausstattung einiger weniger Frauengräber auf; schließlich noch Keramik.

Hiervon kommt Stirnschmuck nur in der Südheide vor, das außerdem sämtliche andere aufgeführten Ausstattungsstücke besitzt. Von diesen fehlt an der Ilmenau nur Ohrschmuck sowie Hauben- und Umhangschmuck (die beiden letzteren, wie vorher gesagt, nur bei günstigen Grabungsbefunden feststellbar, da es sich um Besatzstücke handelt, die in gleicher Form und Machart auch als Kleiderschmuck verwandt wurden). Nur einmalig sind bei Frauengräbern dieses Gebietes vorhanden: Fingerschmuck und Brustschmuckscheiben (letztere bedürfen wieder eines günstigen Grabungsbefundes, da sie formenmäßig mit den Gürtelschmuckscheiben übereinstimmen, die hier mehrfach gefunden wurden). In Nordhannover fehlen Knöpfe, Lockenspiralen aus Bronze und Gold und Ohrschmuck; Fingerschmuck ist nur einmalig vorhanden. In Mittel- und Südhannover verhält es sich bei diesen Dingen ähnlich, nur fehlen auch noch Fibeln, dagegen ist Ohrschmuck mehrfach vorhanden. In Nordhannover kommen noch vor: Gürtelschmuckscheiben und einmalig Beinschmuck; es fehlen dann weiterhin Brustschmuckscheiben, konzentrisch gerippte Anhänger sowie Kleider-, Hauben- und Umhangschmuck, schließlich noch Keramik, die in den Frauengräbern aller vier anderen Gebiete gefunden wurde. In Mittel- und Südhannover fehlen etliche der gleichen Dinge, zusätzlich noch Gürtelschmuckscheiben und Beinschmuck, dafür ist Kleiderschmuck vorhanden und einmal konzentrisch gerippte Anhänger. In Weser-Ems mit Westfalen fehlen Fibeln, Knöpfe, Fingerschmuck, Schmuckscheiben von beiderlei Tragart und Umhangschmuck (abhängig von Befunden); nur einmalig sind gefunden: Lockenspiralen aus Gold, konzentrisch gerippte Anhänger und Beinschmuck.

Schließlich sei noch für alle Gebiete ausgeführt, daß Dolche, die in Mittel-

und Südhannover und Weser-Ems mit Westfalen völlig fehlen, in Nordhannover einmalig vorkommen. Zwar nicht allzu häufig, doch mehrfach wurden sie dagegen in der Südheide und im Ilmenaugebiet gefunden, relativ gesehen, im letzteren am meisten. Da sie jedoch insgesamt ein seltenes Ausrüstungsstück in Frauengräbern sind und der Dolch hier nicht als Waffe, sondern hypothetisch z. B. auch als Opfermesser gedient haben könnte, scheint es, als ob solche Frauen durchaus eine Bedeutung innerhalb des spirituellen Bereiches gehabt haben.

Die gebietsmäßig unterschiedliche Ausstattung der Frauen (s. Karte 7) mit den genannten Ausrüstungsstücken dürfte unterschiedliche Trachtsitten in den Regionen widerspiegeln, so wie sich bei den Männern regional unterschiedliche Bewaffnungs- und Kampfesarten zeigten.

Bei den bronzeausgestatteten Frauengräbern verbleiben in der Periode III, wie bei den Männergräbern, nur noch drei Gebiete: die Ilmenau, hier nur noch mit einigen nördlichen Teilen der Südheide, Nordhannover und Weser-Ems. Während das Ilmenau-Südheidegebiet gut besetzt ist, stammen aus Nordhannover nur noch zwei Gräber, aus Weser-Ems sogar nur ein einzelnes Grab. Man muß annehmen — da Flachbrandgräber der jüngeren Bronzezeit in dieser Endstufe der älteren Bronzezeit noch nicht bekannt sind —, daß die sicher vorhandenen entsprechenden Gräber unter Hügeln in solchen Gebieten im wesentlichen nicht mehr mit metallenen Beigaben versehen sind. Gleichwohl sei auch dieser verringerte Bestand bronzeausgerüsteter Gräber vergleichend betrachtet. Zum Aussagewert der also etliche Male vorkommenden *kleinen Zahlen* an metallausgerüsteten Gräbern in unserem Arbeitsgebiet werden wir weiter unten einige Überlegungen anstellen.

Folgende Ausrüstungsstücke kommen in der Periode III vor: Halsringe mit Flechtbandmuster, gedrehte Halsringe, Arm- oder Fußringe, Nadeln, Fibeln, kleine Goldspiralen und Keramik. Alle aufgeführten Gegenstände kommen mehrfach in den Gräbern der Ilmenau mit der Südheide vor, jedoch nicht die gedrehten Halsringe. Gerade diese gibt es dagegen mehrfach in den Gräbern Nordhannovers, dazu dort noch mehrfach kleine Goldspiralen und jeweils einmalig alle anderen Ausrüstungsgegenstände. Der Unterschied der beiden Gebiete in der Frauentracht besteht also in den verschieden gearteten Halsringformen. Daß sich selbst bei nur zwei Gräbern eine solche klare Aussage über gebietliche Unterschiede erzielen läßt, spricht für die in den sich anschließenden Ausführungen geäußerte Vermutung eines deutlichen *Reglements* in solchen Bereichen. Daß das einzige Grab aus Weser-Ems hingegen nur einen Arm- oder Fußring und Keramik geliefert hat, könnte auch daran liegen, daß die Befunde gerade dieses Fundkomplexes ziemlich dubios sind und nur mit Vorbehalt für diesen Abschnitt unserer Arbeit herangezogen wurden. Daß sich die Bronze als Beigabe aus den Frauengräbern dieser Epoche, bis auf die des Ilmenaugebietes mit der Südheide, so auffällig zurückgezogen hat, dürfte an hier nicht näher zu diskutierenden Gründen gelegen haben, wobei aber das Hügelgrab als Bestattungsplatz offenbar auch noch in dieser Periode weiter bestehen blieb (s. Karte 7).

In einigen Gebieten waren gelegentlich sehr kleine Gräberzahlen vorhanden, die möglicherweise für die angestellten Vergleiche als eine zu kleine Zahl angesehen werden könnten. Aber: von wann an beginnt in der Archäologie *eine zu kleine Zahl*? Ich konnte nämlich aus den Quellenmaterialien zweimal Hinweise gewinnen, daß eine solche Zahl ziemlich klein sein kann und trotzdem noch gültige Auskünfte ergibt. Beide Hinweise entstammen der Periode II der Südheide. Auch in meiner Arbeit (als *Gegenkontrolle*) durchgeführte Typenkartierungen zeigten anhand des in geringerer Menge vorliegenden Fundmaterials v o r der großen Grabhügeluntersuchung der Jahre 1936—1944 das ganz gleiche Verbreitungsbild, wie die Kartierung mit Hilfe des nun mehrfach angestiegenen Fundbestandes und damit auch der einzelnen Typen n a c h dieser Untersuchung. Das zweite Beispiel, nun auch einige in meinem Sinne strukturelle Dinge berührend, ist noch eindrucksvoller.

Auf unserer in Abbildung 6 wiedergegebenen Tabelle wurde mit Hilfe von Rasterblöcken die jeweilige Anzahl der Gräber in den Gebieten wiedergegeben. Für die Südheide war (nur für diese Tabelle in meiner Untersuchung) aus Vergleichsgründen wieder die Gräberanzahl vor der genannten Planausgrabung verwandt worden. In diesem Gebiet waren demnach 9 Männergräber und 12 Frauengräber vorhanden. In der Unterschrift der Tabelle ist nun auch die Gesamtanzahl der Männer- und Frauengräber aufgeführt, wie sie nach der Planausgrabung zusammengekommen war. Mit einer nunmehrigen Anzahl von 59 Männer- und 73 Frauengräbern ist die Relation Männer-/Frauengräber fast völlig identisch gegenüber derjenigen, die aus der vorher genannten kleineren und nur rund ein Siebtel betragenden Gräberanzahl gewonnen worden war. Solches dürfte den Schluß nahelegen, daß offenbar ein starkes *Reglement* in allen Erscheinungen bestand, die mit der Struktur eines Gebietes zusammenhingen. Das könnte bedeuten, daß auch relativ kleine Gräberzahlen einigermaßen die hier zur Rede stehenden Verhältnisse der einzelnen Regionen widerspiegeln. Wir dürfen deshalb festhalten, daß — selbst wenn bei besonders kleinen Gräberzahlen das eine oder andere Ausrüstungsstück aus diesen Gründen nicht in Erscheinung tritt — doch die gebietsmäßigen Unterschiede in etwa so waren, wie sie herausgearbeitet wurden.

Bestimmte, gebietsmäßig unterschiedliche Relationen in der Anzahl von bronzeausgestatteten Männer- gegenüber Frauengräbern ließen sich auch öfters an den Bestattungen innerhalb e i n e s Grabhügels aufzeigen. In Langen, im alten Kreis Wesermünde, wurde zu Anfang unseres Jahrhunderts ein größeres Hügelgrab der Periode II ausgegraben, das wegen seiner großartigen Erscheinung den Namen *Langer Berg*[*] trug.[37] In den verschiedenen Quadranten dieses Hü-

---

[*] (nach dem Ort Langen benannt)

gels fanden sich bei der Untersuchung vier Männergräber. Nach dem Umfang ihrer Waffenausrüstung gehörten sie einer mittleren Bewaffnungsstufe an, ein Begriff, der in den nächsten Ausführungen eine wichtige Rolle spielen wird. Neben diesen Männergräbern fand sich aber nur noch ein einziges, ausrüstungsmäßig gut ausgestattetes Frauengrab, was also den für die Region Nordhannover in der Periode II typischen, anzahlmäßig großen Überhang an bronzeausgestatteten Männergräbern wiedergibt. Auffällig ist dabei, daß dieses in dem Hügelgrab einzige Frauengrab jenem Männergrab zugeordnet war, das innerhalb der vier Männergräber noch am reichsten ausgestattet war. Die Annahme, daß es sich bei dieser Frau um die Ehefrau des in ihrer Nähe bestatteten Mannes handelt, läßt den Gedanken aufkommen, daß nur die Frauen der reicher ausgestatteten Männer in dieser Region und zu dieser Zeit auch mit Bronzebeigaben beigesetzt wurden. Diese Deutung sollte durch weitere entsprechende Befunde gut ausgegrabener Hügelgräber (die leider nicht sehr zahlreich sind) noch weiter unterstützt werden. Die Ehefrauen der anderen Männer aus dem *Langen Berg* (soweit es sich wirklich um Verheiratete handelte und nicht etwa doch um unverheiratete Jugendliche) könnten durchaus auch im gleichen Hügel beigesetzt gewesen sein, nur eben ohne Bronze – und andere erhaltenen Beigaben; ein Gedanke, der weiter oben schon geäußert wurde.

In Wardböhmen, Kreis Celle, also im Gebiet der Südheide, wo sich in der Periode II nur ein schwacher Überhang der bronzeausgestatteten Frauengräber gegenüber den Männergräbern zeigt, wurde ein Hügelgrab (Hügel 4 der Hengstberggruppe) ausgegraben,[38] in dem sich nur ein bronzeausgestattetes Männergrab und ein gleichfalls bronzeausgestattetes Frauengrab befanden. Dieser Zustand spiegelt also die entsprechende gebietseigene Relation in der Anzahl bronzeausgestatteter Gräber der beiden Geschlechter wider. Auch hier könnte es sich um ein Ehepaar handeln.

3. Die regionalspezifischen Untergliederungen der Grabfundgruppen der Männer und Frauen in verschiedene Ausrüstungs- und Ausstattungsstufen bestätigen die Existenz der gebietsmäßigen Gesellschaften

Nach den bisherigen Ausführungen zur älteren Bronzezeit konnten anhand von Unterschieden in der Bewaffnung in den Männergräbern und in der Ausstattung mit Schmuck und Trachtbestandteilen in den Frauengräbern mehrere Regionen innerhalb Nordwestdeutschlands festgestellt werden. Für die sich hierin zeigende Eigenständigkeit der einzelnen Gebiete ließ sich noch ein zweites Argument anführen, das gleichfalls dem strukturellen Bereich angehören dürfte. In der anzahlmäßigen Relation zwischen bronzeausgestatteten Männer- und Frauengräbern zeigten sich nämlich z. T. derartig große Unterschiede zwischen den Gebieten, daß sie sich kaum mit Zufälligkeiten der Ausgrabungen u. a. erklären ließen. Eine für eine solche Entscheidung besonders günstige Quellenlage in einem der Gebiete (Südheide) ermöglichte es zudem, einen Zufall fast gänzlich auszuschließen und die genannten Erscheinungen als wirkliche strukturelle Unterschiede der damaligen Zeit anzusehen.

Anschließend sollen die Grabausstattungen der Regionen daraufhin untersucht werden, wie sie sich stufenmäßig, d. h. in Art und Umfang der Ausstattung, u n t e r e i n a n d e r (innerhalb der jeweiligen Region und als regionale Ganzheit zwischen den Regionen) unterscheiden. Wir beginnen wieder mit den Ausstattungen der Männergräber.

3.1. Stufengliederungen der Grabfundgruppen der Männer

Für die Sögeler Epoche ergaben sich dabei 3 Ausrüstungsstufen. Die erste Stufe bestand aus der Ausrüstung mit Schwert und Beil (selten Schwert und Dolch), z. T. zusätzlich mit Pfeil und Bogen (das letztere in jenen Regionen, für die wir bereits die Anwendung des Bogenkampfes in dieser Epoche erkannt hatten). In der zweiten Stufe bestand die Ausrüstung nur aus einem Schwert (ausnahmsweise und lediglich in zwei Fällen, nämlich an der Ilmenau und in Westfalen, trat dazu eine Lanze), weiterhin z. T. mit Pfeil und Bogen, und zwar wieder in den für diese Kampfart erkannten Gebieten. In der dritten Stufe waren die Krieger nur mit einer Nahkampfwaffe, nämlich mit einem Dolch oder einem Streitbeil, ausgerüstet (nur ein einziges Mal trat in dieser Stufe an die Stelle der Nahkampfwaffe die Fernkampfwaffe der Lanze, und zwar im Gebiet Weser-Ems), dazu wieder in den Gebieten mit Bogenkampf z. T. zusätzlich diese Waffe. Weitere gelegentliche Ausstattungsstücke in den Gräbern der genannten Stufen, die keine Waffen darstellten, sondern Trachtbestandteile, wie Gewandnadeln oder anderes, wurden bei unserer, auf die Bewaffnung ausgerichteten Einteilung nicht berücksichtigt.

Zum besseren Verständnis dieser Sachverhalte bringen wir außer Karte 8 eine Tafel (Abb. 7), auf der anhand von Beispielen die geschilderten Ausrüstungen — gegliedert nach Gebieten und Stufen — wiedergegeben sind. Eine weitere Abbildung (Abb. 12) läßt als Diagramm die mengenmäßigen Anteile der Ausrüstungsstufen untereinander und in den einzelnen Gebieten erkennen. Man ersieht daraus, daß grundsätzlich die geringer ausgerüsteten Stufen die jeweils zahlreichsten Vertreter aufweisen und die Spitzenstufe demgegenüber nur relativ wenige. Eine Ausnahme macht davon das Gebiet Westfalen, wo die Spitzenstufe am zahlreichsten vorkommt, der nur noch wenige Gräber der Stufen 2 und 3 folgen. In der Südheide gibt es überhaupt nur Gräber der Spitzenstufe. Trotz der z. T. auch hier statistisch gesehen *geringen Zahl* könnten solche Erscheinungsbilder (s. die Ausführungen zu diesem Problem weiter oben) ihren Aussagewert besitzen, vor allem auch die regional unterschiedlichen Staffelungsarten der Stufen, wie hier besonders zwischen den Gebieten Nordhannover und Weser-Ems.

Die in den meisten Fällen vorhandene Staffelung in drei Ausrüstungsstufen — meist mit einer kleineren Spitzenstufe, der zahlenmäßig stärkere, einfacher ausgerüstete Stufen folgen — macht deutlich, daß Kämpfe unter dem Einsatz verschieden ausgerüsteter Krieger stattfanden. Dabei dürfte möglicherweise auch schon eine verschiedene Strategie und Taktik (man denke nur an den von einigen Gebieten angewandten Bogenkampf) eine Rolle gespielt haben.

Schließlich sei an dieser Stelle noch daran erinnert, daß die öfters sehr geringe Anzahl an Gräbern natürlich nicht den alten Bestand, sondern nur das letzte Überbleibsel eines solchen darstellen, der sicherlich viel umfangreicher war. Zu dieser Frage geht aus einer Übersicht im niedersächsischen Kreis Uelzen[39] hervor, daß dort eine andere vorgeschichtliche Grabform, nämlich das neolithische Megalithgrab, am Anfang des 19. Jahrhunderts noch in einer Anzahl von über 200 Exemplaren vorhanden war, die bis zu Anfang des 20. Jahrhunderts wegen umfangreicher, zeitbedingter Zerstörungen auf eine Anzahl von nur 14 Exemplaren zusammengeschmolzen war, also auf etwa 7 % des Bestandes hundert Jahre früher. Dies dürfte, aus Gründen der im vorigen Jahrhundert stark erweiterten landwirtschaftlichen Anbau- und sonstiger Nutzungsflächen (als Folge der wegen der Industrialisierung laufend größer werdenden Nahrungsmittelanforderung), den vorgeschichtlichen Hügelgräberfeldern nicht anders ergangen sein. Dabei ist anzunehmen, daß sich auch schon seit der fränkischen Zeit (ab etwa 800 n. Chr.) die Landwirtschaft in mehreren Schüben (z. B. Zeit der Städtegründungen) bis 1800 stark vergrößert hatte.[40] In diesem Zeitraum könnte ein ähnlicher Verlust an vorgeschichtlichen Gräbern und ganzen Grabfeldern wie im 19. Jahrhundert eingetreten sein, der möglicherweise schon damals eine Senkung bis auf 10 % zur Folge hatte. Wenn auch nur als eine Schätzung, ist die Annahme wohl nicht allzu abwegig, daß ein Gesamtverlust bis stellenweise auf ein Hundertstel, allgemein bis auf ein Dreißigstel oder ein Fünfzigstel des alten Bestandes eingetreten ist.

Wir wenden uns jetzt den entsprechenden Verhältnissen der Periode II zu und verweisen dabei gleich auf die begleitenden Darstellungen (Karte 9, Abb. 8 und Abb. 12). In dieser Epoche ist, wie schon erläutert, die *Bronzekultur* Nordwestdeutschlands — vor allem nach den jetzt viel zahlreicheren Gräbern, die mit Bronzegegenständen ausgerüstet sind — umfangreich angewachsen (wie auch in vielen anderen Räumen Europas). Dem entspricht eine viel stärkere Differenzierung der Ausrüstungen, die es gestattet, im Arbeitsgebiet 7 verschiedene Stufen, dazu eine Sonderstufe, bei der Ausrüstung der Männergräber zu unterscheiden.

Folgende Gliederung läßt sich jetzt in der Ausrüstung mit Waffen feststellen:

Stufe 1 a: Schwert, Dolch und Beil; Stufe 1 b: Schwert und Dolch oder Schwert und Beil; Stufe 2: Schwert; Stufe 3 a: Dolch und Beil (zusätzlich nur je einmal eine Lanze in den Gebieten Nordhannover, Ilmenau und Südheide, einmal Pfeil und Bogen in der Südheide); Stufe 3 b: Dolch oder Beil (zusätzlich Pfeil und Bogen, häufiger in der Südheide, selten in Nordhannover und an der Ilmenau, nur einmal zusätzlich eine Lanze in Mittel- und Südhannover); Stufe 4: Pfeil und Bogen; Stufe 5: Lanze. Außer diesen Waffenausrüstungen gibt es noch eine besondere, waffenlose Stufe 6. Diese Toten sind fast sämtlich mit einer Gewandnadel ausgestattet, einmal stattdessen mit einer Fibel, nur gelegentlich tritt noch ein Armring oder ein kleines Tongefäß hinzu. Die Formen der Nadeln wie der Fibel gehören nun zu jenen, die sich bevorzugt, wenn nicht sogar ausschließlich, in dieser Periode in Männergräbern vorfinden. Auf die Deutung dieser Männergräber werde ich später zurückkommen.

Eine nähere Analyse dieser reichdifferenzierten Stufengliederung ergibt das folgende Bild: Schwerter (Stufe 1 a, 1 b und 2) kommen in den geschlossenen Männergrabfunden relativ zahlreich (und in allen drei *Schwertstufen*) in Nordhannover, doch nur je einmal an der Ilmenau und in Weser-Ems-Westfalen vor. Hingegen fehlen Schwerter in Mittel- und Südhannover und in der Südheide (s. auch Abschnitt III.2.1.), was bei der großen Gräberanzahl des letzteren Gebietes besonders deutlich wird und damit ein auffälliges Kennzeichen ist. Schwertgräber wurden in allen hier behandelten Epochen der älteren Bronzezeit als *Spitzenstufe* bezeichnet, weil der Besitz des Schwertes in vielen der an die ältere Bronzezeit anschließenden vorgeschichtlichen Epochen, noch beweiskräftiger aber in der schon teilweise von der Schriftgeschichte begleiteten Frühgeschichte (etwa 500–800 n. Chr.), eine höhere Rangstellung bezeichnet. Die kleinere Anzahl der Schwertgräber gegenüber den zahlreicheren Vertretern der nachfolgenden Stufen (hier in der Periode II besonders auffällig) verdeutlicht dies auch in unseren Materialien.

Desto auffälliger ist das Fehlen des Schwertes in der Südheide. Der Grund dafür dürfte in einem *Verzicht* auf diese Waffe liegen, was wiederum mit einer unterschiedlichen und unterschiedlich gestaffelten Ausrüstung zusammenhing. Dem entsprach offenbar auch eine andere Kampfestaktik, wovon später die Rede sein wird. Dieser *Ablehnung* des Schwertes dürfte aber auch – in Anbetracht der eben erörterten üblichen *Spitzenstellung* der Schwertträger – eine etwas andere Struktur der Gemeinschaft entsprochen haben, anders sowohl als in den anderen schwertführenden Gemeinschaften, als auch anders als in der eigenen Vergangenheit in der Zeit der Sögelstufe.

Nordhannover besitzt fast alle Ausrüstungsstufen, außer der Stufe 4. An der Ilmenau sind neben einem Schwertgrab der Stufe 1 b nur noch die Stufen 3 a und 3 b vertreten, während 4 und 5 fehlen. In dem bekanntlich für die gesamte ältere Bronzezeit nur in der Periode II mit einigen wenigen bronzeausgestatteten Gräbern versehenen Mittel- und Südhannover gibt es nur die Stufe

3 b. In Weser-Ems-Westfalen findet sich neben dem Schwertgrab der Stufe 2 nur noch die Stufe 3 b und mit nur je einem Grab die Stufen 4 und 5.

Die (besonders natürlich durch die Ergebnisse der Planausgrabung 1936—1944) reich mit Gräbern besetzte Südheide beginnt mit Stufe 3 a (sozusagen als ihrer obersten Stufe). Zusätzlich gibt es hier nur in einem Grab (wie ebenso in Nordhannover, an der Ilmenau und für die Stufe 3 b in Mittel- und Südhannover) eine Lanze. Nur in der Südheide kommt dann noch in einem Grab der Stufe 3 a Pfeil und Bogen vor.

Dann folgt hier die ganz stark vertretene Stufe 3 b. In knapp der Hälfte (12 Gräbern) sind die Krieger dieser, sonst nur mit einer Nahkampfwaffe, nämlich Dolch oder Streitbeil, ausgerüsteten Stufe, mit der Fernkampfwaffe des Bogens ausgerüstet. Das ist in anderen Gebieten für diese Stufe nur noch einmal an der Ilmenau und zweimal in Nordhannover der Fall.

Dann folgt im Südheidegebiet, in fast gleicher Stärke wie bei der eben genannten, zusätzlich mit dem Bogen ausgerüsteten *Unterabteilung* der Stufe 3 b, die Stufe 4, die nur Pfeil und Bogen führt und damit eine reine Bogenkämpfergruppe darstellt. Außer mit einem einzigen Vertreter in Weser-Ems-Westfalen, kommen solche Krieger in keinem der übrigen Gebiete vor. In ihnen und der Unterabteilung der Stufe 3 b zeigt sich — zusammen mit der Gesamtgruppierung der Krieger, bei denen für den Nahkampf auf das Schwert *verzichtet* wird — die eigene Kampfesstrategie der Südheide, die den Fernkampf mit dem Bogen in höchstem Maße für diese Epoche forciert hat. Man möchte annehmen, daß bei dem nur mit dem Dolch oder dem Streitbeil geführten Nahkampf, auch eine eigene Kampfesart entwickelt worden war.

Krieger, die nur mit der Lanze kämpfen (Stufe 5), sind in Nordwestdeutschland nur je einmal in Nordhannover und in Weser-Ems-Westfalen vertreten. Dieser Kampf spielte also in unserem Gesamtraum in der Periode II (auch als zusätzliche Waffe), wie auch in der vorhergehenden Epoche, eine relativ geringe Rolle, wenngleich er jedoch offenbar nicht ganz unbekannt war.

Schließlich sei noch auf die waffenlose Stufe 6 hingewiesen, die aus sieben Männergräbern besteht. Sie kommen einzig in der Südheide vor, einem Gebiet, dessen Eigenart im Rahmen der hier erörterten Dinge besonders auffiel. Was könnten derartige, nach der Größe des Grabbaus und der Beigaben, offenbar erwachsene Männer für eine Stellung in der Gemeinschaft eingenommen haben? Für eine hypothetische Deutung bietet sich an, daß es vielleicht ältere Männer waren, die keinen Waffendienst mehr ausübten (leider liegen keine Altersbestimmungen nach körperlichen Überresten vor), doch sollten sich solche dann auch in den anderen Gebieten vorfinden; oder es waren Personen, die von vornherein eine ganz andere Stellung innehatten, die insgesamt in den Umkreis des Spirituellen (einschließlich des Medizinischen) gehören dürfte, Personen mithin, wie sie aus völkerkundlichen Parallelen genügend bekannt sind und ohne die eine Gemeinschaft offenbar nicht existieren konnte. Derartige Personen sind also auch in den Gesellschaften der anderen Gebiete anzunehmen, doch wurden solche in der Südheide nach den genannten Befunden vielleicht *höher* bewertet.

Die Wiedergabe dieser ganzen Verhältnisse im Diagramm der Abbildung 12 zeigt eine weitere Bestätigung der Unterschiedlichkeit der einzelnen Regionen auf dem Gebiet des Kampfes. Hatte eine erste Betrachtung weiter oben (s. Abschnitt III.2.1.) einen unterschiedlichen Waffenbesitz dieser Räume ergeben, zeigt sich jetzt, daß sich die Krieger dieser Gebiete in verschiedenartige Bewaffnungsstufen gliederten, die auch eine verschiedene Kampfesart und -taktik erkennen ließen. Gegenüber der vorhergehenden Sögeler Epoche waren andersartige oder veränderte Waffen hinzugekommen, besonders aber hatte sich die Gliederung der Waffenausrüstung viel weiter differenziert. Da die Gebiete aber in räumlicher Hinsicht fast gänzlich dieselben geblieben waren, zeigt dies, daß auch die jeweiligen regionalen Gruppen offenbar noch die gleichen waren. In den Veränderungen der neuen Zeit wird vielmehr eine starke evolutionäre Triebkraft des Kampfes deutlich, die alle regionalen Gebiete erfaßte.

Die nächste Epoche, Periode III, ist durch einen erneuten, vielleicht sogar noch stärkeren und umfassenderen Wandel gekennzeichnet. Nach unseren Ausführungen weiter oben (s. Abschnitt III.2.1.) konnte auch für diese Periode eine bestimmte und regional differenzierte Bewaffnung erkannt werden. Auch ein weiteres Unterscheidungsmerkmal, die Relation bronzeausgestatteter Männer- und Frauengräber (s. Abschnitt III.2.3.) hatte sich wieder erheblich geändert, wobei die Gebiete z. T. einen entgegengesetzten Status einnahmen. Insgesamt war hier für ganz Nordwestdeutschland kennzeichnend, daß jetzt überall die Frauengräber anzahlmäßig den Männergräbern nachstanden. Die Anzahl der bronzeausgestatteten Männergräber war ihrerseits gegenüber der Periode II gleichfalls allgemein (d. h. für ganz Nordwestdeutschland) zurückgegangen (s. hierfür auch wieder Abb. 6).

Erinnert sei daran, daß in dieser Epoche das auch vorher schon sehr *schwache* Gebiet Mittel- und Südhannover nicht mehr mit bronzeausgestatteten Gräbern in Erscheinung tritt, ebenfalls nicht das Gebiet Westfalen. Weser-Ems ist noch mit einigen Gräbern vertreten, mit noch wenigeren Nordhannover, das in der Periode II die Spitzenstellung besessen hatte. Das besonders Neue und Wichtigste aber ist, wie oben schon erörtert, daß sich jetzt in der Periode III die beiden Regionen Ilmenau und Südheide beim Waffenbestand der Männer und bei den metallenen Tracht- und Schmuckstücken der Frauen als ein einheitliches Gebiet darstellen, dazu mit einer großen Gräberanzahl. Diese Anzahl ist nur auf der vergleichenden Abb. 11 etwas kleiner als in der Periode II (wenn man für diese Epoche auch beide Gebiete zusammenrechnet). Nach der Darstellung auf Abb. 5 (wo für die Vergleichbarkeit die Ergebnisse der Planausgrabung in der Südheide nicht mitgezählt wurden) sind dagegen die Männergräber auf fast das Doppelte gestiegen. Auch die Anzahl der Frauengräber ist für diesen Zeitraum beachtlich, wenn auch nach der allgemeinen Tendenz in der Periode III etwas geringer als in Periode II, wo ja gerade im Ilmenaugebiet ein erstaunliches Übergewicht der bronzeausgestatteten Frauengräber festzustellen war.

Ebenfalls in der Periode III läßt sich eine gleich differenzierte Stufengliederung beobachten, wie in der Periode II (s. Abb. 9, Abb. 12 und Karte 10). Hier sieht die Ausrüstung mit Waffen folgendermaßen aus: Stufe 1 a: Schwert, Dolch und Messer (bei dem einzigen Grab dieser Stufe im Ilmenau-Südheidegebiet zusätzlich mit einer Lanze); Stufe 1 b: Schwert und Messer (beim einzigen Grab dieser Stufe im Ilmenau-Südheidegebiet zusätzlich eine Lanze); Stufe 2: Schwert (bei den Gräbern des Ilmenau-Südheidegebietes fast gänzlich zusätzlich mit einer Lanze); Stufe 3 a: Dolch und Messer, Stufe 3 b: Dolch (im Ilmenau-Südheidegebiet beim dort einzigen Grab dieser Stufe wieder zusätzlich mit einer Lanze); Stufe 4: Pfeil und Bogen; Stufe 5: Lanze (nur eines der im Ilmenau-Südheidegebiet sehr zahlreich vertretenen Gräber dieser Stufe besitzt zusätzlich noch Pfeil und Bogen); Stufe 6: waffenlos.

Bei den nur jeweils wenigen Gräbern sind in Nordhannover die Stufen 1 b, 2 und 4 a, in Weser-Ems die Stufen 2, 3 b und 5 vertreten. Unter den dagegen zahlreichen Gräbern des Ilmenau-Südheidegebietes finden sich die Spitzenstufen 1 a und 1 b nur mit je einem Grab. Die nachfolgende Stufe 2, immerhin auch noch eine *Schwertstufe*, zeigt schon eine Steigerung auf sechs Gräber. Die in diesem Gebiet dann folgenden Stufen kommen nur mit je einem Grab vor. Stufe 5 mit der Ausrüstung einer Lanzenspitze ist am zahlreichsten vertreten und überragt weit alle anderen Stufen. Den Abschluß bildet ein waffenloses Grab der Stufe 6.

Neben der anzahlmäßig stärksten Kriegergruppe der Stufe 5, den reinen Lanzenkämpfern, findet sich im Ilmenau-Südheidegebiet die Lanze als zusätzliche Waffe bei fast allen Vertretern der übrigen Stufen, also auch bis in die Spitzenstufen hinein. Sie fehlt lediglich nur bei einem Vertreter der Stufe 2 und bei dem nur einmal vorkommenden Bogenkämpfer.

Das eindrucksvoll Neue in den Ausrüstungen der Periode III stellt offenbar das *schlagartige* Auftreten der Lanzenkämpfer dar. Wenn auch vermutlich ein gewisser zeitlicher Übergang in Wirklichkeit vorhanden war, so dürfte er doch nur relativ kurz gewesen sein; Gräber, die mit Gegenständen zweier aufeinanderfolgender Perioden ausgestattet sind, finden sich nämlich äußerst selten. Die große Bedeutung, die man nun der Lanze als Waffe beimaß, drückt sich darin aus, daß außer der jetzt mit ihr ausgerüsteten *Spezialgruppe* fast alle anderen Kämpfer zusätzlich mit ihr ausgestattet sind. In der ganzen Ausrüstungsgliederung stellt sich wieder nicht nur eine neue Kampfesart, sondern auch wohl eine neue Kampfesstrategie dar.

Der schon in der Stufe Sögel in einigen Gebieten gepflegte Bogenkampf hatte in der Periode II seinen Triumph vor allem in der Südheide gefunden; hier gab es in dieser Epoche eine eigene Bogenkämpfergruppe, und der Bogen war hier zusätzlich bei den Kriegern der anderen Stufe stark vertreten. Bis auf einen einzigen Bogenkämpfer und einen einzigen mit dem Bogen zusätzlich ausgerüsteten Lanzenkämpfer, ist diese Waffe in dem jetzt auf dem Gebiet des Kampfes vereinigt erscheinenden Ilmenau-Südheideraum völlig verschwunden. Der neben dem Nahkampf bestehengebliebene Fernkampf ist jetzt von der *leichteren* Waffe des Bogens zu der *schwereren* und offenbar als wirksamer angesehenen Waffe der Lanze übergewechselt.

Die Lanze als Waffe war vereinzelt auch schon in den früheren Epochen, wenn auch nicht in allen Gebieten, vorgekommen. N u r im Ilmenaugebiet gab es sie vorher sowohl in der Stufe Sögel als auch in der Periode II. In der Südheide trat sie nur ein einziges Mal in der Periode II bei einem Vertreter der Stufe 3 a auf. Auch von dorther gesehen wird deutlich, daß speziell die Ilmenau die führende Rolle bei dem waffenmäßigen Umbruch dieser Zeit gespielt hatte. Bei ihm zeichnete sich ja eigentlich zum ersten Male in der gesamten älteren Bronzezeit der R a u m z u w a c h s eines Gebietes ab, der sich in diesem Fall nicht allein von der Ilmenau auf das Südheidegebiet, sondern sogar auf die, an das letztere anschließenden, nördlichen Teile des Mittel- und Südhannoverraumes erstreckte.

3.2. Stufengliederungen der Grabfundgruppen der Frauen

Für eine stufenmäßige Gliederung der Frauengräber muß ein anderes Einteilungsverfahren angewandt werden, da die Ausstattungen hier ja vor allem aus Schmuck und zur Tracht gehörenden Gegenständen bestehen. Neben der reinen anzahlmäßigen Auflistung führte ich eine Art Punktwertung solcher Beigaben ein. Diese bestand darin, daß die Bronzegegenstände in drei *Punktwertgruppen* eingeteilt wurden, ein Verfahren, das sicher nicht frei von subjektiver Einschätzung ist, aber trotzdem besser erscheint, als ein völliger Verzicht auf jedwede Einteilung. Mit nur einem Punkt wurden dabei bewertet: Ohrringe, Lokkenspiralen u. a., mit zwei Punkten: Halsringe, Arm- und Beinschmuck, Kleiderschmuck, Nadeln u. a.; mit drei Punkten: Halskragen, Brustschmuck- und Gürtelschmuckscheiben, Fibeln Goldspiralen u. a. Angewandt und zusammengerechnet auf die Ausstattungen der einzelnen Frauengräber ergaben sich dabei Punktwerte von 1—48. Wiederum nicht ohne subjektive Handhabung wurden dabei die Gräber mit 1—10 Punkten als Ausrüstungsstufe 3, mit Werten 11—20 Punkten als Stufe 2 und mit Werten über 20 Punkten als Stufe 1 bezeichnet. Die Tatsache, daß sich zwischen diesen Stufen, besonders zwischen Stufe 1 und 2 eine *Punktlücke* bzw. ein größerer Abstand abzeichnete, scheint anzuzeigen, daß wirklich graduelle Unterschiede zwischen den so erfaßten Ausrüstungsstufen bestanden.

Als zusammenfassendes Ergebnis der bisherigen Untersuchungen zur Gliederung der Frauenausstattungen der Periode II sei auf die Abb. 10 verwiesen, die wieder Beispiele solcher stufenmäßigen Ausstattungen zeigt, auf die Abb. 12, die die mengenmäßige Staffelung wiedergibt und die Karte 11 mit der Verbreitung. Auf der Abb. 10 wird der graduelle Unterschied bei den Stufen der Frauengräber am Unterschied ihrer Ausrüstung sehr deutlich. Zur besseren Veranschaulichung wird die als Beispiel für die Stufe 1 der Südheide wiedergegebene reiche Ausrüstung auf einer Zeichnung des Ausgräbers abgebildet (s. Abb. 13).[41] Auf dieser Darstellung sind die nur in Resten aufgefundenen Überbleibsel des Baumsarges und des Skeletts nach anderswo ausgegrabenen vollständig erhaltenen Befunden in legitimer Weise ergänzt worden. Die bronzenen Tracht- und Schmuckgegenstände wurden jedoch exakt an den hier wiedergegebenen Stellen aufgefunden. Auf der Abb. 14[42] ist ein weiterer Grabungsbefund aus der Südheide wiedergegeben, der nun realistischer den genauen Fundplatz des Grabes und der Bronzegegenstände wiedergibt. Schließlich zeigt die Abb. 15[43] eine weitere Rekonstruktion einer reichen Frauentracht derselben Stufe gleichfalls aus der Südheide. Bedauerlicherweise gibt es für Männergrabfunde keine derartigen Rekonstruktionsbilder.

Die mengenmäßigen Verhältnisse (Abb. 12) zeigen das geringe Vorkommen der Spitzenstufe und das starke Ansteigen der nachfolgenden Stufen. Dabei fällt wieder der erhebliche Überhang an Frauengräbern gegenüber den Männergräbern im Ilmenaugebiet ins Auge, während in der Südheide fast ein anzahlmäßig gleiches Verhältnis herrscht. Nordhannover besitzt das gegenüber der Ilmenau entgegengesetzte Verhältnis: einige verschwindend wenige Frauengräber der Ausrüstungsstufen 2 und 3 stehen zahlenmäßig starken und vielfach gestuften Männergräbern gegenüber. Weser-Ems-Westfalen mit etlichen Gräbern — wenige der Stufe 2, mehrere der Stufe 3 —, die mengenmäßig in etwa den Männergräbern entsprechen. Das innerhalb der älteren Bronzezeit nur in der Periode II und dabei nur schwach in Erscheinung tretende Mittel- und Südhannover zeigt bei nur wenigen Gräbern (Stufe 2 und 3) einen erheblichen Überhang der Frauengräber.

Die Verhältnisse der Periode III (s. Abb. 11, Abb. 12 und Karte 12) zeigen, wie schon oben ausgeführt, eine Reduzierung auf die drei Gebiete Nordhannover, Ilmenau-Südheide und Weser-Ems, wobei die unsicheren Fundumstände des einzigen Fundes aus dem zuletzt genannten Raum auch dieses Gebiet bei Frauengräbern vielleicht in Wegfall bringen. Das zweite allgemeine Moment in der Periode III besteht in der Reduzierung der Frauengräber überhaupt. Nordhannover besitzt nur noch 2 Gräber (hier gab es auch nur wenige Männergräber), während sich das Ilmenau-Südheidegebiet in allen drei Stufen immerhin noch mit etlichen Gräbern darstellt. Auf der Verbreitungskarte finden sich, neben dem noch gut besetzten eigentlichen Ilmenaugebiet, aber nur zwei Gräber im anschließenden nördlichsten Randgebiet der Südheide, die der untersten Stufe 3 angehören. Wir hatten vorher gesehen, daß die insgesamt anzahlmäßig stärkeren Männergräber dieser Zeit, neben ihrem zahlreichen Vorkommen im Ilmenaugebiet, auch in der Südheide und darüber hinaus im nördlichsten Mittel- und Südhannover mit einer Reihe von Gräbern vertreten waren. Der Ausrüstung nach (s. Abb. 11) ließen sich auch in der Periode III drei Stufen bei den Frauengräbern ausmachen, unter denen es an der Ilmenau zwei reich ausgestattete Gräber der Stufe 1 gibt. Das eine liegt in isolierter Lage in einem schmalen Streifen am Ostufer der Elbe. Es ist hier überhaupt das einzige gesicherte geschlossene Grab der Ilmenaugruppe in der Periode III, während in der Periode II in diesem Zipfel eine ganze Reihe von gesicherten Ilmenaugräbern (vorzüglich von Frauen) lagen. Die Zugehörigkeit dieses ostelbischen Streifens zum Ilmenaugebiet ist demnach in der Periode III vielleicht nur noch als schwach zu bezeichnen.

Das andere Frauengrab der Spitzenstufe 1 aus der Periode III fand sich im Zentrum der Region, am Mittellauf des Ilmenauzuflusses, wo in der Nähe auch das einzige Männergrab der Stufe 1 aus dieser Periode zutage kam. Die auffällige Lage dieser beiden Spitzenstufengräber im Kerngebiet der Ilmenau sei hier noch einmal hervorgehoben; zeigt sie doch ein ganz anderes Bild, als etwa die über die ganze zugehörige Region verstreute – und damit offenbar die Existenz der Untergruppen betonende – Lage der Spitzenstufengräber der Männer im Periode II-zeitlichen Nordhannover.

4. Zur Frage älterbronzezeitlicher Siedlungen

Hiermit ist die ausführliche Analyse der Quellengattung *Grabfunde* abgeschlossen, die für den behandelten Zeitraum allein schon deshalb die wichtigste ist, weil sie hier am zahlreichsten vorliegt. Außer dieser Quellengattung – in der prähistorischen Archäologie spricht man anstelle dieses Ausdrucks meist von *Fundart* – gibt es in der Vor- und Frühgeschichte weiterhin die Siedlungsfunde. Offene (also unbefestigte) Siedlungen haben sich in Nordwestdeutschland für diesen Zeitraum bislang der Entdeckung fast völlig entzogen (auf einige, noch nicht sämtlich veröffentlichte Ausgrabungen in Nachbarländern, z. B. in Skandinavien, kommen wir gleich noch kurz zurück). Da es natürlich Siedlungen gegeben hat, dürfte solches möglicherweise mit dem stärkeren, vielleicht völlig spurlosen Vergehen der Häuser zusammenhängen. Das könnte wiederum, rein theoretisch, beispielsweise daran gelegen haben, daß die (wie auch in anderen vorgeschichtlichen Zeiten) aus Holz und weiteren, vor allem organischen Materialien gebauten Häuser, in dieser Zeit auf einem Fundament etwa aus Feldsteinen errichtet waren, die nach dem Verlassen und Verfallen der Häuser schließlich auch (spätestens in der Zeit des mittelalterlichen Ackerbaus) zerstreut wurden; dabei wäre auch ein möglicher Fundnachlaß in den Häusern an der Erdoberfläche vergangen oder, wenn dauerhafter aber archäologisch unansehnlicher, ebenfalls zerstreut. In den meisten vorgeschichtlichen Epochen wurden jedoch die Häuser ein Stück in den Boden eingetieft, und gerade diese tieferen und oft erhaltenen, grubenartigen Teile der Häuser sind schon mit den zur Hauskonstruktion zugehörigen und in Verfärbungen sicher nachweisbaren Pfostenlöchern vielmals entdeckt worden.

In Skandinavien (z. B. in der Landschaft Schonen im Süden Schwedens) sind solche Überreste von Häusern und Siedlungen auch für die ältere Bronzezeit gelegentlich entdeckt und ausgegraben worden. Das Erstaunliche war dabei, daß das Fundmaterial in diesen Hausstellen fast ausschließlich aus Geräten und Abfällen aus Feuerstein bestand, die man leicht (bis auf wenige für die Bronzezeit als typisch erkannten Formen) auch in die jüngere Steinzeit hätte datieren können. Die eigentliche Datierung gelang nur anhand einiger kümmerlicher Bronzeüberreste, wie Fragmenten von Nadeln u. a. Wertvollere Bronzestücke – und das waren wohl so ziemlich alle, die man besaß – wurden von den ehemaligen Bewohnern beim Verlassen ihrer Häuser mitgenommen. Der zurückgebliebene Bestand an Steingeräten zeigt aber, daß die Bronzezivilisation sich in diesen Zeiten wesentlich auf das beschränkte, was in den Gräbern zutage kam, nämlich auf die Waffenausrüstungen der Männer und die Bestandteile der Tracht und den Schmuck der Frauen. Sind aber, wie man durchaus annehmen kann, in vielen Siedlungen nicht einmal die geringsten Bronzefragmente zurückgeblieben, so könnten sich manche in die ältere Bronzezeit gehörige Siedlungsstellen in der großen Masse jener verbergen, die man für allgemein jungsteinzeitlich (besonders für endjungsteinzeitlich) hält, im Gegensatz zu anderen, die man wegen ganz bestimmter, typischer Formenausprägung der Keramik, einer bestimmten Kulturepoche der zeitlich sehr langen Jungsteinzeit zuweisen kann. Aus diesen Ausführungen und Überlegungen dürfte ersichtlich werden, warum sicher vorhandene älterbronzezeitliche Siedlungen sich bislang einer Entdeckung meistens entzogen haben könnten.

Außer den offenen Siedlungen kennt die Forschung die befestigten Siedlungen, deren Schutzeinrichtungen sich in den allermeisten Fällen heute in Form von Ringwällen zeigen. Derartige Befestigungen sind in manchen Räumen und für manche Zeiten in nicht geringem Maße erhalten geblieben und der Forschung bekannt geworden. Für die ältere Bronzezeit sowohl des hier behandelten Nordwestdeutschlands als auch des Nordens sind befestigte Siedlungen nicht aufgefunden worden und dürften hier also aller Wahrscheinlichkeit nach auch nicht bestanden haben. Dieser Aspekt wird später bei der Auswertung der bisherigen Analysen noch interessieren.

5. Verschiedenartige Zusammensetzung der Mehrstück- und Einstück-Hortfunde aus den einzelnen Perioden mit dem Ergebnis regionaler Hortfundgruppen in den gleichen bisher erkannten Gebieten Nordwestdeutschlands

Eine weitere wichtige Fundart oder Quellengattung der Archäologie stellen die Hortfunde, auch Depotfunde genannt, dar. Es handelt sich dabei um Fundgegenstände, die meistens ohne besondere Begleitumstände, oft durch Zufall, im Boden, aber auch in Gewässern oder in Mooren, entdeckt werden und weder Siedlungs- noch Grabfunde darstellen. Solche Hortfunde sind auch in einer gewissen Anzahl in Nordwestdeutschland gemacht worden, und zwar auch aus der hier behandelten Epoche der frühen und älteren Bronzezeit bzw. aus allen ihren Einzelperioden. Diese Hortfunde sollen aufgrund meiner Untersuchung hier gleichfalls besprochen werden. Dabei sei noch gesagt, daß zwischen Mehrstückhorten (wie sie in der Forschung für manche vorgeschichtlichen Zeiten bereits sorgsam bearbeitet wurden) und Einstückhorten unterschieden werden soll. Diese letzteren hat man früher meist nicht als Horte bezeichnet, sondern als Einzelfunde, wobei man solche vordringlich als *verlorene Stücke* ansah. Das aber erscheint bei Bronzegegenständen, besonders in Gegenden, die keinerlei Rohmaterial (nämlich das dafür notwendige Kupfer und Zinn) unter ihren Bodenschätzen besaßen, äußerst unwahrscheinlich. Gegenstände aus Bronze waren einfach zu *kostbar*, und der innerhalb einer Gesamtzivilisation vorhandene Besitz war offenbar doch noch immer ziemlich gering, was ja daraus hervorgeht, daß man *im Alltag* noch mit einem alten eigentlich immer noch neolithischen Geräteinventar arbeitete.

Von den relativ zahlreichen Einzelfunden aus Bronze könnten vielleicht einige aus in jüngerer Zeit verschleiften Gräbern stammen, die Hauptmasse von ihnen aber dürften Einstückhorte sein, die aus bestimmter Absicht, gleich den Mehrstückhorten, von den Vorbesitzern dem Boden oder anderen, oben genannten Fundstellen anvertraut wurden. Ihre Einbeziehung in unsere Untersuchungen hat seinerseits das Unterlagenmaterial in erwünschtem Maße — sowohl in quellen- als auch in auswertungsmäßiger Weise — beachtlich vermehrt.

Die bisherigen Deutungen der Hortfunde sind im wesentlichen folgende: 1. Versteckfunde in unruhigen Zeiten, zu deren Wiederhebung die Besitzer aus irgendwelchen schicksalhaften Gründen nicht mehr kamen; 2. Händlerverstecke, denen es ebenso erging (speziell zu ihnen gesellte man solche Mehrstückhorte, unter denen sich zerbrochene Bronzegegenstände u. ä. befanden, bei denen man an eine Art *Einsammeln* der Händler oder der Handwerker dachte); 3. schließlich Opferfunde an Gottheiten oder andere höhere Mächte, eine

Deutung, die besonders für Gewässer- und hier vor allem für Flußfunde in Anspruch genommen wird.

Die Deutung 1 — Versteckfunde in unruhigen Zeiten — stand noch in jüngerer Zeit, etwa zwischen 1950 und 1970 sehr im Vordergrund. Man konzipierte mit ihnen ganze *Depotfundhorizonte*, die auch in jenen Teilen historischer Atlanten, die von Archäologen erarbeitet wurden, ihren Platz fanden. Sie erschienen dort u. a. auf graphischen Zeitdarstellungen der Vorgeschichte, die viele Länder mit ihren prähistorischen Kulturen in Konkordanz setzten, als blockartige Trennbänder zwischen den Kulturen und reichten oft über viele Länder hinweg.

Man verstand sie als Ausdruck von großen, länderüberspannenden Unruhen, die oft mit kriegerischen Ereignissen und auch Völkerwanderungen gleichgesetzt werden.[44] Solche auf den ersten Blick bestechende Deutungen, mit denen man Urgeschichte in Geschichte umzuwandeln trachtete, stellten damals ein communis opinio im Fach dar und bekamen auch durch die schon genannten historischen Atlanten, zu denen noch ein weiteres, sich an größere Leserkreise wendendes Schrifttum hinzukam, eine weite Verbreitung. Inzwischen sind diese Deutungen so gut wie völlig fallengelassen worden. Dazu trugen etwa ab 1970 erscheinende Veröffentlichungen bei, in denen Untersuchungen über Hortfunde aus Gewässern vorgelegt wurden.[45] Den Bearbeitern erschien die Deutung 3 — Opferfunde an Götter oder andere höhere Mächte — am plausibelsten, was auch, u. a. mit Hinweisen auf Erscheinungen in der Antike, überzeugend zu beweisen versucht wurde. Die Deutung 2 — Händlerversteckfunde — wurde in neuerer Zeit am wenigsten diskutiert.

Die Deutung 3 — Opferfunde aus Gewässern — war auch schon in früherer Zeit oftmals vorgeschlagen worden. Neuerdings neigt man stark zu dieser Ansicht, bezieht sie aber allgemein auf die genannten oder ähnliche Fundorte, wie etwa Moore. Hortfunde *vom trockenen Land* will man anscheinend weniger gern in diese Deutung einbeziehen, wohl weil bei den anderen Plätzen (Gewässer usw.) das *Versenken* und damit auch wohl äußere *Entrücken* aus der täglichen Welt als notwendig zugehörig betrachtet wird. Mir scheint aber, daß auch die Fundplätze auf trockenem Boden durch andere, immaterielle und deshalb archäologisch nicht ohne weiteres feststellbare Faktoren geschützt gewesen sein könnten wie z. B. durch bestimmte Tabus oder den Glauben, daß solche Stellen zu meidende Geisterplätze seien.

Außer in den drei Epochen — Stufe Sögel, Periode II und Periode III — kommen Hortfunde auch schon in der vor der Stufe Sögel liegenden frühen Bronzezeit in Nordwestdeutschland vor, aus der es noch keine bronzeausgerüsteten Gräber gibt. Während die Stufe Sögel den Endabschnitt der Periode I einnimmt, füllt die frühe Bronzezeit den davorliegenden Abschnitt der Periode I aus, der etwa bis 1600 v. Chr. reicht. Da aber, besonders bei den obengenannten Einstückhorten neben Gegenständen aus Bronze auch noch solche aus Kupfer (wenn auch insgesamt in geringerer Anzahl) in die hier vorgestellte Untersuchung mit einbezogen wurden, reichen solche Funde zeitlich noch weiter zurück. Sie dürften z. T. noch dem Endabschnitt des Neolithikums angehören, wofür etwa die Zeit um 1700 oder 1800 v. Chr. angegeben werden kann (selbst in der davorliegenden vollneolithischen Zeit kommen schon einige Kupfergegenstände in Mitteleuropa vor).

5.1. Verschiedenartige Zusammensetzung der Mehrstückhorte in den bisher erkannten Gebieten

Vergleicht man nach solchen Vorüberlegungen die verschiedenen Gebiete miteinander, wie sie in Abb. 16 aufgelistet wurden, so erkennt man beispielsweise für den Raum Mittel- und Südhannover, daß hier nur die Periode II mit Hortfunden besetzt ist, wie es hier genau so auch mit bronzeausgestatteten Gräbern der Fall war. Eine solche Relation als eine Gesetzmäßigkeit aufzufassen, die bei derartigen Fälle auch für größere Räume Gültigkeit besitzen würde, sollen deshalb vorläufig noch nicht akzeptiert werden, weil im Rahmen der bisherigen Untersuchungen zu Männer- und Frauengrabaustattungen verschiedene Strukturen der einzelnen Gebiete festgestellt werden konnten. An späterer Stelle werde ich versuchen, über die Feststellung solcher regionaler Strukturen hinaus, auch etwas von ihrer weiteren Bedeutung zu erkennen. Die Hortfunde scheinen jedenfalls Bestätigungen und neue Züge zur Existenz solcher regional bezogenen Strukturen zu liefern. So fehlen im Gebiet Nordhannover Hortfunde, außer in der frühen Bronzezeit, in der Periode III, in der es jedoch Männer- und Frauengräber, wenn auch in geringer Anzahl, gibt.

Auffällig ist auch das völlige Fehlen von Mehrstückhorten an der Ilmenau und in der Südheide zur Zeit der Sögelstufe. An der Ilmenau sind, außer in der frühen Bronzezeit, jeweils mehrere Hortfunde in den Perioden II und III vorhanden. Aus der Südheide, die insgesamt sehr hortfundarm ist, stammt aus der frühen Bronzezeit und aus der Periode II je ein Mehrstückhort, aus der Periode III jedoch kein einziger. In dieser Periode sind Hortfunde in ganz Nordwestdeutschland jedoch allgemein selten und nur in wenigen Exemplaren noch an der Ilmenau und in Weser-Ems und Westfalen vorhanden. In der Sögelstufe sind Mehrstückhorte nur – und dazu zu mehreren – in Nordhannover und in Weser-Ems-Westfalen gefunden worden.

Das letztere Gebiet zeigt übrigens als einziges in Nordwestdeutschland eine durchgehende Kontinuität dieser Sitte[46] von der frühen Bronzezeit bis zur Periode III, wobei ein *Zusammengehen* mit Westfalen bzw. eine Nicht-Unterscheidbarkeit aufgrund der speziellen Zusammensetzung der Hortfunde für die frühe Bronzezeit und die Stufe Sögel besteht; eine Erscheinung, die auch für die Zusammensetzung der Männer- und Frauengräber in der Zeit der Periode II beobachtet werden konnte.

Die Hortfunde setzen sich in der Regel aus verschiedenen Bronzegegenständen oder -formen zusammen, die für die frühe Bronzezeit 7, für die Stufe Sögel 9, für die Periode II 10 und für die Periode III 5 betragen, eine Entwicklung, die in etwa derjenigen der allgemeinen Bronzeprosperität des Gesamtraumes Nordwestdeutschland entspricht, wie sie aus der Untersuchung der Grabausstattungen ersichtlich wurde. Die genannten formenmäßigen Anzahlen werden jedoch in keinem einzelnen Hortfund erreicht, wobei manche Formen durchaus mehrfach in einem derartigen Fundkomplex vorkommen können.

Einige Bronzegegenstände (wie z. B. Sicheln) finden sich nicht in den Gräbern, doch gibt es auch eine ganze Reihe von Formen, die sowohl in Horten wie in Gräbern gefunden wurden. Die Art der Zusammensetzung der Hortfunde ergibt eine gleiche gebietsmäßige Gruppierung in Nordwestdeutschland, wie es bei den Grabfunden der Fall war. Dies stellt also eine weitere Bestätigung für die Existenz der Gebiete dar. Ich will an dieser Stelle davon absehen, die einzelnen formen- und gegenstandmäßigen Unterschiede der Hortfunde in den verschiedenen Gebieten und Zeiten zu schildern. Dafür sei, wie bei den Grabfunden, auf die kartographischen Ergebnisse für die vier genannten Zeiten (s. Karten 13–16) verwiesen, die zeigen, daß bei den Hortfunden ein stärkerer *Wegfall* von einzelnen Regionen in einzelnen Perioden zu verzeichnen ist als bei den bronzeausgestatteten Gräbern.

Vergleicht man die einzelnen gebietsmäßigen Verbreitungen der Grab- und Hortfunde (Karten 3–5 und 13–16) genauer miteinander, so lassen sich einige innergebietlich-räumliche Unterschiede aufzeigen. Während z. B. die Grabfunde des Ilmenaugebietes in den Perioden II und III sowohl westlich als auch östlich des Ilmenauflusses vorkommen, liegen die Hortfunde in dieser Zeit nur östlich des Flusses. Hier liegen auch die Hortfunde der frühen Bronzezeit, in der es an vergleichbaren bronzeausgestatteten Gräbern noch völlig fehlt. In der Sögelstufe sind, wie oben aufgeführt, an der Ilmenau keinerlei Hortfunde entdeckt worden. Im Weser-Emsgebiet läßt sich folgendes beobachten: Hier liegen die Hortfunde der Epochen Stufe Sögel bis Periode III im großen und ganzen nördlich des Verbreitungsgebietes der bronzeausgestatteten Gräber. Es scheint, daß in solchen Fällen die Deponierungsorte der Horte an bestimmten Plätzen oder in bestimmten Distrikten liegen, dabei möglicherweise auch abseits der von den Gräberfeldern vermutlich nicht allzu weit entfernten Siedlungen.

Wenn wir die in unserer zitierten Arbeit[47] durchgeführte und hier nicht näher geschilderte inhaltliche Gliederung der Mehrstückhorte nach den einzelnen, in ihnen enthaltenen Gegenständen unter dem Gesichtspunkt *Waffen* oder *Schmuck* zusammenfassen (s. die Tabelle auf Abb. 17), ergibt sich für die einzelnen Gebiete folgendes Bild: In Nordhannover zeigen die Hortfunde in der Stufe Sögel nur Waffencharakter und in der Periode II vorzüglich Waffencharakter, in geringerem Maße daneben auch noch Schmuckcharakter. Im Ilmenaugebiet: in der frühen Bronzezeit vorzüglich Schmuckcharakter, daneben geringer Waffencharakter, in den Perioden II und III nur Schmuckcharakter. In der Südheide (wegen des hier in der frühen Bronzezeit und in der Periode II nur jeweils einmal vorkommenden Mehrstückhortes): in beiden Epochen nur Schmuckcharakter in geringerem Maße. In Mittel- und Südhannover: in der Periode II vorzüglich Schmuckcharakter, daneben in geringerem Maße noch Waffencharakter. Weser-Emsgebiet: in der frühen Bronzezeit und in der Stufe Sögel nur Waffencharakter, in der Periode II vorzüglich Waffencharakter, daneben in geringerem Maße Schmuckcharakter, in der Periode III (wegen des nur einzigen Mehrstückhortes) in nur geringerem Maße Waffencharakter. Westfalen: in der frühen Bronzezeit und in der Stufe Sögel (in beiden Epochen vom gegenständlichen Inhalt der Hortfunde her gesehen mit Weser-Ems zusammengehend) Waffencharakter, in der Periode III (wegen nur eines Hortfundes) in geringem Maße Schmuckcharakter.

Zusammenfassend kann man für die hier aufgezählten Befunde sagen, daß die Gebiete Ilmenau, Südheide und Mittel- und Südhannover in den mit Mehrstückhorten jeweils belegten Zeiten einen fast völligen Schmuckcharakter aufweisen. Die deutlichste epochenüberspannende Kontinuität zeigt dabei von diesen Gebieten der Ilmenauraum, bei dem jedoch eine Lücke, d.h. Hortfundleere, in der Stufe Sögel besteht.

Das Weser-Emsgebiet besitzt in seinen Hortfunden von der frühen Bronzezeit bis zur Periode III dagegen einen fast ausschließlichen Waffencharakter, während Westfalen dies nur für die beiden ersten Epochen zeigt, denen nur noch in der Schlußphase, nämlich in der Periode III, ein geringer Niederschlag vom Schmuckcharakter folgt. Das Weser-Emsgebiet besitzt bei der Hortniederlegung auch eine zeitüberspannende Tradition von der frühen Bronzezeit bis in die Periode III. Die Grenze zwischen den Gebieten mit Schmuckcharakter und den Gebieten mit Waffencharakter bildet bei den Horten der bis jetzt genannten fünf Regionen die Weser. Das letzte, bislang noch nicht genannte Gebiet, nämlich Nordhannover, fällt insofern aus dem Rahmen, als es einen Wechsel von der Stufe Sögel mit Waffencharakter zur Periode II mit Schmuckcharakter zeigt (letztere Epoche besitzt allerdings in geringem Maße noch zusätzlich einen Waffencharakter).

5.2. Einstückhorte als Ergänzung und Kontrast zu den Mehrstückhorten in den bisher erkannten Gebieten

Dieses Ergebnis aus der Mehrstückhortung soll mit schon genannten und erläuterten Erkenntnissen aus der Einstückhortung ergänzt und belegt werden. Der zahlenmäßig (doch dabei unter dem Gesichtspunkt der Formenhäufigkeit wieder differenzierte) große Umfang dieser Fundgattung veranschaulicht die Tabelle in Abb. 18. Sie zeigt für die einzelnen Gebiete und Zeiten die jeweilige Anzahl der Formen und deren Fundanzahl. Dabei ist zu erkennen, daß die in der frühen Bronzezeit noch geringere Formen- und Fundanzahl bereits in der Stufe Sögel (der ersten Epoche mit bronzeausgestatteten Gräbern im Arbeitsraum) ansteigt, in der Periode II einen noch größeren Umfang erreicht und in der Periode III wieder abfällt. Im Teil B meiner Forschungsarbeit[48] sind alle diese Fundgegenstände formenmäßig detailliert untersucht, einschließlich ihrer nach Fundarten (Grabfund, Mehrstückhort, Einstückhort, unsichere Fundart) aufgegliederten Kartierungen. Wenngleich ich die einzig angewandte typologische Aufarbeitung des Formengutes auch für wissenschaftlich wenig ergiebig halte (s. Kap. *Einführung*), wurde durch die eben genannnte Berücksichtigung der verschiedenen Fundarten und durch weitere Überlegungen versucht, funktionale und strukturale Fragen anzugehen.

Zu ihnen gehört, daß auch die Einstückhorte in die beiden Gruppen *Waffen- oder Schmuckcharakter* aufgeteilt und diese Ergebnisse der vorher beschriebenen Einteilung der Mehrstückhorte zugesellt (s. Tabelle auf Abb. 19) bzw. gegenübergestellt werden. Aus ihr ist für das Gebiet Nordhannover zu ersehen, daß die von Mehrstückhorten freien Epochen der frühen Bronzezeit und der Periode III nun mit Einstückhorten besetzt sind, so daß eine zeitlich durchgehende Hortbelegung in diesem Raum jetzt zu erkennen ist. Dabei ist allerdings zu überlegen, ob die Einstückhorte (also die Deponierung nur einzelner Gegenstände) nicht eine gegenüber den Mehrstückhorten mehr oder weniger abweichende Bedeutung haben, eine Fragestellung, auf die später zurückzukommen ist.

An der Ilmenau wird jetzt nicht allein die von Mehrstückhorten freie Stufe Sögel durch Einstückhorte belegt — nun von Waffencharakter in einem Gebiet, das bei Mehrstückhorten einen ausgeprägten Schmuckcharakter zeigte —; Einstückhorte gleichen Charakters treten hier jetzt auch in allen anderen Epochen neben die Mehrstückhorte von Schmuckcharakter. Allerdings finden sich jetzt in allen Epochen (außer der jetzt erstmalig belegten Sögelstufe) in gewissem Maße zusätzlich auch noch Einstückhorte von Schmuckcharakter. Daß rein mengenmäßig gesehen der Schmuckcharakter der Horte dieses Gebietes also erhalten bliebe, wäre eine Antwort darauf, die auf der Überlegung der bedeutungsmäßigen Ungeteiltheit beruhen würde. Eine andere Antwort, die eine Differenziertheit solcher Hortgruppen für möglich hielte, würde es für dieses Gebiet bei dem Schmuckcharakter der Mehrstückhorte belassen und die Einstückhorte hinsichtlich ihres Waffen- oder Schmuckcharakters als *ambivalent* ansehen. Dazu käme die Beobachtung, daß die von Mehrstückhorten freie Sögelstufe eben nur durch Einstückhorte — hier einseitig von Waffencharakter — besetzt wäre.

Wenn man n u r einseitig an den Zufall (hier an eine Zufälligkeit des heute entstandenen Fundbildes) glauben sollte (eine neopositivistische Haltung, die in der europäischen Archäologieforschung weit verbreitet ist und die sich nachteilig besonders deutlich bei der Abwehr neuer Ideen zeigt), wären die angestellten Überlegungen nutzlos. Will man sich aber der Suche nach weiterführenden Wegen nicht verschließen, hat solches nicht allein seine Berechtigung, sondern ist nach den Überlegungen in der forschungsgeschichtlichen Einführung dieser Arbeit von dringender Notwendigkeit für die Zukunft des Faches. Dort konnten wir auch anhand eines glücklichen Beispiels eine methodische Aussage darüber gewinnen, daß eine bestimmte Auswertung ursprünglich kleinerer Fundzahlen durch später (aufgrund von Planausgrabungen — Beispiel Südheide) auf ein Mehrfaches angestiegene Fundmengen grundsätzlich bestätigt wurde. Es wäre u. E. ein schlimmer Verlust für die Forschung, wenn solche Ergebnisse, wie sie sich bei dem genannten Beispiel zeigten, konstant übersehen würden.

Die Südheide spiegelt — durch Mehrstückhorte ja nur äußerst schwach belegt — ein ähnliches Bild wider, wie wir es an der Ilmenau fanden. Auch das Gebiet Mittel- und Südhannover wird durch Einstückhorte *aufgefüllt*, doch fehlt hier bei ihnen fast völlig der Niederschlag von solchen mit Schmuckcharakter, so daß der Waffencharakter bei ihnen dominant ist. Es sei daran erinnert, daß dieser Raum nur ganz ausschließlich in der Periode II mit Mehrstückhorten, ebenfalls in dieser Zeit aber auch nur mit bronzeausgestatteten Gräbern besetzt war. Die ersteren zeigten ganz vordringlich einen Schmuckcharakter, und auch bei den letzteren überwogen die Frauengräber mehrfach die Männergräber.

In Weser-Ems wird die Mehrstückhortung durch Einstückhorte in allen Epochen vermehrt. Bei ihnen zeigt sich hier wieder eine vom Charakter ambivalente Haltung (außer in der Sögelstufe, die aber auch keine Frauengräber in ganz Nordwestdeutschlang aufwies). Hinsichtlich eines solchen Verhaltens bei der Einstückhortung, dabei speziell auch in der Stufe Sögel, ähnelt das Gebiet sehr stark der Ilmenau und in etwa auch der Südheide, doch besteht der große Unterschied bei der Mehrstückhortung, die in Weser-Ems einen ganz deutlichen Waffenchrakter aufweist; eine Tatsache also, die vermehrt an die Möglichkeit einer Differenziertheit zwischen der Bedeutung von Mehrstück- und Einstückhorten denken läßt. Das Gebiet Westfalen zeigt in all diesem ein (bis auf die nicht von Einstückhorten belegte Periode III) ähnliches Bild wie Weser-Ems.

Bei den im Teil B dieser Arbeit zahlreich und getrennt nach den eben genannten Fundarten durchgeführten Typenkartierungen, konnten bei einer Reihe von Formen auffällige Unterschiede im *Verhalten* der einzelnen Regionen beobachtet werden; hierfür einige Beispiele:

1) Sögelzeitliche Randleistenbeile mit geraden oder geschwungenen Seiten (unterteilt nach verschiedenen Varianten) zeigen auf der Karte[49] eine relativ zahlreiche Verbreitung in allen fünf Gebieten, die man für diese erste, mit eigener Bronzekultur versehenen Zeitstufe Nordwestdeutschlands feststellen kann.[50]

Außer auf zwei Mehrstückhorte im Weser-Emsgebiet verteilen sich die Funde in Weser-Ems, Westfalen und Nordhannover mehr oder weniger gleichmäßig auf Grabfunde und auf Einzelfunde, die nach unseren obigen Untersuchungen zumeist mit aller Wahrscheinlichkeit als Einstückhorte anzusehen sind. Im Südheidegebiet stammen die Beile aller drei Fundplätze aus Grabfunden. Aus dem Ilmenaugebiet sind sieben Fundplätze dieser Randleistenbeile bekannt geworden, von denen nur ein einziges Stück aus einem Grabfund, alle anderen aber aus vermuteten Einstückhorten stammen.

2) Dolche mit rundlicher Griffplatte der Periode II (aufgeteilt nach verschiedenen Querschnitten der Klinge) sind relativ zahlreich in Nordhannover, der Südheide und der Ilmenau verbreitet, darüber hinaus liegt nur noch ein Fund an der mittleren Weser.[51] Sechs Stücke aus der Südheide stammen restlos aus Grabfunden. Von 18 Fundplätzen solcher Dolche in Nordhannover stammen 16 aus Grabfunden, und nur zwei sind vermutete Einstückhorte. Im eigentlichen Ilmenaugebiet ist es gerade entgegengesetzt. Von den Dolchen aus 19 Fundplätzen stellen allein 15 vermutete Einstückhorte dar, und nur vier stammen aus Grabfunden.

3) Die Form 7 der Absatzbeile (*schlankes Lüneburger Absatzbeil*) der Periode II[52] kommt mit elf Exemplaren nur in den Gebieten der Südheide und der Ilmenau vor. Drei Exemplare der Ilmenau dürften wohl sämtlich Einstückhorte darstellen. Beispiele dieser Art lassen sich noch weiterhin unter den Verbreitungskarten dieser Arbeit finden, darunter auch solche mit regional anderen *Rollenverteilungen*. Auf den meisten anderen Verbreitungskarten sind die Funde in den Gebieten, was ihre Anteile an den verschiedenen Fundarten betrifft, mehr oder weniger gleichmäßig gemischt, so daß sich keine gebietsmäßig signifikanten Unterschiede ergeben. Obschon auch hier für die fundartmäßig verschiedene Verwendung der Stücke bestimmte Intentionen vorgelegen haben können, möchte ich diese Verbreitungen vorläufig noch nicht berücksichtigen. Ein anders gelagerter Fall einer Verbreitung — mit einem ganz anderen Gesicht — soll hier aber noch angeführt werden.

4) Die Form 9 der Absatzbeile der Periode II[53] ist folgendermaßen verbreitet: Der weitaus überwiegende Teil, nämlich 13 Stücke, ist im Weser-Emsgebiet gefunden worden, drei weitere im südlichen Westfalen und schließlich ein einziges Stück in der Südheide. Unter ihnen befindet sich kein einziger Grabfund; alle diese Beile stellen vermutete Einstückhorte dar, die in erheblicher Anzahl niemals praktisch gebraucht worden waren, weil sie kaum Abnutzungsspuren zeigen. Datiert wird die Form durch ein letztes Stück, das als Grabfund außerhalb Nordwestdeutschlands, nämlich in Schleswig-Holstein, gefunden wurde.

Wie bereits weiter vorne ausgeführt, kann man davon ausgehen, daß Hortfunde mit größter Wahrscheinlichkeit meistens in den kultischen Bereich (Opferfunde) gehören. Gewisse Überlegungen zu den hier lediglich beispielhaft vorgestellten Verbreitungsbildern einzelner, fundartmäßig aufgeschlüsselter Formen weisen darauf hin, daß solche von bestimmten regionalen Gemeinschaften kultisch deponierten Gegenstände absichtlich aus dem Besitz ausgeschieden wurden. Hierzu wird im Abschnitt *Deutung* (III.7.3.) weiteres vorgetragen werden, was auch weiterhin nicht unwichtige Korrekturen bisheriger methodischer Auffassungen der Urgeschichtswissenschaft erlauben dürfte.

6. Kurzer Überblick über die bisherige Vorstellung und Analyse der früh- und älterbronzezeitlichen Materialien Nordwestdeutschlands und das Desiderat der anschließenden Deutung

Die letzten Schilderungen bildeten den Abschluß der Bemühungen, die Basis der Erforschung der frühen und älteren Bronzezeit einer mitteleuropäischen Region, hier am Beispiel Nordwestdeutschland, darzulegen. Dies bestand einmal in der Vorstellung der Fundmaterialien einschließlich der Befunde, was aber im Rahmen dieser Abhandlung nur in dem Maße geschah, wie es zum Verständnis des gestellten Themas notwendig erschien. Für ein genaueres Kennenlernen dieser Materialien wurde auf bereits früher veröffentlichte Arbeiten hingewiesen.[54] Stärker wurde auf das eingegangen, was die Fund- und Befundmaterialien erst zu Quellen der prähistorischen Archäologie machte. Dabei habe ich diejenigen meiner Bemühungen umfangreicher und genauer geschildert, die den Quellencharakter der Materialien in Richtung einer historischen Sicht zu erweitern vermögen. Damit denke ich, sind wir bereits in die Randzonen eines Geschichtsverständnisses eingetreten.

Daß solche Forschungsergebnisse nur mit Hilfe eines neuen Analysenverfahrens zu erreichen waren, war auch der Grund dafür, keine weiteren Fundmaterialien aus anderen Regionen Mitteleuropas heranzuziehen, die ja nach einer für historische Zwecke ungeeigneten und unergiebigen Methode aufgearbeitet waren. Testversuche zeigten aber, daß auch diese Materialien mit meinen Analysenverfahren quellenmäßig aufzuschlüsseln wären, für eine Gesamtuntersuchung jedoch ein Arbeitsumfang, der von einem einzelnen nicht geleistet werden kann.

Es verbleibt mir jetzt, die so wie beschrieben erreichte Grundlage unter gleicher historischer Zielsetzung abermals zu verbreitern. Dafür werden weitere Überlegungen notwendig sein, besonders aber auch eine intensive Berücksichtigung einer Reihe von Nachbardisziplinen, mit denen wir im Sinne einer *Wissenschaft vom Menschen* bzw. *Kulturanthropologie* in einem engeren Kontakt zu stehen haben. Als kennzeichnend muß dabei für alle beteiligten Disziplinen der M e n s c h im Mittelpunkt stehen. Wo das nicht geschieht und der Mensch vergessen wird — oder, noch schlimmer, der wirkliche Mensch durch einen aus den Köpfen der Gelehrten entsprungenen homunculus ersetzt wird —, sieht es schlecht um die Zukunft solcher, nur vorgeblich noch mit dem Menschen befaßten Disziplinen aus.

7. Die Deutung der regionalen und der innerregionalen stufenmäßigen Gliederungen

Durch die Analyse früh- und älterbronzezeitlicher Materialien konnten mehrere archäologische Gruppierungen festgestellt werden, die über alle älterbronzezeitlichen Perioden hinweg kennzeichnend für bestimmte Regionen Nordwestdeutschlands waren. Schon auf diesem Stand der Untersuchung konnten solche Gruppierungen ganz allgemein als jeweils regional bezogene menschliche Gesellschaften angesprochen werden. Das lag, entsprechend meiner *Ansprache* des Materials, daran, daß jene Gruppierungen nicht auf Formentypen beruhten, etwa einzelnen Buchstaben eines Alphabets vergleichbar, die noch kein Wort ergeben, sondern auf wesentlichen Eigenheiten des menschlichen Lebens selbst, die sozusagen schon ganze Worte oder Sätze darstellen. Hier handelte es sich um die Bereiche der Bewaffnungsarten der Männer und die Trachten der Frauen, die die unterschiedlichen und regionalbezogenen Gruppierungen ausmachten. Unterschiede in der Hortsitte, also bei der Niederlegung von wohl kultischen Depots, bestätigten die festgestellten Regionen.[55]

Um solche in den gebietsmäßigen Gruppierungen sichtbar werdenden *menschlichen Gesellschaften* näher erkennen zu können, bedarf es der Zusammenarbeit mit Nachbarfächern, wie es in der Einleitung beschrieben wurde. Damit werden nicht allein die Grenzen der Archäologie erweitert, sie reiht sich dadurch auch bei uns mit eigenen Beiträgen in den Umkreis jener Disziplinen ein, die sich um eine größere und umfassendere *Wissenschaft vom Menschen* bemühen. Die Analyse folgt der Reihenfolge, wie sie in den vorhergehenden Abschnitten dieses Kapitels dargestellt wurde.

7.1. Die Deutung der regionalen Grabfundgruppen

Im Abschnitt III.1. wurden die Methoden der Untersuchung erläutert. Sie beruhten auf einem g a n z h e i t l i c h e n Untersuchungsverfahren,[56] bei dem die geschlossenen Funde entsprechend ihrer zeitlichen Bestimmung nicht gleich für die Typengliederung, wie sonst im Fach üblich, auseinandergerissen, sondern gerade in ihrer Verbundenheit f u n k t i o n a l betrachtet wurden.

7.1.1. Die Männergrabfunde

Dies fand seine erste Anwendung auf die Männergrabfunde (Abschnitt III.2.1.). Dabei zeigte sich, daß sich innerhalb Nordwestdeutschlands sechs regionale Gebiete aussondern ließen, deren Kennzeichen in einer jeweils unterschiedlichen Bewaffnung bestand. Damit konnte also bereits von verschiedenen regionalen Bewaffnungsgruppen gesprochen werden. Hier soll jetzt die Frage nach der Bedeutung dieser Gruppen im geschichtsmäßigen Sinne gestellt werden. Diese Frage kann nun nicht mehr mit den Mitteln der prähistorischen Archäologie allein beantwortet werden, sondern muß sich der Hilfe von Nachbardisziplinen bedienen, die mit der Archäologie durch die gemeinsame Bemühung um *den Menschen* verbunden sind. Doch bereits vor der Inanspruchnahme einer solchen Hilfe erscheint es einem schon vom ganz Allgemeinen her (genauer gesagt: von einem ganz *allgemeinen Bewußtsein für Geschichte* her) einsichtig, daß unterschiedliche Bewaffnungen offenbar auch ganz wichtige Unterscheidungsmerkmale zwischen solchen Gruppen darstellen, weil es sich dabei ja um Aktion und Kampfbereitschaft handelt; Momente, die hier nicht nur für einen einmaligen aktuellen Fall wirksam waren, sondern die Gruppenexistenz über die ganze, mehr als ein halbes Jahrtausend währende, ältere Bronzezeit hinweg bestimmten.[57]

Max Weber[58] sagt in *Wirtschaft und Gesellschaft*, und zwar im Kapitel *Ethnische Gemeinschaften*, „daß in der Regel durch politisch gemeinsame Schicksale, wie kriegerische Bedrohungen von außen oder eigene kriegerische Aktivität nach außen der *Stamm* und das *Stammesbewußtsein* entstünden." Für unsere bereits als Kampfesgruppen erkannten Einheiten würde sich damit die Deutung als Stämme anbieten, wobei gleichzeitig deren Wesen in eben dieser Aktionsfähigkeit zum Ausdruck käme. Auch zum Stammesbegriff der Völkerkunde gehört als ein wichtiges Kriterium die Fähigkeit kooperativen Handelns. W. E. Mühlmann[59] drückt dies mit folgenden Worten aus: „Das Ethnos als Bewußtseins- und Willensgemeinschaft bildet sich, seinen Charakter und seine eigentümliche Geistesverfassung nur im Kontrast zu anderen, fremden ethnischen Gemeinschaften aus, wie schon W. v. Humboldt gesehen hat. Das Dasein des Ethnos wird am greifbarsten in seinen *existenziellen Situationen (Jaspers)*, vornehmlich in der des Kampfes."

Für das Vorhandensein und für dieselbe innere Bedeutung der Stämme lassen sich gleiche Verhältnisse, zudem für die behandelte Zeit des 2. vorchristlichen Jahrtausends, aus Syrien-Palästina heranziehen, von wo Victor Maag[60] berichtet: „Ein flüchtiger Blick in Organisation und Geschichte Israels scheint allerdings in andere Richtung zu weisen: Hier ist selten eine Sippe erwähnt, häufig aber und Gewichtiges wird von den Stämmen gesagt. Daß z. B. König Saul der Sippe Matri (I. Sam. 10, 21) angehört, erfährt man beiläufig, daß er Benjaminit ist, gilt als wichtig; daß David ein Sproß der Sippe Elemelech von Bethlehem ist

(Ruth), tritt zurück hinter der politisch sehr wichtigen Tatsache, daß er Judäer ist. Wo Bürgerkrieg ausbricht, geschieht es nicht zwischen einzelnen Sippen, sondern zwischen Stämmen, wie Benjamin und Ephraim. Und noch etwas weiter zurück stellt man fest, daß schon die von Josua begründete Israel-Amphiktyonie nicht ein Bündnis von soundsovielen Sippen, sondern von bestimmten Stämmen war. Diese für die Bedeutung des Stammes gesammelten Beobachtungen liegen auf dem Gebiete des politischen Lebens, nicht aber auf dem des familiären; denn die Sippe war und ist die soziale Einheitsgröße, die politische Aktionseinheit aber war der Stamm. Das zur Stammesbildung führende wirtschaftlich, politisch und gefühlsmäßig sich auswirkende Moment war eine Schicksalsgemeinschaft, unter der sich die betreffenden Sippen einander angenähert hatten."

Für die Bedeutung, die die Erkenntnis von ethnischen Einheiten in einem als geschichtliche Disziplin verstandenen Fach einzunehmen hat, sei noch der Mittelalter-Historiker R. Wenskus,[61] der sich von seinem Spezialgebiet her auch eng mit der Vorgeschichte beschäftigt, zitiert: „Ohne die politischen Ereignisse, Traditionen und die konkreten Einzelverbände zu kennen, bleibt das" (nämlich die Erkenntnis des Verlaufes der Geschichte in seiner Ganzheit) „jedoch unmöglich. Diese Unentbehrlichkeit der politischen Geschichte und der Verfassungsgeschichte für das Verständnis der allgemeinen Geschichte bleibt auch bestehen, wenn man ihren Vorrang vor den anderen historischen Disziplinen oder gar ihre Identität mit der allgemeinen Geschichte, wie sie noch von Ranke angenommen wurde, bezweifeln will. Das Gefühl, daß die Kenntnis der einzelnen politischen Verbände zum Verständnis auch der *kulturgeschichtlichen* Vorgänge unentbehrlich ist, war sicher mit ein Grund dafür, daß allen Einwänden zum Trotz immer wieder Versuche zur *ethnischen* Deutung gemacht werden." Wenskus zitiert hier H. Freyer: „Wo etwas wie ein Volk, wenn auch namenlos, faßbar wird, fällt in die Vorgeschichte geschichtliches Licht" und fährt fort: „Selbst E. Wahle betont, daß das Fach der Vorgeschichte sich aufgeben würde, wenn es auf die Beantwortung der Frage nach der ethnischen Zugehörigkeit eines Fundes keinen Wert mehr legte." An anderer Stelle kritisiert Wenskus die einseitig typologische Untersuchungsweise:[62] „Vielfach läuft eine Großzahl der typologischen Reihen ungebrochen durch und täuscht dadurch eine Kontinuität der politischen Tradition vor, die in Wirklichkeit nicht bestanden hat. Gerade auf diese politische Tradition kommt es aber an, wenn der Graben zwischen Geschichte und Vorgeschichte ausgefüllt und der Verlauf der Geschichte zu jenen Zeiten zurückverfolgt werden soll, von denen an sie darstellbar wird."

Die in den Kampfesweisen sich darstellenden Gruppen füllten durch die von mir behandelten Epochen hindurch die gleichen Gebiete aus. Sehr auffällig ist jedoch, daß die Kampfesweisen der einzelnen Gebiete sich in den Epochen änderten. Es ist anzunehmen, daß sich diese Veränderungen aus Erfahrungen in den Auseinandersetzungen mit den Gegnern ergaben. Daß solche sich dergestalt niederschlagen, ist kürzlich in einer Studie über die Bewaffnung der Germanen in der jüngeren römischen Kaiserzeit[63] sehr deutlich gezeigt worden. Im Verlauf der Kämpfe mit den Römern änderten sich die Bewaffnungen der Germanen und damit deren Kampfesweise mehrfach. Auch im Zuge der Auseinandersetzungen zwischen Kelten und Römern ist solches beobachtet worden.[64] Darauf, daß solche Auseinandersetzungen sich hier zwischen unseren Gruppen vollzogen haben, dürfte die Tatsache hindeuten, daß sie in Nachbarschaft zueinander lagen. Von der Pflege häufiger kriegerischer Aktionen, wenn auch aus späterer Zeit, sprechen des öfteren antike Schriftsteller. Auch kann man für den allgemeinen Entwicklungszustand und für die Herausbildung von Gesellungsgruppen der vorliegenden Größenordnung und deren oft zu beobachtende gegenseitige Aggressivität auf gleiche Verhältnisse hinweisen, wie sie uns die Ethnologie zahlreich liefert. Bestätigend für unsere Ansicht sagt von dieser Seite W. E. Mühlmann:[65] „Die Ethnologie kann niemals ein Ethnos isoliert betrachten (wie die romantische *Volkskunde*), sondern stets nur den geschichtlichen Zusammenhang ethnischer Einheiten untereinander. Dieser ist konstitutiv für den Ethnosbegriff, der nicht als Zustands-, sondern als System- oder sozialer Prozeß aufzufassen ist."

Die Veränderungen durch solche Auseinandersetzungen dürften sich also in den wechselnden Bewaffnungs- und Kampfesarten widerspiegeln. Das Weser-Emsgebiet und Westfalen (siehe hierfür auch Abschnitt III.2.2.) mögen in der Stufe Sögel eine Spitzenstellung in Nordwestdeutschland gehabt haben. Sie verloren diese in den nächsten Epochen an die Gebiete östlich der Weser. Hier hatte das Südheidegebiet einen enormen Aufstieg in der Periode II, dem ein sehr starker Niedergang und ein Verlust der Selbständigkeit in der Periode III folgte. Die Südheide dürfte jedoch auch in der Periode II weniger stark gewesen sein als jedes der beiden restlichen Gebiete, das Ilmenaugebiet und Nordhannover. Dafür, daß das Ilmenaugebiet schließlich in der Periode III als stärkste Gruppe übrig blieb, hatten wir in einer Untersuchung über die dortige Vermehrung bronzeausgerüsteter Gräber weiter oben bereits Beweise zu erbringen versucht.

Auf die verschiedene, durch die Grabausrüstung ausgedrückte Kampfesweise des jeweiligen Gebietes in den verschiedenen Epochen sei noch einmal zurückgekommen. Es könnte theoretisch der Einwurf gemacht werden, daß sich in diesen Veränderungen nicht Umstellungen der Kampfesweise widerspiegeln, sondern daß sich in ihnen ein Wechsel von Siedlungsgruppen in den Gebieten zeigen würde. Die Kontinuität des Siedlungsraumes brauchte in der Tat nicht dagegen zu sprechen, da die Eigenarten und Grenzen der Siedlungsräume weitgehend von natürlichen Gegebenheiten abhängig sind, in die sich auch eine neue Siedlungsgruppe (vorzüglich bei anzunehmenden gleichen oder ähnlichen Wirtschaftsverhältnissen) einzufügen hätte. Aber abgesehen davon, daß man einer so vorgetragenen Meinung auch abfordern müßte, daß sie über Herkunft und Verbleib der einzelnen Gruppen etwas aussagen sollte, und ganz abgesehen von dem dann anzunehmenden ständigen Wechsel der Gruppen, gibt es noch einen anderen Gegengrund, wie er sich aus der Betrachtung der Hortsitten ergibt. Diese Hortsitten zeigen für die meisten Gebiete starke Züge einer Kontinuität. Eine solche am Ort über Epochen hinweg gleich geübte Sitte dürfte aber auch eine gleiche dahinterstehende menschliche Gesellungsgruppe voraussetzen. Eine einen anderen Raum besetzende Fremdgruppe mag sich in manche Realitäten des Raumes einfügen, kultische Übungen gehören jedoch zu den Bindemitteln der Gesellschaften, die weder schnell übernommen, noch schnell aufgegeben werden.

Kommen wir also zum Abschluß noch einmal auf das Bild von Gruppen in Nordwestdeutschland zurück, die Gebiete von mehreren heutigen Verwaltungskreisen (und zwar in der Größenordnung von etwa 1960) besiedelten und denen man, von einigen Ausnahmen abgesehen, eine Kontinuität von der frühen Bronzezeit bis vorläufig zum Ende der Periode III (als dem zeitlichen Ende unseres Untersuchungsabschnittes) zusprechen kann. Das Absinken der Südheide und von Mittel- und Südhannover in der Periode III und die Eingliederung in das Ilmenaugebiet dürfte dabei als ein Machtverlust aufzufassen[66] und das völlige Verschwinden von Westfalen in der gleichen Periode ebenso zu deuten sein. Ein einziger Hortfund reicht zwar nicht aus, um der Auffassung einer Siedlungsleere in dieser Zeit in Westfalen zu begegnen. Durch den künftig vielleicht einmal umfassender möglichen Nachweis von zahlreichen, keine Bronzebeigaben enthaltenden, doch älterbronzezeitlichen Hügelgräbern wäre aber eine positive Antwort hierauf im Sinne einer Weiterbesiedlung gegeben. Auf die Bedeutung des Wandels im Ilmenaugebiet in der Periode III und die dazu soeben in Anmerkung 66 aufgeworfenen Fragen komme ich später ausführlich zurück.

7.1.2. Die Frauengrabfunde

Die Ausrüstungen der Frauengräber stellen, wie schon oben gesagt (siehe hierfür Abschnitt III.2.4.), Bestandteile der Tracht dar. Indem sie den Beobachtungen an Männergräbern ganz entsprechende regionale Unterschiede erkennen lassen, bestätigen sie die dort gewonnenen Ergebnisse, was bedeutet, daß solche Merkmale der Frauentracht den bislang durch die Bewaffnungs- und Kampfesart herausgestellten Stammesqualitäten zugegliedert werden können. Daß das Prestige, das in ihnen zum Ausdruck kommt, in der Südheide, in Mittel- und Südhannover, im Weser-Emsgebiet und in Westfalen in der Periode III nicht mehr entwickelt werden konnte, d. h., daß von den Frauengräbern keine oder nur noch wenige mit Bronze ausgerüstet sind, könnte mit der *allgemeinen Schwäche* dieser Gebiete in der betreffenden Periode zusammengehangen haben.

7.1.3. Die unterschiedlich mengenmäßige Relation zwischen
bronzeausgestatteten Männer- und Frauengräbern in den
einzelnen Regionen

Die auffallenden gebietlichen Unterschiede im gegenseitigen Mengenverhältnis zwischen bronzeausgestatteten Männer- und Frauengräbern stellten einen weiteren überraschenden Befund der Untersuchungen dar, Unterschiede, die sich zudem in Änderungen bei Wechsel von der Periode II zur Periode III — wie bei der Waffenausrüstung der Männer und der Trachtausstattung der Frauen — in allen Gebieten der Periode III deutlich zeigten. Im Abschnitt III.2.3. wurden diese Verhältnisse ausführlich behandelt und vorgestellt, wobei für eine allseitige Betrachtung die Ergebnisse der erst später folgenden Stufengliederung der Männer- und Frauenausstattungen (siehe Gesamtabschnitt III.3.) für die archäologischen Erklärungsversuche vorgezogen wurden. Es zeigte sich, daß diese Phänomene offenbar zu den kennzeichnenden Zügen in der jeweiligen, hier in den Abschnitten zur Deutung nun als stammesartig angesehenen, regionalen Gruppenstruktur gehörten. Ihre Bedeutung war, bei vielfach weiter oben angestellten Überlegungen, vom Archäologischen her jedoch nicht genauer auszumachen.

Der Deutung dieser Phänomene durch Nachbardisziplinen (wie sie im Einführungskapitel I und in den vorhergehenden Abschnitten dieses Kapitels herangezogen wurden), gebricht es in diesem Fall noch an ausreichenden Vorstudien. Wir dürfen aber festhalten, daß solche Erscheinungen für die Existenz verschiedenartiger stammesmäßiger Gruppen im Arbeitsraum Nordwestdeutschland eine weitere Bestätigung darstellen.

7.2. Die Deutung der innergebietlichen Stufengliederung der regionalen
Grabfundgruppen

In den Abschnitten III.7.1. und 7.1.1.–7.1.2. wurden die durch Bewaffnungs- und Kampfesarten bestimmten regionalen Gruppen Nordwestdeutschlands als Gebilde von stammesartigem Charakter angesprochen, denen auch Eigentümlichkeiten der Frauentracht zugeordnet werden konnten. Die nun zu interpretierenden Stufengliederungen in der Bewaffnung der Männer und in der Trachtausstattung der Frauen (siehe die Vorstellung und Analyse dieser Befunde in den Abschnitten III.3. und III.3.1.–III.3.2.) könnten oder dürften als soziale Gliederungen anzusprechen sein, wie sie uns z. B. aus der Ethnologie bekannt sind, die die Gliederung in Altersklassen kennt (Panhoff/Perrin 1982: 26).

Als Beispiel für in den Gräberfeldern erscheinende soziale Gliederungen soll zuerst auf die frühgeschichtlichen Reihengräberfriedhöfe der fränkischen Zeit hingewiesen werden, wo sich differenzierte Abstufungen in der Waffen- und Trachtausrüstung erkennen lassen. Von diesen Grabausstattungen ist oft noch näher zu beweisen, daß sie soziale Staffelungen und Gruppierungen darstellen, bei denen Schwertgräber allgemein einer oberen Stufe und solche mit einfacheren Waffen hingegen nachgeordneten Stufen angehören.[67] Auch aus einer davorliegenden vorgeschichtlichen Epoche, nämlich der Frühlatènezeit, gibt es Parallelen. In den Fürstengräbern dieser Zeit bestand die Bewaffnung aus Schwert, Dolch und mehreren Speeren. Bei diesen Schwertträgern aber gibt es auch solche, bei denen in der oben genannten Ausrüstung die Dolche fehlen, was vielleicht auf gestaffelte Verhältnisse hinweist, wie bei den vorliegenden Untersuchungen. Die Bearbeiter der Archäologie und Geschichte der Kelten weisen auch darauf hin, daß deren Kampfesarten sich vielfach in den Berichten der Ilias widerspiegelten.[68] Mit diesen kommen wir in einen Zeitraum, der unserem bronzezeitlichen in etwa entspricht und deshalb von besonderem Interesse sein muß.[69] Dasselbe gilt für einen Vergleich mit dem zeitgleichen Syrien-Palästina, für die historische Quellen vorliegen, aus denen deutlich wird, daß die militärische Hierarchie eine soziale Staffelung widerspiegelt.[70]

In der zitierten Arbeit beschreibt Victor Maag für die Zeit um die Mitte und für die zweite Hälfte des 2. vorchristlichen Jahrtausends Verhältnisse bei den Churritern und den Ugaritern, wo jeweils ein König und nachgeordnete Adelige über das Volk herrschen. Bei kriegerischen Unternehmungen stellen die Adeligen mit bestimmter, mehrfacher Bewaffnung die Streitwagenbesatzung dar, der die Fußtruppe des Volkes mit gestaffelter Waffenausrüstung folgt. Sehr aufschlußreich für die hier zu behandelnde Problematik weist Maag darauf hin, daß schon früher, mindestens in der mittleren Bronzezeit (nach der Gliederung der vorderasiatischen Archäologie), also in der ersten Hälfte des 2. vorchristlichen Jahrtausends und vor Entstehung der Adelsmacht, die militärische Organisation der Fußkämpfertruppe geschaffen worden sei. Dies ist ein wichtiger Hinweis auf allgemein ähnliche Verhältnisse in unserer älteren Bronzezeit, die als früheste Epoche des gesamten mitteleuropäischen Metallzeitalters zu bezeichnen ist, wo Streitwagenfahrer und eine Adelsherrschaft gleichfalls noch fehlen. Auch in der Völkerkunde ist die Zuordnung bestimmter Waffen zu bestimmten Gruppen festzustellen.[71]

Das Bild von stammesartigen Gebilden wird durch die Feststellungen sozialer Stufen farbiger und lebendiger.[72] Es scheint, als seien wir hiermit dem *handelnden Menschen* (E. Wahle) wirklich sehr nahegekommen zu sein. Auch wird durch diese Aufgliederungen von innen her noch wahrscheinlicher, daß wir es bei den regionalen Gruppen nicht allein mit stammesartigen Gebilden, sondern mit wirklichen Stämmen zu tun haben.

Für die soziale Gliederung sprach, daß die Stufen innerhalb der einzelnen Stammesregionen in der geschilderten Gemenglage vorkamen. In deren verbreitungsmäßigem Bild, wie es die Karten 8–12 wiedergeben, wird solches deutlich. Zum mindesten ist es unter dem Eindruck der Neuartigkeit der hier aufgedeckten Befunde erstaunlich, daß diese sozialen Stufen bereits so vielfältig in der älteren Bronzezeit vorhanden sind, ebenso, daß sie jeweils zu einer größeren Stammesgruppe zusammengeschlossen sind, der sie in Fällen äußerer Aktionen verpflichtet sind. Dies wird erst dann weniger erstaunlich und auch erst richtig verständlich sein, wenn wir später in den zusammenfassenden Teilen der Untersuchungen den genaueren historischen Platz der frühen und älteren Bronzezeit innerhalb des mitteleuropäischen Metallzeitalters kennenlernen werden.

Die glücklichen Fälle von Ausgrabungen ganzer Gräberfelder, vorzüglich in der Südheide, zeigten, daß sowohl in einem Gräberfeld als auch sogar in einem einzigen Hügel verschiedene Stufen vereint vorkamen. Damit kommen wir den von der Ethnologie genannten Möglichkeiten der Deutung einer sozialen Staffelung aufgrund derartiger archäologischer Befunde[73] näher, die damit auch bei uns in den verwandtschaftlichen Verhältnissen beruht. Dabei ist vorausgesetzt — was auch aus anderen Befunden von Männer- und Frauengräbern wohl wirklich bewiesen wird —, daß der einzelne Hügel in der Regel familienmäßig miteinander verwandte Personen aufnahm.

Der Grad und das Bild der Differenzierung der sozialen Abstufung war bei der Untersuchung der einzelnen Perioden für die verschiedenen Gebiete herausgestellt worden. Dadurch wurde erkennbar, wie die Gebiete sich hierin untereinander einmal innerhalb einer Periode verschieden verhielten, zum anderen, welche Entwicklung sie darin im Ablauf aller Epochen durchmachten. Einer quantitativen Vorrangstellung eines Gebietes in einer bestimmten Periode, wie sie schon in den Abschnitten III.3.1.–III.3.2. klargeworden war, ging durchweg eine reiche soziale Differenzierung parallel, eine Differenzierung, die immer ausgesprochene und öfters noch in sich gegliederte Spitzenstufen enthielt. In den schon in der Geschichte der regionalen Stammesgruppen vermuteten Auseinandersetzungen, deren Lebhaftigkeit auch im Bewaffnungs- und Kampfesartwechsel zwischen den Perioden zum Ausdruck kam, muß das jeweilige und gleichfalls durch die Zeiten nicht starr bleibende Maß einer sozialen Differenzierung eine erhebliche und wichtige Rolle gespielt haben. Dabei wird auch die Anwendung der Kampfesart, gestaffelt in den verschiedenen Bewaffnungen der sozialen Stufen, deutlich. Kampfesart und soziale Differenzierung dürften mit Taktik und politischer Macht zusammengehangen haben. Hinter den in der sozialen Abstufung der Waffenträger noch deutlicher werdenden vielfachen Versuchen der einzelnen Stämme, die Vorrangstellung zu erringen, müssen innere Vorgänge von einer großen Lebhaftigekeit gestanden haben. Ihre Ergebnisse zeigt die Tabelle in Abb. 12. Dabei werden Waffen- und Kampfestechniken eine Rolle gespielt haben. Nicht anders ist z. B. die Entwicklung des Bogenkampfes zu verstehen, der wechselnd nach Zeiten und Gruppen und in verschieden starkem Maße ausgeübt wurde. Hierbei kam es zur Ausbildung einer eigenen Gruppe von Bogenschützen in der Periode II in der Südheide. Dieses Gebiet hatte eine beachtliche Stärke in dieser Zeit, die nur noch durch Nordhannover übertroffen wurde. Dabei handelt es sich in diesem Falle nicht um zwei aneinander grenzende Gebiete, und es ist sicher nicht verfehlt, wenn wir uns die ganzen interregionalen politischen Machtverhältnisse nicht so einfach, wie es mit dem Ausdruck der *obersten Vorrangstellung* eines Gebietes ausgedrückt ist, vorstellen. Vielmehr waren solche Verhältnisse vermutlich von größter Kompliziertheit. Auch gibt die soziale Strukturierung der Südheide in dieser Epoche, in der eine eigentliche erste und zweite Stufe fehlen, hingegen noch drei nachgeordnete vorhanden sind, Anlaß zu der Überlegung, ob sich darin nicht auch innere Verschiebungen in der Stufenordnung darstellen. Es wäre doch möglich, daß die Stufe 3 a von Leuten mit zwei Nahkampfwaffen hier eben die Spitze einnahm, der dann die zusätzlich mit einer Fernkampfwaffe ausgerüsteten Bogenschützen und schließlich die reinen Bogenschützen folgten.

Wieder anders gelagert sind die Verhältnisse im Ilmenaugebiet der Periode III, das zu dieser Zeit die Vorrangstellung einnimmt. Hier fehlt einmal so gut wie völlig eine Mittelstufe, zum anderen hat sich wieder eine ganz neue Stufe, die der Lanzenkämpfer, gebildet. Wenn ich sie wegen der äußeren Vergleichbarkeit in meinen Tabellen als Stufe 5 bezeichne, so braucht sie damals keineswegs rangmäßig an einer solchen Stelle gestanden und könnte durchaus den Platz der alten Stufe 3 eingenommen haben. Bei ihrer quantitativen Bedeutung und vermutlich auch ihrer Kampfesqualität, der möglicher-, wenn nicht gar naheliegenderweise das Ilmenaugebiet die Vorrangstellung in dieser Zeit verdankte, könnte man sich eine noch höhere Aufwertung dieser Kampfesgruppe denken. Zwar gibt es hier durchaus eine, wie ja meist üblich, kleinere und sogar noch in sich differenzierte Spitzenstufe von Schwertträgern, doch sind auch sie in dieser Zeit fast vollständig noch zusätzlich mit der Lanze ausgerüstet.[74] Die Südheide und der Nordteil von Mittel- und Südhannover müssen jetzt wegen der gleichen Waffen- und Trachtausrüstung und Stufengliederung als mit dem Ilmenaugebiet vereinigt angesehen werden, wie in den Abschnitten III.2.1., 2.4., 3.1. und 3.2 näher beschrieben wurde.

Ein in der Schlußphase der älteren Bronzezeit derartig stark vergrößertes und insgesamt mit den eben noch einmal genannten Strukturen jetzt ausgestattetes Ilmenaugebiet fällt völlig aus dem Rahmen sowohl aller anderen Gebiete in der frühen und älteren Bronzezeit Nordwestdeutschlands als auch dem seiner eigenen Vergangenheit. Weiter vorn wurden hinter den herausgearbeiteten und analysierten Befunden in allen Gebieten Stammesbildungen erkannt; Erscheinungen, die nach Auskünften der Geschichtswissenschaft, der Ethnologie und der Soziologie grundsätzlich als politische Zusammenschlüsse von kleineren Einheiten (Klane, Verwandtschaftsgruppen u. a.) anzusehen sind.

Hier ist jetzt der Platz, auf die prinzipielle Unterscheidung solcher Stammesbildungen nach zwei wichtigen Gruppen zu sprechen zu kommen. Zur ersten Bildung zählen die hier bislang beschriebenen Stämme, wie ich sie (bis auf die Ilmenau der Periode III) für die frühe und ältere Bronzezeit meines Arbeitsraums annehme. Zum Wesen solcher Stämme gehört, daß nur bestimmte Aufgaben an sie als übergeordnete Gesellungseinheiten delegiert werden. Hierzu gehört die Kriegsführung als eine der wichtigsten, während viele anderen Aufgaben bei den Kerngruppen verbleiben. Es gibt für einen derartigen Stamm keine dauernde Führungsspitze; eine solche wird für die Dauer der Durchführung gemeinsamer Aufgaben auf Zeit gewählt, wobei die Ältesten der Kerngruppen oft eine wichtige Rolle spielen.

Diesen Gesellschaftstypus nennt die Ethnologie „segmentäre Gesellschaften". Der Begriff wird von Vivelo wie folgt definiert: „Eine segmentäre Gesellschaft besteht aus einer Anzahl unabhängiger Lokalgemeinden, die als die *primären Segmente* bezeichnet werden. Dies können Dörfer oder Gehöfte sein, sehr häufig aber sind es, vor allem in Afrika, Lineages (daher der Name *Segmentäres Lineage-System* für diesen Organisationstypus). Die primären Segmente sind, wie schon der Name sagt, die kleinsten signifikanten Einheiten der segmentären Struktur und bilden die wichtigsten Bezugseinheiten für wirtschaftliche, politische und religiöse Aktivitäten. Mit anderen Worten, die meisten Angelegenheiten des sozialen Lebens werden auf der primären Ebene besorgt." (1981: 198).

Die zweite Form besteht darin, daß ein Stamm von einem Häuptling geführt wird. Auch in dieser Erscheinung gibt es, wie bei der ersten, graduelle Unterschiede. Solche bestehen bei der Führung durch einen Häuptling u. a. darin, daß das Ausmaß der Macht, die diesem zusteht und die dieser durchsetzen kann, kleiner oder größer sein kann. „In Häuptlingstümern ist der Ort der politischen Autorität in der Stammesstruktur weiter heraufgerückt, über die kleinen Lokalgemeinden (oder primären Segmente) hinaus, die ihre Autonomie eingebüßt haben und nunmehr zu wechselseitig voneinander abhängigen politischen Subgruppen reduziert worden sind. In anderen Worten, die Machtzentren haben sich zu einer intermediären Position zwischen der Ebene der Lokalgemeinden und der Ebene des Gesamtstammes herauf verschoben – denn Häuptlingstümer bleiben noch immer Stammesgesellschaften und ermangeln als solche einer die Gesamtgesellschaft umfassenden Zentralgewalt. Der Stamm oder die Stammesgesellschaft besteht aus mehreren Häuptlingstümern, die politisch unabhängig voneinander sind.

So sind etwa in einem Häuptlingstum die Deszendenzgruppen, wie zum Beispiel Klane, in einer hierarchischen Rangordnung gereiht, wobei eine der Gruppen als die Häuptlings- oder adelige Gruppe betrachtet wird. Aus dieser Gruppe kommt der Häuptling, welcher über alle Gruppen in einem bestimmten Gebiet Autorität ausübt. Ein Häuptlingstum besteht in diesem Falle aus einer Anzahl von Deszendenzgruppen, die ein bestimmtes Territorium innehaben und unter der Führung eines Häuptlings stehen, welcher der höchstrangigen Deszendenzgruppe angehört. Eine Mehrzahl solcher Häuptlingstümer bilden, um es noch einmal zu wiederholen, den Gesamtstamm bzw. die Stammesgesellschaft.

Die Position des *Häuptlings* (oder *Oberhäuptlings*) ist eine offizielle, ein festumrissenes Amt, das durch eine auf dem Erbschaftsprinzip beruhende Sukzessionsordnung reguliert wird. Die Autorität eines solchen Häuptlings ist größer als die jedes anderen bisher besprochenen Führers. Gewöhnlich hat der Häuptling die Gewalt über Leben und Tod seiner Untertanen. Man muß sich jedoch noch einmal vergegenwärtigen, daß der Häuptling und die Häuptlings-Lineage nur solange an der Macht bleiben können, so lange sie stark genug sind, die Macht auch zu behaupten. Es ist immer möglich — und kommt nicht selten vor —, daß eine andere Gruppe so stark wird, daß sie diese stürzen und an ihre Stelle treten kann." (Vivelo 1981: 202).

Auch in der europäischen Ethnologie wird seit geraumer Zeit der Begriff *segmentäre Gesellschaft* als Bezeichnung für die Form I immer gebräuchlicher, der aber bereits auf den bedeutenden französischen Soziologen E. Durkheim zurückgeht, der ihn am Ende des vorigen Jahrhunderts prägte. Zu seiner (am ethnologischen Material gewonnenen) Bestimmung gehört, daß sich die segmentären Gesellschaften in ziemlich selbständige Gruppen gliedern, die sich ihrerseits wieder unterteilen (wie z. B. Klane und Subklane), die jeweils mit bestimmten Selbständigkeiten bzw. bestimmten Zuordnungsprinzipien ausgestattet sind, während es keine unabhängige einzelne Führungsperson an der Spitze der segmentären Gesellschaften gibt.

Von den Stämmen unter Häuptlingen ist anhand vieler Beispiele aus der Ethnologie bekannt, daß sie Kriege mit Landgewinn durchführten, wobei sie auch die Bewohner der eroberten Gebiete unter ihre Herrschaft brachten. Solche Eroberungskriege hatten offenbar den Zweck, die Macht des Häuptlings zu vermehren und dem Kreis seiner engeren Gefolgsleute Vorteile zu verschaffen. Im Gegensatz dazu stehen die kriegerischen Unternehmungen der Stämme segmentärer Ordnung, die weniger auf Landgewinn aus sind. Gebiete wie die Südheide, das Weser-Emsgebiet, Nordhannover und Westfalen stellten in der frühen und älteren Bronzezeit Stämme segmentärer Ordnung dar, während sich in der Ilmenau als einzigem Gebiet im gesamten nordwestdeutschen Raum der Übergang aus einer segmentären Gesellschaft zum Häuptlingstum vollzog. Dies scheint im Rahmen der archäologischen Quellen eine brauchbare Interpretation für die Ausdehnung der Bewaffnungs- und Trachtstrukturen der Ilmenau über das Südheidegebiet und Teile des Mittel- und Südhannovergebietes zu sein.

Mit den Hinweisen aus der Ethnologie, daß mit dem Häuptlingstum (im Gegensatz zu Stämmen segmentärer Ordnung) Kriege oft mit Landgewinn verbunden sind, könnte man sich für die Interpretation der Ilmenau der Periode III zufrieden geben, wobei man sich etwa vorstellt, daß bei einer größeren Machtstellung, wie dem Häuptlingstum, eben auch Kriege ein größeres Ausmaß besitzen bzw. mit erweiterten Zielen verbunden sind. Diese Vorstellung ist jedoch unzureichend; sie sieht solche Geschehnisse nur als Folgen der äußeren Macht, bedenkt aber nicht, daß auch die Art der inneren Strukturen der von einem Häuptling geführten Gemeinschaft wichtig für ein gründlicheres Verständnis solcher Vorgänge ist. Oder — mit den Worten einer modernen Geschichtswissenschaft ausgedrückt —, daß zum Verständnis außenpolitischer Vorgänge auch die Kenntnis der Innenpolitik unerläßlich ist.

Stämme segmentärer Ordnung besitzen eine egalitäre Grundstruktur. Die auch hier nötige Führung und Leitung der Gemeinschaft liegt meist in den Händen von Ältesten oder/und sogenannten *big men*, die ohne eigentliche äußere Macht die Spitzen der Segmente oder Untersegmente bilden, welche meistens aus Verwandtschaftsgruppen bestehen.[74,a] Eine gute Darstellung zur Gliederung politischer Organisationen ethnologischer Gesellschaften samt ihren Führungsformen bietet J. Stagl,[75] der sich dabei auch auf M. H. Fried[76] beruft. Speziell über segmentäre Gesellschaften berichtet ausführlich Chr. Sigrist.[77]

Zu den Führungsaufgaben der Ältesten gehört auch oft die Verwaltung und Konzentration der landwirtschaftlichen Erträge und deren Redistribution an die Mitglieder der Gemeinschaft, die Überwachung der Heiratsregeln und die Einleitung der einzelnen Heiraten, Kriege und manches andere. Bei der Durchführung ihrer Aufgaben stützen sich die Ältesten auf die normativen Regeln der Gemeinschaft, die stärker waren als das, was wir heute verblaßt als *Gesittung* bezeichnen (das Leben von uns heutigen Bürgern wird dafür umfangreich von Gesetzen bestimmt). Eine Erzwingungsgewalt haben die Ältesten jedoch nicht. Der Grund und Boden in diesen Gesellschaften ist im Besitz der in den Verwandtschaftsgruppen zusammengeschlossenen Familien.

Anders ist es in den Häuptlingstümern, wo der Häuptling eine richtige Macht mit Erzwingungsgewalt besitzt, wobei er sich auf die von ihm abhängige Gefolgschaft stützt. Hier gehört der Grund und Boden dem Häuptling, der ihn als Lehen gegen Abgabe eines bestimmten Teils der Erträge an die Gemeinschaftsmitglieder vergibt.[78] Damit kann der Häuptling durch die Vergabe dieses Besitzes als Lehen *Zinserträge* erwirtschaften, er wird auf diese Weise immer reicher, kann sich eine wachsende Gefolgschaft leisten und nimmt an Macht zu. Somit wird klar, daß *Kriege mit Landgewinn* für einen Häuptling eine äußerst erstrebenswerte und lukrative Angelegenheit sind.

Archäologische Beobachtungen von einer gebietsmäßigen Ausdehnung der erkannten Elemente gleicher Bewaffnungs- und Kampfesart im Ilmenauraum der Periode III sind also von großer Bedeutung als Hinweise für das Entstehen eines Häuptlingstums.

Dieser Beobachtung sind noch weitere Merkmale für einen derartigen politischen Umbruch zum Häuptlingstum anzufügen, auf die weiter oben schon aufmerksam gemacht wurde. Hier ist zuerst die auffällige zentrale Lage der waffenmäßig obersten Spitzenstufe im Ilmenaugebiet der Periode III (am mittleren Ilmenaufluß) zu nennen, was im Gegensatz steht zu den anderen Gebieten, wo Spitzenstufen mehr auf einzelne Untergruppen des Stammes (Klane,

Verwandtschaftsgruppen) verteilt sind. Eine zentrale Lage läßt hingegen den Gedanken an eine *Zentralinstanz* aufkommen, die von der Völkerkunde öfters als zugehörig zum Häuptlingstum bezeichnet wird. Ein solcher Zustand wurde anscheinend schon dadurch eingeleitet, daß bereits in der Periode II eine derartige Lage für die Ilmenau zu verzeichnen war, gleichfalls an der mittleren Ilmenau. Auch hier wird die beschriebene andersartige Lage bei den anderen Gebieten besonders deutlich (siehe dafür die Karten 9 und 10).

Ein weiteres Kennzeichen für das Ilmenaugebiet der Periode III ist, daß die in dieser Epoche so auffällig zahlreich und offenbar als besonders kampfstrategisch wirksam angesehene neue Bewaffnungsstufe der Lanzenkämpfer öfters in isolierter Lage für sich liegt.[79] Dies steht im Gegensatz zu der sonst anderswo üblichen Gemenglage zusammen mit den anderen Stufen und innerhalb der kleineren und kleinsten Sozialgruppen der Stämme. Wohl mit Recht darf man die letztgenannten Befunde als ein Anzeichen für die Eigenständigkeit solcher Gruppen (Verwandtschaftsgruppen o. ä.) auffassen. Den neuen Befund an der Ilmenau könnte man hingegen als einen ersten Hinweis für ein Herauslösen von Kampfverbänden aus ihren alten Bindungen in den Verwandtschaftsgruppen ansehen; damit vielleicht aber auch als ein Anzeichen für das (vielleicht beginnende oder vollzogene) Zerbrechen der alten Verwandtschaftsverbände selbst und das Aufkommen neuer, auf eine Führungsinstanz ausgerichteter Ordnungen. Es sei zu dieser letzten Beobachtung wiederholt, daß wir sie nur für einen ersten schwachen, wenn auch nicht zu übersehenden Hinweis halten.

Nehmen wir aber alle vorher geschilderten verschiedenen Beobachtungen zusammen, so dürfte der daraus gezogene Schluß von einiger Berechtigung sein, daß nämlich im Ilmenaugebiet der Periode III politische und strukturelle Umbrüche erfolgten, die zu Ergebnissen führten, wie sie vorher beschrieben wurden. Wenn dabei diese Änderungen, hinter denen ein Häuptlingstum anzunehmen ist, auch ziemlich plötzlich aufzutreten scheinen, so dürften in Wirklichkeit schon länger andauernde, doch archäologisch nicht faßbare Bewegungen abgelaufen sein. Die Zeitdauer solcher Veränderungen näher einzuschätzen, ist schwierig. Immerhin dürften sie maximal nur einen Bruchteil einer Periodenlänge (die nach den Ausführungen im Einleitungskapitel etwa 200 Jahre betrug) umfaßt haben und minimal vielleicht die Dauer einer oder einiger Generationen. Innerhalb der letzten Zeitspanne könnten einige der Bewegungen, die zum Häuptlingstum führten, mehr Zeit, andere weniger beansprucht haben. Dabei könnte es durchaus sein, daß der für das neue politische System wichtigste personelle Faktor, nämlich der spätere Häuptling selbst, sich bei der Entwicklung seiner Macht erst auf einige strukturelle Änderungen des alten politischen Systems, der segmentären Gesellschaftsordnung, *aufbauen* konnte. Dabei mag eine solche Person schon im Vorstadium seiner späteren Stellung derartige Bewegungen beschleunigt haben. Bevor wir gleich anschließend den Ursachen solcher vorhergehender struktularer Änderungen etwas nachgehen, vor allem auch gewissen, mit der Art der alten Gesellschaften verbundenen Trends, sei noch etwas zum Personenkreis gesagt, aus dem vermutlich ein Häuptling hervorging. Es handelt sich dabei um den Kreis der Ältesten oder der sogenannten *big men*, die sich nicht auf eine Erzwingungsgewalt, sondern auf Autorität und Ansehen stützen. Aussagen darüber, wie die Genese eines Häuptlingstums real vor sich ging und ob das Amt jemandem aus dem genannten Personenkreis übertragen wurde, konnten auf der Grundlage des hier benutzten archäologischen Arbeitsmaterials nicht gemacht werden, was eben mit der prinzipiellen nicht materiellen Erhaltbarkeit vieler nichtmaterieller Bereiche zu tun hat. Gerade von einer solchen Grundsituation der Archäologie her erscheint die Forderung, mit den Nachbardisziplinen zusammenzuarbeiten, besonders eindringlich. Dazu sei auf einen meiner oben schon genannten methodischen Aufsätze hingewiesen, in dem dieses Problem berührt wird (siehe Anmerkung 24).

Vielleicht schon stammesartig organisierte Verbände des Endneolithikums, die vermutlich noch in einer Subsistenzwirtschaft lebten, wurden als Ausgangskulturen durch die Einführung der Metallkultur während der frühen und älteren Bronzezeit höchstwahrscheinlich in ein wirtschaftliches Ungleichgewicht gebracht. Mögen auch vorher Stammesfehden und -kriege nicht selten gewesen sein, so steigerten sich diese durch die Übernahme neuer Waffenarten und Kampfestechniken und deren rasche und immer neuartigere Weiterentwicklung zu einem Faktor, der das Leben möglicherweise bedeutend mehr beherrschte als in den alten neolithischen Zeiten. Eine immer stärker werdende soziale Strukturierung und ein Anwachsen des Prestiges sind zu beobachten. Diese Dinge dürften oder könnten zumindest eine Dynamik der Entwicklung verursacht haben, die zu Konstellationen führt, von denen eine Abkehr mit den bisherigen, in der segmentären Gesellschaftsstruktur vorhandenen Macht, nicht mehr oder nur noch schwierig möglich war. Ein Übergang zum Häuptlingstum war damit vielleicht schon prädestiniert.

Nach diesen Betrachtungen zu dem besonderen Wandel der Ilmenau in der Periode III wollen wir zu einzelnen Problemen des gesamten Arbeitsgebietes zurückkehren, wie den Fragen der inneren Strukturierung. Gehen die sozialen Gliederungen in der älteren Bronzezeit, wie weiter oben berichtet, bis in eine kleine Lebensgruppe, etwa die Großfamilie, hinein, so ist nach den Gründen der Entstehung solcher sozialen Gliederungen zu fragen. Rein vermutungsweise könnte man z. B. an eine verschiedene rechtliche Stellung, einmal etwa von Söhnen aufgrund verschiedener Geburtsfolge, denken, zum anderen auch bzw. zusätzlich an eine solche von weiteren, ursprünglich fremden Personen, die durch einen bestimmten Akt, nämlich Adoption, *künstlich* in die echte Verwandtschaft aufgenommen wurden. Für die Erklärung dieses Phänomens aufgrund solcher Parallelen ist in Einzelheiten, vor allem bei größerer zeitlicher oder räumlicher Distanz, natürlich entsprechend behutsam zu verfahren. Insgesamt sind die genannten Erklärungen jedoch vorläufig rein theoretischer Art und können im Augenblick noch durch nichts bewiesen werden. Mit ihnen sollten lediglich einige Denkmöglichkeiten für die Entstehungsweise solcher Strukturen angeboten werden, deren Feststellung als solche wir erst einmal als einen genügenden Erkenntnisgewinn betrachten dürfen. Untersuchungen der Ethnologie zur Klanbildung[80] machen weiterhin sehr eindrucksvoll deutlich, welche außerordentlich große Vielfalt an vorzüglich künstlichen Verwandtschaftsarten bei den Naturvölkern vorkommen, die in den entsprechenden Verbänden genauso wichtig genommen wurden wie natürlich Verwandtschaften und von denen man annehmen muß, daß sie auch bei vorgeschichtlichen Völkerschaften in einer gewissen Anzahl vorhanden waren. Hier jedoch bestimmte Bildungen für bestimmte vorgeschichtliche Epochen wahrscheinlicher zu machen, erscheint mir vorläufig weithin, bei einer künftigen näheren Zusammenarbeit zwischen Prähistorie und Ethnologie aber weniger unmöglich zu sein. Eine solche Zusammenarbeit hätte von einer Aufarbeitung der Materialien beider Fächer auszugehen, die dergestalt wäre, daß sie bestimmte Fragen an das andere Fach ermöglicht. Durch die vorliegende Arbeit und die darin angewandten Methoden kann eine günstige Ausgangsposition für ein solches Unterfangen einer Zusammenarbeit geschaffen werden, die sich nun nicht allein auf die Beantwortung äußerer Detailfragen richtet, wie es im vorigen Jahrhundert geübt wurde, auch nicht auf die Beantwortung der Frage nach der Existenz globaler Kulturkreise, wie es damals und auch in der ersten Hälfte unseres Jahrhunderts geschah, sondern auf bestimmte gruppenstrukturelle Phänomene, wie sie in der vorliegenden Arbeit auftauchten.

Zu fragen ist auch danach, wie eine solche auf Verwandtschaft basierende Sozialgruppe im Kampf strategisch funktionierte: ob also beispielsweise eine solche Gruppe als kleine Kampfeinheit tatsächlich zusammenwirkte oder ob die verschiedenen Bewaffnungsgruppen sich als geschlossene Kampfeinheiten zusammenfanden und entsprechend operierten. Vom Strategischen her scheint einem das letztere das Näherliegende zu sein. Gerade von hier aus aber könnte eine Gegenbewegung gegen die politische Bedeutung der familiären Sozialbindung ihren Ausgang genommen haben, indem Gruppen von kampfesmäßiger Art nun zu einer neuen gegenseitigen Bindung aus solchen Familienverbänden herausstrebten. Sollten solche Bewegungen wirklich stattgefunden haben, so hätten sie einmal diese politische Bedeutung des alten Familiensozialgefüges zerstört, zum anderen neue Strukturen, verbunden mit bestimmten Stellungen im Stammesganzen, entstehen lassen.

Eine solche Entwicklung scheint aufgrund der erwähnten räumlichen Sonderverbreitungen bei den Lanzenkämpfern der Periode III durchaus möglich gewesen zu sein. Diese Lanzenkämpfergruppe war, wie oben beschrieben, besonders stark an der Ilmenau vertreten. Für unsere Anschauung, daß innerhalb Nordwestdeutschlands nur in diesem Gebiet ein Wandel der Stammesstruktur von der segmentären Ordnung zum Häuptlingstum vor sich gegangen sei, war (neben einer möglichen Zentralisierung der Führungsspitze) vor allem die auch nur für dieses Gebiet zu beobachtende räumliche Erweiterung besonders wichtig. Findet sich nun eine der Ursachen für einen solchen Wandel — nämlich die aufgrund ihrer Sonderlage anzunehmende Loslösung von Bewaffnungsgruppen, wie der der Lanzenkämpfer, aus alten Bindungen in neue Zuordnungen — in gleicher Weise auch in anderen Stammesregionen, wie z. B. Weser-Ems, so könnte man daraus folgendes schließen:

In einem solchen Gebiet dürfte der besagte Wandel zwar noch nicht, wie an der Ilmenau, zum Durchbruch gekommen sein, sich aber doch vielleicht schon angebahnt haben. Dazu würde passen, was weiter oben bei der breiteren Schilderung des Wandels an der Ilmenau festgestellt wurde: daß die frühe und ältere Bronzezeit in allen Stammesregionen Nordwestdeutschlands (und sicher auch darüber hinaus in anderen Teilen Europas) eine enorm progressive Entwicklung im Waffen- und Kriegswesen darstellte, deren Auswirkungen auf Veränderungen der gesellschaftsstrukturellen und politischen Verhältnisse dann offenbar nicht mehr zu verhindern waren.

Hier könnten sich beispielhaft Dinge zeigen, wie die Folgen einer ganz bestimmten Entwicklung in menschlichen Gesellschaften, die, einmal begonnen, nicht mehr zu steuern sind, so daß der Eindruck einer *Eigenbewegung* oder eines *Automatismus* entsteht. Das könnte zu dem gehören, was man *evolutionäre Entwicklung* nennt, im Sinne eines *Neo-Evolutionismus*, wie er neuerdings von einem Teil der amerikanischen *cultural anthropology* vertreten wird (Sahlins, Service u. a.) und der weniger starr, sondern geschmeidiger ist als der alte Evolutionismus des vorigen Jahrhunderts.

Einer anderen sozialen Erscheinung ist noch zu gedenken. Sie kommt beide Male bei mächtigen Gruppen vor, einmal in der Periode II in der Südheide, dann in der Periode III im Ilmenaugebiet. Es handelt sich um eine, auch nur der besseren Brauchbarkeit des Schemas wegen als Stufe 6 bezeichnete Gruppe, die in ihrer stufenmäßigen Rangordnung nicht an dieser Stelle gestanden zu haben braucht. Diese Stufe besteht aus waffenlosen, aber an einer spezifischen Trachtnadel erkennbaren Männergräbern. Sie stammen im Ilmenaugebiet aus einem Hügel, in der Südheide aus mehreren Grabfeldern. Es liegt nahe, hinter ihnen eine besondere Gruppe zu vermuten, deren Qualität nicht im Waffenhandwerk lag. Gerade auch hier wünschte man sich bei künftigen Grabungsbefunden eine sorgsame Untersuchung der Umstände einschließlich, falls im Skelett entsprechend erhalten, einer anthropologischen. Immerhin sei für eine solche Gruppe noch einmal wiederholt, daß sie hier offenbar nur im Verband mächtiger Gesellschaften auftaucht.

Wenn man an die Art der verschiedenen sozialen Stufengliederung in den Epochen denkt, so scheint diese sich von der in der Stufe Sögel in den meisten Gebieten vorhandenen üblichen Dreistufenordnung — neben einigen ausgesprochenen Nur-Spitzenstufenregionen mit sicherlich eigenen Verhältnissen — zu neuen und sehr andersartigen Strukturen im Sozialgefüge zu entwickeln, denen wohl gleichzeitig solche auf dem Gebiet der Kampfesart und wohl auch der politischen Ordnung entsprachen. Auch hierin dürfte für den hier behandelten Zeitraum, der etwa ein halbes Jahrtausend umfaßt haben mag, eine ganz bestimmte Entwicklung liegen. Eine der Regionen mit einer Ordnung, die nur aus Spitzenstufen bestand, war z. B. Westfalen in der Stufe Sögel. Von einem solchen Zustand ist aber immer wieder einschränkend zu sagen, daß er allein anhand der Gräber mit Bronzebeigaben sichtbar wird. Eine soziale Staffelung kann auch hier durchaus vorgelegen haben, sie muß sogar angenommen werden, wenn man überlegt, daß einer solchen Spitze sonst wohl die Grundlage gefehlt hätte. Die sozial nachgestaffelten Stufen dürften hier aber keine Metallwaffen besessen haben, deren Bestattungen uns also in den Gräbern ohne Bronzebeigaben entgegentreten würden. Damit kann man aber positiv aussagen, daß hier eine Gesellschaftsform vorlag, die nur erstklassige Waffenträger an der Spitze, aber keine nachgeordneten Stufen anderer und minderer Metallbewaffnung besaß. Hierin könnte (falls nicht, wie anderswo, z. B. in der Südheide, in der die Kraft zu Umstellungen vorhanden war) einer der Gründe des späteren Niedergangs gelegen haben. Im übrigen sind (abgesehen von der Stufe 6) waffenlose bzw. bronzebeigabenlose und damit sozial wohl noch tiefer stehende Gruppen auch in jenen Gebieten mit reicheren, gestaffelten Stufen mit Bronzebesitz vorhanden. Dies kommt bei der Untersuchung von Hügeln und Hügelgräberfeldern in solchen Räumen in den Gräbern ohne Bronzebeigaben des öfteren zum Ausdruck.[81] Entsprechende Analysen die am Ergebnis größerer Hügelgräber- oder Hügelgräberfeldergrabungen durchzuführen wären, sind das nächste Desiderat der hier vorgetragenen Forschungsrichtung.

Als Beispiel sei aus der Veröffentlichung bzw. der dort behandelten Untersuchung von Piesker[82] das Gräberfeld der Hengstberggruppe von Wardböhmen, Kreis Celle, herangezogen. Das Gräberfeld setzte sich aus zehn Hügeln zusammen, von denen fünf Hügel Bestattungen mit Bronzebeigaben besaßen, während fünf andere Hügel offenbar Bestattungen ganz ohne erhaltene Beigaben enthielten. Der Sachverhalt ist in der folgenden Zusammenstellung ausgedrückt.

Es ist schwierig, ein solches der Periode II angehörendes Gräberfeld, wie die Hengstberggruppe, zeitlich näher zu untergliedern. Von den beiden Möglichkeiten, daß

a) eine kleinere Gruppe, etwa eine Großfamilie, hier durch mehrere Generationen hindurch bestattete,

oder

b) eine größere Gruppe, etwa eine Sippe oder ein Klan, nur eine Generation hindurch,

entschied ich mich für die erste Möglichkeit, wofür künftig vielleicht doch noch einmal Beweise erbracht werden können.

	Bestattungen mit Bronzebeigaben	Bestattungen ohne Bronzebeigaben
Hügel 1		1
Hügel 2	1	
Hügel 3		1
Hügel 4	2	
Hügel 5	5	
Hügel 6		1
Hügel 7	4	1
Hügel 8		1
Hügel 9		1
Hügel 10	3	

In dem angenommenen Fall einer über mehrere Generationen hinweg bestattenden Großfamilie macht das Beispiel der Hengstberggruppe folgendes deutlich: Möglicherweise gehört zu einem jeden der Hügel auf dem Bestattungen mit Beigaben gefunden wurden auch ein Hügel mit einer beigabenlosen (doch vielleicht mit vergangenen organischen Beigaben versehenen) Bestattung, wobei solche auch noch zusätzlich in der ersten Gruppe der Hügel vorkommen können. Danach sieht es so aus, als wenn zu den Bestattungen mit Bronzebeigaben weitere ohne solche Beigaben gehörten. Diese könnten eine zusätzliche, den anderen untergeordnete Stufe darstellen. Daß es sich bei diesen Bestattungen durchweg nicht um solche von Kindern, sondern von Erwachsenen handelt, dafür spricht die normal lange Grablage, wie sie oft beobachtet wurde. Auffällig ist allerdings, daß bei unserem Beispiel in der zweiten Gruppe der Hügel nur jeweils eine Bestattung festgestellt wurde. Von einer solchen könnte man den Eindruck gewinnen, daß eigens für sie ein Hügel erbaut wurde, was vielleicht auf eine ganz andere soziale Einordnung einer solchen Person hindeuten würde, als gerade eben von uns angenommen wurde. Wenn man jedoch umgekehrt berücksichtigt, daß man bei Ausgrabungen auf die Gräber in den Hügeln meist erst durch die Beigaben aufmerksam wird, während Spuren der eigentlichen Bestattung oft nur noch schwer oder gar nicht mehr festzustellen sind, erscheint es nicht ausgeschlossen, daß in Wirklichkeit noch weitere beigabenlose Bestattungen vorhanden waren. Bei künftigen Ausgrabungen sollten die verschiedenen Plana der Hügel nach der Phosphatmethode abgetastet werden, um vielleicht in dieser Frage zu einer größeren Klarheit zu kommen. Für eine von mir angenommene weitere untere Stufe sprechen jedoch vorläufig auch die Überlegungen, wie ich sie zuvor zu den Verhältnissen in Westfalen angestellt habe.

Danach könnte das Gräberfeld fünf Generationen umfassen, wobei auf jede

Generation zwei Hügel entfielen, davon einer mit Bestattungen mit Bronzebeigaben, der andere mit Bestattungen ohne (erhaltene) Beigaben. Dabei würde es sich etwa um eine Zeitspanne von 150 Jahren handeln, die nur etwas unter der angenommenen Dauer der Periode II bleiben würde oder ihr vielleicht auch gleichkäme. Schließlich würde man annehmen können, daß jene untere (oder möglicherweise auch höhere) Stufe häufiger zwar in einem von den anderen Stufen getrennten Hügel bestattet, daß sie aber trotzdem in einem gleichen aufwendigen Grabdenkmal eines Hügels bestattet wurde. Dies könnte bedeuten, daß auch diese Stufe sozusagen zur Familie gehören würde, worauf auch jener Teil der beigabenlosen Gräber hinweist, der im gleichen Hügel mit den Bestattungen mit Beigaben untergebracht wurde. Hierfür wären auch nähere Untersuchungen zum Geschlecht der Bestatteten interessant — ob z. B. vorzüglich Frauengräber neben reicheren Männergräbern liegen —, doch sollte dies, wie oben schon gesagt, ein Desiderat künftiger Forschung sein, wofür das hier angezogene Beispiel nur eine erste Anregung darstellen sollte. Doch zeigte es zum mindesten bereits für die hier angestellten Untersuchungen, daß wir neben den oben erkannten Stufen möglicherweise noch mit weiteren zu rechnen haben.

Eine andere Arbeitshypothese wäre, daß es sich bei diesen beigabenlosen Bestattungen um zur Familie gehörige, heranwachsende Jugendliche noch vor der *Initiation* handelte, bei denen die Jungen noch keine Waffen und die Mädchen noch keinen Bronzeschmuck tragen würden. Eine solche Altersgruppe sollte sich künftig doch noch vielleicht an etwas kürzeren Grablagen nachweisen lassen. Noch jüngere Personen im Kleinkind- und Großkindalter würden dann wahrscheinlich durchschnittlich überhaupt keine Grabanlage erhalten haben.

Man sieht, daß die Fakten vieldeutig, doch keineswegs uferlos in der Deutungsspanne sind. Dies ergibt eine genügende Begründung für Überlegungen der angestellten Art. Hiermit sollten künftig Bemühungen verbunden sein, den Umkreis der möglichen Deutungen weitestmöglich einzuengen.

Daß es, bei Richtigkeit der bisherigen Deutungen, insgesamt Geschichte war, die sich hier nach den Schilderungen weiter oben zwischen und in den Gebieten vollzog, ist wohl nicht zu bezweifeln. Erst nach den bisherigen Ergebnissen wurde ich mit einem völkerkundlichen Aufsatz von F. Ratzel bekannt, der Bewaffnungsverhältnisse aus dem vorigen Jahrhundert in Afrika schildert. Die von ihm angeführten Beispiele werfen ein sehr gutes Licht auf die vorgetragenen Interpretationen hinsichtlich einer realen Vorstellbarkeit. Gleichzeitig wird dabei die rangmäßige Reihenfolge unserer Stufen deutlich, wie auch der qualitative Wert verschiedener Bewaffnung.[83]

Über die historische Bedeutung neuer Waffen, speziell auch der Stoßlanze und ihrer damit verbundenen neuen Taktik, berichtet auch W. Mühlmann aus der Völkerkunde.[84] Nach J. Volkmann wird die Bogenwaffe bei den Mykenern und den späteren Griechen abgelehnt. Der Verfasser gibt Hinweise auf antike Schriftsteller, die über den militärischen Wert oder Unwert der Bogenwaffe berichten.[85] Daß die weitere Erforschung der Kulturen des Mittelmeerraumes und anderer Gebiete seit dem 2. vorchristlichen Jahrtausend sicherlich noch manche Parallele zu erbringen vermag, sei nur mit einem Beispiel belegt. Auf einem Goldring aus einem der Schachtgräber von Mykenä ist eine Kampfszene abgebildet, auf der sowohl Schwert- wie Lanzenkämpfer dargestellt sind, dazu anscheinend in verschiedenen strategischen Positionen.[86]

Schließlich sei noch auf die Stufengliederungen der Grabfundgruppen bei Frauengräbern eingegangen. Man kann wohl davon ausgehen, daß die Befunde hier zwar mehr im Sinne eines Prestiges, aber wohl auch der Lebensstellung (junges Mädchen, verheiratete Frau u. a.) zu deuten sind. Daneben müssen sehr verschiedene Verhältnisse auf der Männer- und Frauenseite in den einzelnen Gebieten geherrscht haben, die vorläufig eher erst zu konstatieren, aber noch nicht völlig zu erklären sind (siehe auch Abschnitt III.7.1.3.). Dazu gehört, daß das in der Periode II die Vorrangstellung einnehmende Nordhannover nur sehr wenige und dazu kaum reicher ausgestattete Frauengräber besitzt. Im Gegensatz dazu steht, daß das Ilmenaugebiet in der Periode II, das hier von mittlerer Stärke ist, einen zahlenmäßig so außerordentlich großen Überschuß an zum Teil reich ausgestatteten Frauengräbern aufweist.

Im übrigen sind die Frauengräber eben auch stufenmäßig gegliedert, und dies dürfte wohl auch sozialen Stufen (*sozial* hier in einem umfassenderen Sinne, wie anfangs III.7.2. erläutert) entsprochen haben, die, soweit rechtlich nicht anders geregelt, mehr oder weniger in Relation zu den sozialen Stufen der Männer standen, wie es oben in der Periode II der Südheide innerhalb bestimmter Grabfelder und sogar bestimmter einzelner Hügelgräber nachgewiesen werden konnte. Dabei deutet der Befund aus Hügel 4 vom Wittenberg bei Bleckmar, Kreis Celle, an,[87] daß zu dem Mann der dort obersten Stufe zwei Frauen, eine der Stufe 1 und eine der Stufe 2, gehörten. In der Periode II besteht eine dreifache soziale Staffelung der Frauen nur in der Südheide und im Ilmenaugebiet. Nur im letzteren Raum bleibt eine dreifache Staffelung auch in der Periode III bestehen. Dies dürfte mit der uns bekannten, besonderen politischen Struktur dieses Gebietes zusammenhängen, wofür eine solcherart differenzierte Frauentracht zu dieser Zeit ein möglicherweise weiteres Kennzeichen sein dürfte.

7.3. Die Deutung der regionalen Hortfundgruppen

Für eine Deutung der Hortfunde wurden bislang in der Forschung angeführt:
1. die politische Sphäre (Versteckfunde in unruhigen Zeiten),
2. die kommerzielle Sphäre (Händlerverstecke u. ä.),
3. die kultische Sphäre (Opferfunde).

Hierbei wurde nicht nur eine Deutung als einzig zutreffende diskutiert, sondern von etwaigen Fundumständen verschiedener Horte her verschiedene Deutungen. Fundumstände, die die erste Deutung (politische Sphäre) nahelegen, fehlen im Fundmaterial der Urgeschichte meist völlig. Hier wurden die Hortfunde aber als Anzeichen für Unruhezeiten bestimmter Epochen, z. B. verschiedener Stufen der Urnenfelderkultur oder der frühhen Bronzezeit Süddeutschlands, herangezogen. So einsichtig eine solche Erklärung unter dem Blickwinkel auf jüngere, schriftgeschichtliche Vorkommnisse, etwa der Münzschatzfunde des Dreißigjährigen Krieges, klingen mag, so sehr ist eine Kritik daran niemals völlig zum Erliegen gekommen. Vor allem wurden diese Unruhezeiten oft erst durch diese Deutung der Hortfunde konstruiert, wofür den Fundumständen nach aus den Funden selbst eben nichts herausgelesen werden konnte. Deutung 1 ist also auch für unseren Fundbestand sozusagen nur durch eine mehr oder weniger unbegründete Vorentscheidung möglich. Sie sollte in diesem Falle nur noch weiter erörtert werden, wenn der Fortgang der Untersuchungen hierfür noch Beiträge liefert.

Für die Deutung 2 werden als Merkmale herangezogen, daß sich in Horten Bruch- und Rohstücke befinden. Das letztere kommt bei uns nur einmal vor, das erstere nur gelegentlich und zwar in Epochen und Gebieten, wo die Stücke inhaltlich sehr gleich ausgestatteter anderer Horte nur heile Objekte geliefert haben. Natürlich könnten auch solche Funde theoretisch durchaus Versteckfunde von Händlern oder Handwerkern sein. Eine sichere Entscheidung kann auch hier nicht gefällt werden.

Für die Deutung 3 (kultische Sphäre) ist vor allem auf bestimmte Fundumstände hingewiesen worden. Hier war es einmal die Deponierung in Mooren und Gewässern, wofür sowohl Nachrichten aus der alten Geschichte, als auch eindeutig anzusprechende und oft über längere Zeiten hinweg immer wieder beschickte Hortfundplätze vor allem der nachchristlichen Jahrhunderte in bestimmten Gebieten anzuführen sind. Weiterhin hat man auch bestimmte, jeweils in gleicher Zahl in den Horten vorkommende Gegenstände dafür wohl nicht unberechtigt heranziehen wollen. Hierfür könnte man bei unserem Fundbestand, wie aus den Listen zu ersehen, bei den Waffenhorten des Raumes Weser-Emsgebiet-Westfalen auf die häufige Ordnungszahl 2 hinweisen, dazu häufig 3 und 6 bei den Waffenfunden Nordhannovers. Die Schmuckhorte des Ilmenaugebietes zeigen zwar ein mehrmaliges Vorkommen der 3, daneben aber gibt es 4 und 5 und eben auch die 2 bei Horten, die sonst sehr gleich in der Zusammensetzung sind.

Im Hinblick auf die Tabelle in Abb. 16, möchte man der Deutung 1 deshalb am wenigsten Wahrscheinlichkeit zubilligen, weil die Unruhehorizonte nach der eben geschilderten zeitlich und regional verschiedenen Deponierung von Horten überhaupt räumlich sehr beschränkt wären, was für solcherart großräumig angenommene vorgeschichtliche Geschehnisse unwahrscheinlich wäre.

Die Hals- und Armringe sowie weiterer Schmuck in den Horten des Ilmenaugebietes der frühen Bronzezeit (noch ohne bronzeausgerüstete Gräber) sind Aunjetitzer Import. Hier wäre an sich die Deutung als Händlerdepots naheliegend. Hals- und Armringe, daneben jetzt auch Kleiderschmuck, in den Horten der Perioden II und III stammen nun, da auch Gräber normalerweise mit ihnen ausgestattet sind, vorzüglich aus eigenem Besitz (die Betrachtung der Einstückhorte am Schluß dieses Abschnitts wird unter einer gebietsmäßig vergleichenden Sicht noch weitere Aspekte erbringen). Hier wird die Anlage von Horten gleicher Zusammensetzung doch in die Nähe einer kultischen Übung gerückt. Auch die ganz außerordentlich kontinuierliche Deponierung von Beilen im Raum Weser-Emsgebiet-Westfalen und in Nordhannover, bei denen ganz bestimmte Mengen oft wiederkehren und auch gebietseigene Formen verwandt werden, spricht sehr für eine kultische Hortsitte. Schließlich sagt die nur mit je einem Hortfund auf die frühe Bronzezeit und die Periode II beschränkte Schmuckdeponierung der Südheide nichts gegen obige Deutung aus.[88]

Unter den verschiedenen Möglichkeiten einer kultischen Deponierung ist hier nicht näher zu entscheiden. Selbstausstattungen könnte man sich möglicherweise sowohl für die Schmucksätze des Ilmenaugebietes als auch für die Beilsätze des Weser-Emsgebietes mit Westfalen sowie Nordhannovers vorstellen, doch fehlen alle näheren Hinweise dafür in unserem Raum. Bestimmte Beobachtungen des Deponierungsortes von Beilen (beispielsweise in Seen und Gewässern) ließen vor allem auch an Opferfunde denken. Hierfür müßten sicherlich von seiten der Vor- und Frühgeschichte her intensive Untersuchungen oder Befragungen in geeigneten Nachbarfächern, wie etwa Geschichte und Archäologie der alten klassischen Kulturen – aber nicht nur dieser – stattfinden. Unter diesem Gesichtspunkt könnte eine speziellere Frage zu solchen Opferfunden, nämlich die nach dem Empfänger – zum Beispiel bestimmte Götter oder *Ortsgeister* in Form numinoser Mächte, wie etwa Gewässer – verfrüht erscheinen, wenngleich gerade durch solche Fragen Richtung und Wege für vorgenannt anzustrebende Untersuchungen angezeigt würden. Nicht ungesagt soll auch bleiben, daß mit Waffen und Schmuckhorten jeweils offensichtlich die männliche und die weibliche Sphäre gemeint ist.

Die Deutung einer kultischen Deponierung bekommt dadurch ein deutliches Gesicht, daß die Sitte von Waffenhorten eine lange, den ganzen bearbeiteten Zeitraum umfassende Tradition im Raum Weser-Emsgebiet-Westfalen besaß, in Nordhannover nur für zwei Epochen, und für Schmuckdeponierung im Ilmenaugebiet, hier jedoch mit einer Fundleere in der Stufe Sögel. Es sind Bräuche, die für diese Gebiete meistens langandauernde Kontinuitäten im Sittenkodex deutlich machen, über Perioden hinweg, die bislang sonst als selbständige angesehen werden, zwischen denen jeweils Einschnitte liegen. Diese Kontinuität würde auch dann bestehen bleiben, wenn Hortsitten nicht unter kultischem Aspekt gesehen würden. Auch ohne dieses Attribut bleiben sie gleichwohl eigene Übungen bestimmter Räume mit langer und mehrere Zeitepochen überspannender Tradition.

Die bisherigen Überlegungen in diesem Abschnitt zur Deutung der Hortfunde ließen *Versteckfunde in kriegerischen Zeiten* ganz unwahrscheinlich erscheinen, erst recht eine darauf beruhende Konstruktion von länderübergreifenden *Unruhehorizonten*; diese Ansicht ist auch im Fach so gut wie fallengelassen worden. Dafür tritt mehr und mehr die Anschauung einer kultischen Deponierung in den Vordergrund.

Die Betrachtung von Einstückhorten (im Abschnitt III.5.2.) anhand von fundartmäßig aufgegliederten Formen-Verbreitungskarten brachte überraschende neue Einsichten. Auf etlichen beispielhaft vorgeführten Verbreitungskarten war zu erkennen, daß es Formen gab, die in einem Gebiet zur Grabausstattung gehörten, in einem anderen Gebiet aber, wo sie in der Grabausstattung gänzlich oder zu sehr hohen Anteilen fehlten, als wohl kultisch deponierte Einstückhorte niedergebracht worden waren. Der Schluß liegt nahe, daß die in ein derartiges Gebiet gelangten und dort erworbenen Gegenstände im Rahmen kultischer Opferungen absichtlich wieder aus dem Besitz der Gemeinschaft ausgeschieden wurden.

Diesen Anschauungen kann man an dieser Stelle hinzufügen, daß hier neben die kultische Sphäre — oder mit dieser verwoben — auch die ökonomische Seite in Erscheinung trat. Gleichzeitig dürften derartige Handlungen mit dem geschilderten Effekt auch dazu gedient haben, das Wir-Bewußtsein der betreffenden Stammesgemeinschaft zu erhöhen. Das Erscheinungsbild einer bestimmten Waffenausrüstung der Männer und einer bestimmten Trachtausrüstung der Frauen — beide nach Ausstattungsstufen in bestimmte Gruppen gegliedert — dürfte ein Ausdruck des Zugehörigkeitsgefühls der Stammesmitglieder gewesen sein. Dabei dürften Formen, die zur Ausstattung fremder Stämme gehörten, offenbar nicht verwandt oder in einen dauernden Besitz übernommen werden.

Bei fundartmäßig *gemischten* Verhältnissen von Formen innerhalb eines Gebietes — Formen also, die zu beachtlichen Teilen sowohl in Grabaustattungen als auch in Einstückhorten erscheinen — könnte es sich hypothetisch so verhalten, daß die letzteren *überschüssige* Stücke darstellen, die gleichfalls auf dem Wege der kultischen Opferung ausgeschieden wurden. Gerade dabei könnte auch die ökonomische Seite berührt worden sein, doch — wie bereits an dieser Stelle kurz angemerkt sei — von einer Art Ökonomie, die von unserer modernen Wirtschaftsweise weit entfernt war und von dieser nur schwer begriffen werden kann.

8. Zusammenfassung und Ausblick

Im Abschnitt 1 dieses Kapitels wurden nochmals die neu entwickelten Untersuchungsmethoden erläutert, die statt einer einseitigen typologischen Betrachtungsweise eine Analyse der Fundzusammensetzungen zum Ziele hatten. Diese waren von der bisherigen Forschung, außer für die Zwecke der Chronologie, noch nicht für eine weitergehende Methodik verwandt worden. Solche Fundzusammensetzungen — die Archäologie spricht von ihnen als gleichzeitig in den Boden gelangten *geschlossenen Funden* — sind außer den in verlassenen Siedlungen zurückgelassenen, meist fragmentarischen und damals als wertlos betrachteten Stücken als Fundensembles von den damaligen Menschen bewußt so niedergebracht worden. Zu ihnen gehören umfänglich Grabfunde, d. h. die Ausstattungen der Toten. Sinn und Bedeutung solcher Ausstattungen sind in vielen vorgeschichtlichen Zeiten für uns Heutige einsichtig, so auch in der hier bearbeiteten Epoche, wo es sich um Bewaffnungen der Männer und Trachtbestandteile der Frauen handelt. Von der Grundlage einer solchen archäologischen Quelle her forschend weiter vorzudringen, ist der nächste Schritt des hier angewandten Untersuchungsverfahrens. Die nur einseitig typologische und immer noch umfangreich angewandte Bearbeitungsweise von Formen ist dagegen für die aufgeworfenen Fragestellungen unergiebig und führt in die Irre einer Nicht-Geschichtlichkeit.

Im Abschnitt 2 mit den Unterabschnitten 2.1.–2.4. konnten dadurch anhand der spezifischen Zusammensetzungen der Grabfunde regionale Grabfundgruppen, nämlich Bewaffnungsgruppen der Männer und Trachtgruppen der Frauen, in Nordwestdeutschland erkannt werden, weiterhin eine gewisse, periodenmäßig wechselnde Vorrangstellung einzelner Regionen und ein regional sowie periodenmäßig verschiedenes Mengenverhältnis zwischen bronzeausgestatteten Männer- und Frauengräbern. Im Abschnitt 3 mit 3.1 und 3.2 gelang es, diese Grabfundgruppen noch nach Art und Umfang der Zusammensetzung der einzelnen Grabfunde in Stufen zu gliedern. Im Abschnitt 4 wurde die Frage der älterbronzezeitlichen Siedlungen erörtert. Im Abschnitt 5 beschäftigten wir uns mit den Hortfunden und konnten in deren Zusammensetzungen, ähnlich wie bei den Gräbern, regionale Hortfundgruppen erkennen, die sich räumlich mit den Grabfundgruppen deckten; dazu wurden speziell auch die Einstückhorte untersucht. Der Abschnitt 6 gab einen kurzen Überblick über die durchgeführten Analysen der Befunde. Im Abschnitt 7 mit den Unterabschnitten 7.1. (unterteilt nach 7.1.1. bis 7.1.3.) bis 7.3. wurde eine Deutung der in den vorhergehenden Abschnitten erarbeiteten Ergebnisse versucht.

Dabei wurden hinter den Grabfundregionen Gruppen gleicher Bewaffnungs- und Kampfesart bei den Männern sowie gleicher Tracht bei den Frauen erkannt, deren Deutung als Stämme aufgrund von Auskünften einiger Nachbardisziplinen, wie Ethnologie, Soziologie und Geschichte, zutreffend schien. Hierbei wurde die auch an unseren Befunden zu ersehende gemeinsame Aktionsfähigkeit als ein besonderes Kriterium der Stammesqualität erkannt. Ein periodengebundener Bewaffnungswechsel der Gruppen fand seine, auch durch Parallelbeobachtungen aus der römischen Kaiserzeit und der Frühgeschichte Mitteleuropas bestätigte, Erklärung in Auseinandersetzungen der Stämme untereinander, die schließlich am Ende der älteren Bronzezeit zur deutlichen Vorrangstellung des Ilmenaugebietes führten. Im Gegensatz zu den Vorrangstellungen anderer Stammesgebiete in den vorhergehenden Perioden ist jetzt eine solche bei der Ilmenau mit einer ganz anderen neuen politischen Struktur verbunden, die anschließend erläutert wird.

Als Interpretation der stufenmäßigen Unterteilungen der Grabfundgruppen boten sich im weitesten Sinn verstandene soziale Gliederungen in den Stammesgemeinschaften deshalb als naheliegend an, weil sich bei ihnen deutlich verschiedene Grade der Bewaffnung und der Trachtausrüstung nachweisen ließen, die dazu bei den verschiedenen Stämmen unterschiedlich gestaffelt waren.

Unter Heranziehung neuerer und spezifischer ethnologischer Untersuchungen konnten auch Vorstellungen über die politische Struktur unserer Stammeseinheiten gewonnen werden. Da sich — bis auf die Ausnahme des Ilmenaugebietes in der Periode III — in den vorliegenden Befunden keine Anzeichen für einen Stammesherrscher in den einzelnen Einheiten auffinden ließen, darf man annehmen, daß unsere Stämme auf egalitäre Grundbasis und Ältestenführung beruhende und daraus entwickelte sogenannte *Ranggesellschaften* darstellten. Hierzu paßt sehr gut die festgestellte militärische und gleichzeitig (im weitesten Sinne) soziale Stufengliederung, die in den, in den meisten Bezirken des Lebens für sich sehr selbständigen Untergruppen des jeweiligen Stammes verankert waren. Solche politischen Strukturen gehören ethnologisch zu den sogenannten *segmentären Gesellschaften*, bei denen sich relativ selbständige Teile, eben die Segmente dieser Ordnung, zu einem Stamm zusammenschlossen. Die Führung liegt hier in den Händen von Ältesten und sogenannten *big men*, deren Einfluß auf Autorität und Ansehen beruht, während normalerweise keinerlei politische Erzwingungsgewalt zur Verfügung steht. Dieser Personenkreis leitet auch kriegerische Unternehmungen zwischen verschiedenen Stämmen, deren Ursachen in Konkurrenzen und anderen beruhen, deren Ziele aber normalerweise nicht mit Landgewinn verbunden sind.

Die Vormachtstellung wechselte in den einzelnen Perioden der älteren Bronzezeit zwischen verschiedenen Stämmen. Eine solche Stellung war an der jeweilig größeren (nach der Anzahl der waffenausgestatteten Männergrabfunde festzustellenden) Kriegergruppe des betreffenden Stammes wahrscheinlich zu machen, was von einer besonders differenzierten Stufengliederung dieses Stammes begleitet wurde.

Aufgrund gleicher Indizien befand sich in der Schlußphase der älteren Bronzezeit, der Periode III, diese Vormachtstellung bei der Ilmenau. Doch dieses Mal kam noch etwas Wesentliches hinzu, was hier eine geänderte politische Struktur feststellen läßt. Zum ersten Male innerhalb der älteren Bronzezeit zeigte eine Stammesregion eine deutliche, größere Gebietserweiterung. Zum Ilmenaugebiet gehören jetzt die vorher selbständigen Regionen der Südheide und der Nordteil vom Gebiet Mittel- und Südhannover; nachweisbar an der ganz gleichen Bewaffnung und der ebenfalls gleichen Stufengliederung innerhalb dieser Bewaffnung, was auch eine einheitliche Kampfesstrategie in diesem vergrößerten Raum anzeigt.

Aus zahlreichen Forschungen der Ethnologie in verschiedenen Erdteilen ist nun zu erfahren, daß Stämme, die kriegerische Unternehmungen mit der Eroberung anderer Gebiete durchführen, von Häuptlingen regiert werden, also Häuptlingstümer sind. Im Gegensatz zu Stämmen segmentärer Ordnung, bei denen die Führung in den Händen von Ältesten und/oder big men liegt, die keine Erzwingungsgewalt besitzen, liegt hier die gesamte Führungsmacht beim Häuptling; durch den Einsatz einer von ihm abhängigen Gefolgschaft kann er seine Anordnungen und Befehle auch mit Gewalt durchsetzen.

Mit dem Häuptlingstum ist auch eine andere Organisation der Landwirtschaft verbunden. Dem Häuptling gehört jetzt nämlich aller Boden, den er lehensartig an seine Untergebenen vergibt, die dafür Abgaben in Form landwirtschaftlicher Produkte leisten müssen. Diese Verdienstmöglichkeit erklärt nun auch, daß dem Häuptling bei kriegerischen Unternehmungen an der Eroberung anderer Gebiete liegt, deren Bewohner er gleichfalls zu seinen Untertanen macht.

Aus dem Landgewinn der Ilmenau in der Periode III kann man also darauf schließen, daß hier in dieser Zeit ein Häuptlingstum entstanden ist. Noch ein weiterer Hinweis kommt hinzu. Zur Charakteristik des ethnologischen Häuptlingstums gehört die Errichtung einer Zentralinstanz. Da die oberste Spitzenstufe in der Ilmenauregion der Periode III nur einmal vorkommt und sich etwa im Mittelpunkt des alten Ilmenaugebietes befindet, ist der Schluß naheliegend, daß hier auch etwa der Platz des residierenden Häuptlings gewesen sein könnte.

Die Ursachen der Entstehung des Häuptlingstums in der Periode III-zeitlichen Ilmenauregion sehe ich zwar in der besonderen Entwicklung des Metallzeitalters der frühen und älteren Bronzezeit in Nordwestdeutschland – mit entsprechenden Folgen im gesellschaftlichen und politischen Bereich – und werde darauf auch öfters noch zurückkommen. Gleichwohl möchte ich hier noch auf einen zusätzlichen, räumlich weiteren Rahmen der Ursachenbildung hinweisen:

Weiter oben wurde schon herausgestellt, daß die Herausbildung und Entwicklung der frühen und älteren Bronzezeit Nordwestdeutschlands auch im Zusammenhang der gesamten mittel- und nordeuropäischen Bronzezeit gesehen werden muß. Hierzu gehören im einzelnen die nordische Bronzezeit der skandinavischen Länder, die süddeutsche Hügelgräberbronzezeit, die entgegen ihrem Namen noch beachtlich über Süddeutschland nach Südosten und Südwesten hinausreicht, und die ostdeutsche Bronzezeit.

Hier soll davon besonders auf die süddeutsche Hügelgräberbronzezeit hingewiesen werden, mit ihrer Endstufe Bronzezeit D, die sich zeitlich noch mit den älteren Teilen der Periode III der Bronzezeit Nordwestdeutschlands überschneidet. Diese Stufe D wird innerhalb der Entwicklung der süddeutschen Hügelgräberbronzezeit von der Forschung als etwas ganz Neues gegenüber den vorhergehenden Stufen angesehen, und zwar aufgrund des kulturellen Habitus des Fundbestandes. Man sprach noch vor kurzer Zeit dabei geradezu von den *Bronzezeit D-Fremdkulturen* und vermutete darunter den Einbruch von Trägern südöstlicher Kulturen.

Die letztere Ansicht scheint nicht bewiesen zu sein. Auch hier wäre es durchaus möglich, daß sich auch im Gebiet der süddeutschen Hügelgräberbronzezeit gleiche innere evolutionäre Entwicklungen vollzogen, die zum Erscheinungsbild der Stufe D führten, wie an der Ilmenau mit dem Ergebnis des politischen Umbruchs in der Periode III. Dabei könnten beide Gebiete – und noch weitere in Mitteleuropa – zusätzlich von Impulsen getroffen sein, die vielleicht von südöstlichen Steppenvölkern ausgingen. Daß solche Impulse den süddeutschen Raum eher trafen, wäre durchaus möglich.

In den Prozessen, die zur Herrschaftsstruktur führten, stellen Häuptlingstümer in der Ethnologie den Anfang dar.[89] Damit setzt aber auch die Entwicklung zu weiter gebildeten Herrschaftssystemen bis hin zum Staat ein.[90] Hieraus ist zu erkennen, von welch großer Bedeutung im Rahmen prinzipieller und struktureller politischer Entwicklung unsere vorher geschilderten Ergebnisse zum Entstehen eines Häuptlingstums an der Ilmenau in der Zeit der Periode III der älteren Bronzezeit sind (ca. 1.200–1.000 v. Chr.).

Hinter dem Niederschlag der Hortfundgruppen konnten den Stammeseinheiten räumlich kongruente Kultsitten erblickt werden, die eine epochenüberspannende und für die jeweilige Gruppe charakteristische Kontinuität der Stammeseinheiten bestätigte.

Unter den verschiedenen diskutierten Möglichkeiten einer Deutung der Niederlegung von Hortfunden scheint jene neuerdings stärker in den Vordergrund getretene am wahrscheinlichsten, nach der viele Hortfunde *Opferfunde an höhere Mächte* darstellten. Dies wird zwar auf jene anzahlmäßig auch nicht geringen Hortfunde beschränkt, die aus Gewässern oder aus sonstigen Feuchtgebieten, wie etwa Mooren, stammen. Man nimmt dabei an, daß solche Örtlichkeiten schon von ihrem Charakter her numinose Plätze gewesen seien und weiterhin, daß es sich um wirklich versenkte und damit einem späteren Wiederzugriff entzogene Funde handele, die in solchen Fällen also keine *Versteckfunde in unruhigen Zeiten* (eine andere, bis vor einiger Zeit von der Forschung weithin akzeptierte, jetzt aber kaum noch diskutierte Deutungsmöglichkeit) sein könnten. Damit aber wurden gleichfalls zahlreich vorkommende Hortfunde von trockenem Gelände von dieser Deutung ausgeschlossen. Dies ist allerdings keineswegs einsichtig. Einmal stellten Gewässer-Hortfunde in unseren Flüssen, die oft besonders umfangreich und zahlreich sind, auch in damaligen Zeiten keinen Schutz vor dem Wiederzugriff etwa von Dieben dar. Mitglieder von Naturvölkern (zu denen — von Prähistorikern und Laien oft nur wenig bedacht — auch die Bewohner Europas in der allerlängsten Zeit ihrer Existenz gehören) erbringen beachtliche Tauchleistungen, um sich damit in den Besitz von Dingen unter Wasser zu setzen.

Den wirklichen Schutz solcher Plätze stellte jedoch das damals allgemein verbindliche und intakte Bewußtsein dar, daß es sich um *heilige Orte* handelte, was anscheinend auch noch für jene vorgeschichtlichen Zeiten galt, die der Epoche einer Hortniederlegung folgten. Es besteht weiterhin kein Grund dafür, daß *heilige Orte* damals nur auf nasse und feuchte Örtlichkeiten beschränkt waren, sondern auch trockene Plätze dürften dazu gehört haben — die Gründe für die damalige nähere Auswahl solcher Orte können in ganz bestimmten, uns aber unbekannten, Kriterien gelegen haben. Demnach können also Hortfunde von trockenen Plätzen gleichfalls zu den Örtlichkeiten gehört haben, an denen Hortfunde mit Opferungscharakter niedergebracht wurden. Feuchte oder trockene Plätze (und es gab sicher noch weitere Unterscheidungsmerkmale) hatten jedoch möglicherweise mit ganz verschiedenen *höheren Mächten* zu tun, für die solche Hortfunde als Opfer bestimmt waren.

Für die *Hortsitte* gelang uns jedoch noch eine andere Entdeckung. Wie berichtet, hatten wir in unserer Arbeit über die ältere Bronzezeit, außer unseren speziellen Bemühungen mit Hilfe der Fundensembles, auch die Formen und Typen auf zahlreichen Verbreitungskarten festgelegt, wobei in jedem Fall nach der Fundart *Grabfund* oder *Hortfund* unterschieden wurde. Weiter oben hatten wir über den Wert einer solchen Unterteilung berichtet. Dabei ließ sich aus einer Reihe solcher Formen- und Typenverbreitungen, neben den üblichen Fragen nach Verbreitung und Zeitstellung, noch eine besondere Auskunft gewinnen. Es zeigte sich nämlich auf den betreffenden Karten, daß es Formen von Waffen oder Trachtgerät gab, die in einer der von uns festgestellten Stammesregionen zur Ausrüstung (Bewaffnung oder Tracht) gehörten, in einer anderen Stammesregion jedoch in die Hortung, oft als Einstückhorte, gegeben worden waren. Da aber gerade die gebietsspezifische Bewaffnung und Tracht die besonderen (mit den hier vorgestellten neuen Methoden nun auch archäologisch feststellbaren) Merkmale der verschiedenen Stämme darstellen, lag folgender Schluß nahe: Gelangten Gegenstände aus der Bewaffnung oder Tracht eines bestimmten Stammes (etwa als Kriegsbeute oder durch die nicht integrierten Wanderhandwerker) in den Besitz von Mitgliedern eines anderen Stammes, so wurden und mußten vermutlich solche *fremden* Dinge wieder aus dem Besitz dieser Stammesgemeinschaft ausgeschieden werden, und zwar auf dem Wege einer

Entäußerung durch Hortung, die mit dem Gedanken der Opferung an höhere Mächte verbunden war.

Dies würde eine nochmalige und weitere Bestätigung dafür bedeuten, daß die Stämme einen sehr großen Wert darauf legten, sich in ihrem Erscheinungsbild von anderen Stämmen deutlich zu unterscheiden. Zum anderen bringt dieses Ergebnis noch einen wichtigen Gewinn für die Methodik des Faches, der in folgendem besteht: Wie in den forschungsgeschichtlichen Teilen der Kapitel I und II ausgeführt, hatte man vor den vorgelegten Konzeptionen der Analyse von Fundensembles versucht, einzelne Waffen oder Trachtelemente für bestimmte Gebiete festzulegen. Diese ausgedehnten Gebiete schrieb man einigen in antiken Schriftquellen genannten Völkerschaften, wie Germanen und Illyrern zu, wobei aber nicht genügend erkannt wurde, daß es sich dabei gar nicht um politische Einheiten, sondern nur um Sprachgruppen handelte. Die Kritik trat diesen Ansichten mit der Behauptung entgegen, daß in solchen Gebieten noch weitere Formen gebraucht und auch dort zu Hause gewesen wären, die eben nur nicht in die Gräber gelangt seien, weil bestimmte verbindliche Auffassungen die Mitgabe von solchen Stücken der Bewaffnung und Tracht als Grabbeigaben verboten hätten. Diese Selektion nannte man dann *Grabsitte*. Der Beweis für diese Ansicht läge ja eben darin, daß solche Stücke in den Hortfunden vorkämen. Damit aber wäre bewiesen, daß man aus den Grabfunden nicht die wirkliche Bewaffnung und Tracht erkennen könne. Nach den letzten, eben noch einmal geschilderten Beobachtungen zur Hortung dürften auch diese Einwände sich als hinfällig erwiesen haben.

Der Begriff einer *Grabsitte* mit selektiven Auswirkungen für Art und Umfang der Grabbeigaben entstand überhaupt aus derartigen Auffassungen und Beurteilungen prähistorischer Befunde, die noch weit von einer wirklichen Erkenntnis stammesmäßiger Gruppen entfernt waren. Die oben geschilderten Beobachtungen zur Bedeutung der Hortung dürften solche Auffassungen widerlegt haben und damit auch wiederum, bei bestimmter Quellenlage, die Erkennbarkeit von Stammesgruppen in den Grabfunden weiter abgesichert haben.

Aufgrund der bisherigen Ausführungen in dieser Zusammenfassung mag sich schließlich ein Gesamtüberblick der politischen und sozialstrukturellen Entwicklung des nordwestdeutschen Raumes für die behandelten Zeiten wie folgt darbieten: Die älterbronzezeitlichen Verhältnisse basieren vermutlich auf denen der endneolithischen Becherkultur, die gleichfalls eine Hügelgräberkultur war. Ob hier möglicherweise schon die gleichen regionalen stammesartigen Gruppen oder einige von ihnen bestanden, könnte vielleicht durch die hier angewandte Methode prinzipiell gleicher Verfahren nachgewiesen werden; sie müßten aber vorher auf das andersgeartete Quellenmaterial der Funde differenziert bzw. anwendbar gemacht werden. Ein Hinweis dafür ist in der Hortsitte zu sehen, die in besonderer Ausprägung bereits während der frühen Bronzezeit, in der allgemein noch das Bestehen der Becherkultur angenommen wird, den Raum des Ilmenaugebietes und des Weser-Emsgebietes mit Westfalen umschrieb, dazu aufgrund der im Teil B meiner Bronzezeit-Arbeit hinter einem Teil der Einzelfunde vermuteten zusätzlichen Horte noch Nordhannover und Mittel- und Südhannover.

Das Aufkommen und die Annahme der Bronze muß eine enorme Wirkung in diesen Populationen hervorgerufen haben. Der neue Werkstoff wurde fast ausschließlich zu folgendem verwandt: für die Bewaffnung der Männer von der Stufe Sögel an, zusätzlich für Schmuck und Trachtbestandteile der Frauen von der Periode II an, sogar von der frühen Bronzezeit an für die in der vermutlich kultischen Hortsitte verwandten Gegenstände. Diese Opferung bedeutete vielleicht auch hier schon ein absichtliches Wiederausscheiden solcher Metallgegenstände aus dem Besitz der Gemeinschaften, nachdem sie dort vorher einige Zeit eine gewisse *Rolle* gespielt hatten. Eine volle Integration des Metalls wurde damals offenbar noch lange Zeit abgelehnt.[91]

Die im Teil B meiner Arbeit über die ältere Bronzezeit umfangreich und unter Berücksichtigung der verschiedenen Fundarten der Grabfunde, Mehrstückhorte und Einstückhorte durchgeführten Kartierungen der Formen und Typen ergab durch die zahlreichen Einstückhorte eine beachtliche Vermehrung bzw. Differenzierung der bis dahin in der Untersuchung schon gewonnenen Erkenntnisse über die *Hortsitte* (siehe Abschnitte III.5.2. und III.7.3.). Bis zu diesem Zeitpunkt meiner Forschungsbemühungen hatte ich bereits feststellen können, daß Unterschiede in der Zusammensetzung der Mehrstückhorte auch unterschiedliche Gebiete innerhalb Nordwestdeutschlands anzeigten, die sich mit den davor schon anhand der Bewaffnung und Tracht erkannten regionalen Stammesgebieten deckten und diese damit in ihrer Existenz auch auf dem Gebiet des Kultischen (Hortfunde waren von mir im Einklang mit der jüngeren Forschung vorzüglich als Opferfunde angesehen) bestätigten.

Erstaunlicherweise ließ sich, wie vorher schon erwähnt, die regionale Existenz und damit vielleicht auch die Stammesqualität von vier Regionen bis in die frühe Bronzezeit in der Einstückhortsitte nachweisen, einem Zeitraum noch ohne eine eigentliche Bronzezivilisation im Spiegel von Bewaffnung und Tracht, den man in dieser Hinsicht noch der endjungsteinzeitlichen Becherkultur zuweisen möchte.

Eine weitere Betrachtung der Mehrstückhorte ergab, daß diese sich nicht nur in ihrer Ausstattung in formenmäßiger und funktionaler Hinsicht unterschieden, sondern daß in diesen Ausstattungen auch eine stärkere Bevorzugung entweder von Waffen oder von Tracht- bzw. Schmuckgegenständen zu beobachten war. Von dieser Verschiedenartigkeit in der Zusammensetzung der Mehrstückhorte, die man auch als eine *Bevorzugung der männlichen oder weiblichen Sphäre* bezeichnen kann (wobei, wenn auch nicht näher beantwortbar, im Hintergrund auch die Frage nach den verschiedenen *Empfängern* der vermutlich an höhere Wesen geopferten Horte steht), war festzustellen, daß sich benachbarte Stammesregionen meistens deutlicher voneinander unterschieden und weiter voneinander entfernt liegende eher in einigen Teilen glichen.

Die in gleicher Weise befragten zahlreichen Einstückhorte bestätigten die Existenz der regionalen Stammesgebiete. Darüber hinaus ließen sich mit ihnen einige gebietsmäßige zeitliche *Lücken* in der Mehrstückhortsitte, d. h. einige von Mehrstückhorten freie Perioden ausfüllen, dabei für die frühe Bronzezeit auch die beiden, von Mehrstückhorten noch freien Gebiete von Nordhannover sowie Mittel- und Südhannover. Eine auch hier nach dem Charakter der Fundstücke durchgeführte Aufteilung nach der männlichen und weiblichen Sphäre bzw. nach dem Waffen- oder Schmuckcharakter der als Einstückhort niedergebrachten Gegenstände ergab zum einen Teil eine Bestätigung der in den Mehrstückhorten ausgedrückten diesbezüglichen Richtung, zum anderen kam aber auch die jeweilige Gegenkomponente oft hinzu, indem ein Gebiet, das bei den Mehrstückhorten etwa den Schmuckcharakter zeigte, in der Einstückhortung jetzt auch zusätzlich einen Waffencharakter aufwies. In der Arbeit wurde auch erwogen, ob die Einstückhortsitte nicht eine, was den Aufwand betraf, gewissermaßen *geringwertigere* Art sei als die Mehrstückhortsitte und daß also beim Hinzutreten eines entgegengesetzten Waffen- oder Schmuckcharakters dies nur eine zusätzliche *Sitte* in der gesamten kultischen Hortübung sei; vielleicht auch mit einer kleineren *Erwartung* bei einer solchen kultischen Opferung verbunden. Ich habe schon öfters betont, daß auch offene und im Augenblick noch nicht beantwortbare Fragen, besonders wenn auch deren allgemeine Ausrichtung schon herausgearbeitet war, für einen Fortschritt der Forschung wichtig sind.

Im Rahmen der zitierten Arbeit hatte ich bereits auf eine Reihe auffälliger Verbreitungen verschiedener Formen, darunter auch in fundartmäßiger Hinsicht, aufmerksam gemacht. Darunter befanden sich Fälle, wo eine bestimmte Form (sowohl aus dem Waffen- als auch dem Tracht- bzw. Schmuckbereich) in einer Region in den Grabausstattungen vorkam, in einer anderen Region sich aber nur in den Hortfunden, besonders den Einstückhorten, vorfand. In den Jahren nach der Veröffentlichung der Arbeit kamen (und deshalb ist auch hier im Abschnitt der Zusammenfassung des Kapitels III noch einmal ausführlicher auf das Phänomen der Hortung hingewiesen) neue und meines Erachtens wichtige Überlegungen und Erkenntnisse zur Hortsitte hinzu.

Für die zuletzt genannten Fälle (gleiche Formen einmal in der Grabausstattung des einen Gebietes, in einem anderen Gebiet aber in den Hortfunden) wurde klar, daß diese Gegenstände im Falle ihrer Hortung im Rahmen der Opferung offenbar deshalb absichtlich niedergebracht waren, um sie aus dem Besitz der Gemeinschaft auszuscheiden. Sie gehörten nicht zum stammesspezifischen Bestand. Ihre Entfernung verhalf dazu, daß charakteristische Züge in der Erscheinung der Stammesmitglieder nicht verwischt wurden. Der Gegensatz zwischen den einzelnen Stämmen sollte und mußte auch offenbar dauernd gepflegt und gefördert werden.

Besonders im Spiegel der Bewaffnung und der damit verbundenen Kampfesart wurden die einzelnen als Stämme angesprochenen Gruppen deutlich. Daß es sich dabei – lange vor der Schriftgeschichte – noch um namenlose Einheiten handelt, tut deren historischen Bedeutung keinen Abbruch, zumal die Schriftgeschichte von öfterem Wechsel der Stammesstruktur einschließlich des Namens berichtet. Im Laufe der Perioden muß eine intensive Auseinandersetzung zwischen unseren Stämmen stattgefunden haben, bei der die Vorrangstellung innerhalb Nordwestdeutschlands vom Weser-Emsgebiet über Nordhannover schließlich an das Ilmenaugebiet überging. In der Bewaffnungsart zeigten sich auch deutlich verschiedene soziale Staffelungen in den einzelnen Regionen, die sich außerdem im Laufe der Epochen in den einzelnen Gebieten veränderten. Diese Veränderungen beruhten vermutlich auf lebhaften inneren Entwicklungen, die in Relation zu den äußeren Auseinandersetzungen der Einheiten untereinander gestanden haben dürften. Soziale Stellung und Bewaffnungsstufe scheinen eng miteinander verknüpft gewesen zu sein. Dabei setzten sich die einzelnen Stämme offenbar aus Gruppen zusammen, deren Spitzenstufen mit einem ihnen jeweils nachgestaffelten Personenkreis verbunden waren.

In der ganzen Art und dem Grad der Differenziertheit der sozialen Staffelung zeigt sich das individuelle Gesicht der Stämme. Der vor der Metallzeit nicht in diesem Ausmaß mögliche rasche Wandel in der Bewaffnungs- und Kampfesart muß jetzt eine intensive innere Strukturentwicklung der Stammesgemeinschaften und ihrer Kerne hervorgebracht haben, deren Ziel vermutlich der Kampf um die Vorherrschaft war.

Schmuck und Reichtum der Frauentrachten bestätigen die Existenz von Stammesgruppen. Auch sie sind sozial gestaffelt. Die Frau selbst könnte in den Spitzenstufen u. a. Gegenstand von Besitz und Prestige gewesen sein, da hier zu einem Mann öfters mehrere Frauen gehörten. Die bewiesene Nachfolge der Frau in den Tod des Mannes kann möglicherweise auch in diesen Umkreis gehören.

Es ist nicht ausgeschlossen, daß die Totenhausbestattungen gleichfalls ganz besonderen Personen vorbehalten blieben, die, ihrer reichlichen Ausstattung nach, dann schon für ein größeres Gebiet, bzw. eine größere Gruppe (doch noch unterhalb der Stammesgröße) zuständig waren, vielleicht für einen Kultbezirk. Die Spitzenstufen sind, nach Analyse der Gräberfelder zu urteilen und je nach Auffassung von deren Dauer, entweder einmal oder mehrfach innerhalb der einzelnen Siedlungsgemeinschaften vertreten, doch ist auf diese Frage noch zurückzukommen. Vielleicht stehen hinter ihnen die jeweiligen Spitzen der Großfamilien. Die den Spitzenstufen sozial Nachgestaffelten dürften wohl in einer verwandtschaftlichen Beziehung zu jenen gestanden haben, weil sie im gleichen Hügelgrab mit ihnen bestattet worden sind.

Ausgesprochen bei mächtigen Gesellschaften muß es noch eine besondere Gruppe von nur wenigen Männern gegeben haben (siehe meine Ausführungen weiter oben zu der Frage, ob solche Gräber vielleicht etwas zahlreicher waren, als von mir sicher festgestellt werden konnte), die dadurch gekennzeichnet waren, daß sie keine Waffen trugen. Sie müssen m. E. eine besondere Funktion in der Gesellschaft ausgeübt haben. Ein Desiderat künftiger Ausgrabungsbemühungen und Forschungen wäre hier, solche Funktionen näher zu klären. Rein vermutungsweise ist vorläufig an die Stellung eines Medizinmannes, Zauberers o. ä. zu denken. Vielleicht waren diese Personen von noch höherem Rang, wenn man daran denkt, daß sie insgesamt nur selten und dann nur im Verband mächtiger Gemeinschaften vorkommen. Cäsar berichtet von den Druiden Galliens, daß sie gewöhnlich nicht am Krieg teilnahmen.[92] Vielleicht kann man daraus folgern, daß sie auch keine Waffen trugen.[93]

In einer nochmaligen und gestrafften Zusammenfassung kommen wir also zu folgendem Bild: Nordwestdeutschland war vielleicht von der frühen Bronzezeit, sicher von der Stufe Sögel an, von fünf bis sechs Stammesgesellschaften (abgesehen von möglicherweise noch weiteren, vorläufig nicht erkennbaren Einheiten ohne Bronzebesitz) besiedelt, die vielleicht bereits auf endneolithische Gruppen der Becherkultur zurückgingen. Das Aufkommen der Bronze muß zu relativ schnellen inneren Strukturwandlungen geführt haben. Auch hier ist vielleicht hypothetisch ein Ansatzpunkt in möglicherweise einfacheren Verhältnissen des Endneolithikums anzunehmen. Die rasche und eindrucksvolle Progressivität in der Bronzezeit ist aber nicht zu verkennen, und ich glaube, daß dieser Zeitraum ein besonderes Stadium der Stammesentwicklung (bzw. der gesellschaftlichen und politischen Entwicklung) überhaupt war. Kampf und Sozialstruktur müssen in enger Relation gestanden haben. Die Stämme wurden von Klans oder Verwandtschaftsgruppen (diese wiederum bis zur Familie heruntergegliedert) als ihren eigentlichen Kernen gebildet. Diese waren sozial gestaffelt, wobei die Art dieser Staffelung stammesmäßig Verschiedenheiten aufwies. Den Spitzenstufen folgte ein ihnen eng verbundener Personenkreis, der vermutlich durch Verwandtschaftsverhältnisse mit ihnen verknüpft war.

Aufgrund gewisser räumlicher Sonderverbreitungen der Lanzenkämpfer begann dagegen in der Periode III im Ilmenaugebiet ein innerer Strukturwandel, der die politische Bedeutung vom Familiensozialverband auf vielleicht andersartig ausgerichtete Gruppierungen verlagerte. Für die Ilmenau, die nach der in dieser Zeit umfangreichsten Kriegergruppe (siehe Abschnitt III.2.2.) wohl die Vorrangstellung unter den Stämmen Nordwestdeutschlands einnahm, traten noch andere Besonderheiten in dieser Zeit hinzu (siehe Abschnitt III.7.2.). Die wichtigste davon ist, daß sich aufgrund gleicher Waffenausrüstung einschließlich gleicher Bewaffnungsstufen über das ganze frühere Südheidegebiet und den Nordteil von Mittel- und Südhannover hinweg eine beachtliche Gebietserweiterung für die Ilmenau feststellen läßt.

Landeroberungen aber sind nach ethnologischen Forschungen signifikant für Stämme, an deren Spitze ein Häuptling steht, während kriegerische Auseinandersetzungen unter Stämmen segmentärer Ordnung (wozu die bislang beobachteten Stammesbildungen gehören), solche Kriegsziele in der Regel nicht kennen. Schließlich läßt die Tatsache, daß das einzige Männergrab der obersten Spitzenstufe im Zentrum des Gebietes an der mittleren Ilmenau liegt (siehe Karte 10), den Platz einer Zentralinstanz vermuten. Dies könnte durch die Beobachtung unterstützt werden, daß sich — als ein gewisser Anfang späterer Entwicklungen — im gleichen engeren Raum auch bereits das ebenfalls einzige Spitzenstufengrab der Ilmenau in der Periode II befindet, während sich in anderen Stammesgebieten, wie z. B. in Nordhannover, mehrere Spitzenstufengräber auf eine Reihe von Siedlungsgruppen verteilen (siehe Karte 9). Alle aufgezählten Beobachtungen lassen es als durchaus möglich erscheinen, daß sich nunmehr an der Ilmenau ein Häuptlingstum gebildet hatte. Eine solche politische Form kann u. a. durchaus als Folge der öfters betonten progressiven Entwicklung des Bronzezeitalters entstanden sein.

Ob nur ein Vertreter der Spitzenstufen in einer Siedlungsgemeinschaft unserer Stämme vorhanden war oder mehrere nebeneinander, ist vorläufig nicht zu entscheiden. Dies hängt mit dem Problem zusammen, ob in einem geschlossenen Gräberfeld, das eine Siedlungsgemeinschaft widerspiegeln dürfte, mehrere Spitzenstufengräber als gleichzeitig anzusehen sind (und damit stellvertretend für mehrere Großfamilien) oder ob sie eine Reihe nacheinander bestatteter Generationen einer einzigen Großfamilie darstellen. Eine Beantwortung dieser Frage würde mit der chronologischen Feinunterteilung unserer Hauptperioden zu tun haben. Von dieser sind wir aber noch weit entfernt, und gleichzeitig ist es fraglich, ob eine solche überhaupt zu erreichen ist.[94] Ich persönlich möchte vermuten, daß sich die Bestattungen etwa einer Großfamilie durch mehrere Generationen hindurch in einem der normalen kleineren Gräberfelder darstellen, da sich ja bekanntlich allgemein vor- und frühgeschichtliche Gräberfelder über einen längeren Zeitraum als nur den einer Generation erstrecken.

Der stammesmäßige Zusammenschluß dieser Großfamilien und Klans oder Verwandtschaftsgruppen dürfte so funktioniert haben, daß für Fehden und andere Stammesaufgaben vielleicht ein Oberhaupt oder ein führendes Gremium auf Zeit bestellt wurde. Dieses gilt für alle unsere Stämme, bis auf die Ilmenau — und auch hier erst für die Periode III —, wo wir, wie berichtet, dann mit einem Häuptlingstum zu rechnen haben.

Auch die Bedeutung der Totenhäuser muß von ihrer sozialen Funktion her noch weiter geklärt werden. Immerhin sind diese Anlagen nur in geringerem Maße und nur in den Stammesgebieten an der Ilmenau und in der Südheide vorhanden, dabei zu zahlreich, als daß sie für einen ganzen Stamm zuständig gewesen wären, aber zu selten, als daß sie Gräber etwa von Dorfältesten oder dergleichen gewesen sein könnten. Vielleicht ist in den Totenhäusern eine Person mit Zuständigkeit für eine größenmäßig dazwischenliegende Einheit, etwa eines Klans, bestattet, die mit höheren gemeinschaftlichen Aufgaben betraut war. Doch ist hier auch der Forschungsstand zu berücksichtigen, durch den sich in Zukunft möglicherweise noch ein anderes Verbreitungsbild ergeben wird.

Bei der Analyse unseres Fundstoffes bin ich weiter auf eine andere, noch seltener vorkommende soziale Gruppe der Männer gestoßen. Bei ihnen wurde durch die Waffenlosigkeit deutlich, daß ihre Funktion in anderem als dem Waffenhandwerk bestand, möglicherweise in einer spirituellen Tätigkeit, jetzt aber wohl auf der Ebene einer kleineren Gruppierung.

In den Auseinandersetzungen eines Zeitraumes, der in dieser Arbeit für den Zeitraum der um etwa 1700–1600 v. Chr. begann und um etwa 1000 v. Chr. endete, errang das Ilmenaugebiet in der Schlußperiode, nämlich der Periode III, die Vorrangstellung, die zugleich mit einer Gebietsvergrößerung verbunden war. Zusammen mit noch anderen Beobachtungen ist daraus zu schließen, daß sich diese Region jetzt von einer segmentären Stammesordnung in ein Häuptlingstum gewandelt hatte. Mit der Erkenntnis unserer Stammesgruppen konnten wir die Auseinandersetzungen in der frühen und älteren Bronzezeit als einen historischen Vorgang begreifen. Auf ihn wäre durch die Methode der bloßen Formenuntersuchung und der daran anschließenden Aufstellung von *Kulturkreisen* entweder überhaupt kein Licht oder nur ein sehr trübes und zweifelhaftes gefallen; und daran hätten auch noch so gut durchgeführte Ausgrabungen, an denen es ja nicht mangelt, nicht das Geringste ändern können, weil das Defizit an Methodik hier an einer ganz anderen Stelle lag.

Bei der Benutzung der hier vorgetragenen und angewandten Verfahrensweisen auf andere Zeiten und Räume müssen zuerst die jeweiligen Quellen auf ihre Verwendbarkeit geprüft werden. Dies wird in vielen gleich oder ähnlich gelagerten Fällen eine gleiche Anwendung erlauben. In anderen muß versucht werden, nach anderen Leitlinien zu suchen. Daß solche Forschungen sowohl in räumlicher Hinsicht für andere Teile des älterbronzezeitlichen Europas wünschenswert wären, als auch in zeitlicher Hinsicht für die jüngere Bronzezeit und die vorchristliche Eisenzeit, speziell des hier untersuchten Nordwestdeutschland, doch auch darüber hinaus, besondere Desiderate darstellen, sei noch einmal hervorgehoben.[95] Schließlich ist zu hoffen, daß die für die frühe und ältere Bronzezeit erarbeiteten Ergebnisse auch für die Nachbardisziplinen von Ertrag sein mögen,[96] ebenso, daß eine Zusammenarbeit mit ihnen dadurch künftig erneut verstärkt eingeleitet werden könne.[97]

IV. Schlußfolgerungen

In diesem Kapitel werden Gedanken vorgetragen, wie sie sich nach den bis zu dieser Stelle erreichten Ergebnissen neu bei mir entwickelten. Sie gehen über das bislang Erarbeitete noch erheblich hinaus und zwar in einem Sinne, der die Dinge in noch größeren Zusammenhängen zu sehen erlaubt.

1. Ging die Kultur der älteren Bronzezeit durch Umweltzerstörung zugrunde?

Mit dem Ende der Periode III bricht auch die Kultur der gesamten älteren Bronzezeit zusammen. Die mit der Periode IV einsetzende jüngere Bronzezeit zeigt ein ganz anderes Gesicht. Bei einer Untersuchung dieser jüngeren Zeiten sollte man Überlegungen zu diesem trennenden Graben anstellen: Ob er wirklich einen völligen Abbruch darstellt oder ob gewisse Verbindungen herüberreichen. Von der Behandlung der älteren Bronzezeit her wird man sich aber gleichfalls Gedanken über die möglichen Ursachen dieses Kulturabbruchs machen müssen.

Aufgrund der vorhergehenden Untersuchungen der gesamten Zeitepoche ließen sich keine spezifischen Anlässe erkennen, die zu diesem jähen Ende führten. Zwar ist das Aufkommen des Häuptlingstums im vergrößerten Ilmenaugebiet eine sicher sehr einschneidende Erscheinung, doch konnte daraus bislang noch nicht der dann folgende gesamte Kulturabbruch erklärt werden.

Auch für die bisherige Forschung war dieses Ende zwar immer ein eklatantes Ereignis, doch die vorgebrachten Erklärungen befriedigten nie gänzlich. Entweder wies man auf die völlig neuen Erscheinungen der dann folgenden Epoche hin, oder man sagte, daß die Einfuhr der Bronze, deren Grundbestandteile in diesen Räumen ja nicht vorhanden waren, zuende ging. Hierfür ließen sich auch Veränderungen in den Herkunftsländern des Materials feststellen. Von solchen könnte man sich vorstellen, daß sie auch die Organisationen der von uns angenommenen und unsere Gebiete beliefernden Wanderhandwerker erschütterten. Die neu erschlossenen Quellen des Bronzebezugs waren jedoch noch viel ergiebiger als die alten, und es ist nicht unbedingt einsichtig, daß man nicht Verbindung zu diesen neuen Quellen hätte aufnehmen können, es sei denn, daß diese über Handel und Wanderhandwerkertum völlig erloschen waren.

Gleichwohl ist auch von den bisher vorgetragenen Ergebnissen her (Kap. III) anzunehmen, daß auch in der Kultur der älteren Bronzezeit selbst innere Gründe vorhanden waren, die hauptsächlich, wenn auch vielleicht verbunden mit Ursachen von außerhalb, zu diesem Ende führten. Da aus den uns aus dem eigenen Fach direkt zur Verfügung stehenden Materialien keine ausreichenden Erklärungen herauszulesen sind, müssen wir uns nach Auskünften anderer Disziplinen umsehen, die für unsere Fragen vielleicht hilfreich sind.

Dabei kann man nun auf Ergebnisse der Botanik hinweisen, die in einem bestimmten und gerade auch für uns wichtigen Spezialgebiet, nämlich dem der Pflanzensoziologie, unter Hinzuziehung prähistorischer Ausgrabungen erarbeitet wurden. Hier war es besonders Reinhold Tüxen,[98] der die Forschungen dieser Spezialdisziplin bei uns vorwärtstrieb und bereits in den dreißiger Jahren ein eigenes Institut dafür gründen konnte, in dem nach dem Krieg weitergearbeitet wurde. Tüxen, der 1980 starb, arbeitete vor der Gründung seines Instituts längere Zeit an der naturwissenschaftlichen Abteilung des Niedersächsischen Landesmuseums Hannover. Hier stand er in engem Kontakt zu den Kollegen von der Urgeschichtlichen Abteilung, wobei sich eine besondere fruchtbare Zusammenarbeit entwickelte.

Die Pflanzensoziologie richtete ihr Interesse weniger auf die schon früher geleistete Erforschung der einzelnen Pflanzen, sondern auf deren Vergesellschaftung in verschiedenen Gemeinschaften, die neben klimatischen Bedingungen an bestimmte Böden gebunden waren. So gibt es z. B. die Gemeinschaft des Eichen-Birken-Mischwaldes oder des Eichen-Hainbuchen-Mischwaldes, bei denen die genannten Baumarten in einer solchen Bezeichnung stellvertretend für die ganze zugehörige Pflanzengesellschaft sind, so auch die, die als Sträucher und in Bodennähe wachsen. Alle zusammen bilden die jeweilige Pflanzengesellschaft. Eine solche hinterläßt im Boden deutliche, für sie kennzeichnende Spuren, die unter anderem durch das Ausfällen von Eisenoxiden entstehen, die durch das Regenwasser in den Boden gelangen und sich hier in gewisser Tiefenlage niederschlagen. Ein solches Bodenprofil, das man beim senkrechten Anschnitt gut erkennen kann, wird, anfangend mit der Humusschicht, in verschiedene Horizonte unterteilt, die mit A, B usw. bezeichnet werden. Auch wenn eine ganze Pflanzengesellschaft von der Oberfläche verschwunden ist, kann man ihre ehemalige Anwesenheit an dem für sie typischen Bodenprofil noch nach Jahrtausenden nachweisen. Dies ist der wichtigste Kern der Angelegenheit, die hier behandelt werden soll.

Tüxen lag daran, den sich natürlicherweise in den längeren geologischen und klimatischen Epochen vollziehenden Wechsel der Pflanzengesellschaften in seinem nordwestdeutschen Arbeitsgebiet zeitlich genauer zu bestimmen. Dabei konnte er neben den langsamen klimatischen Ursachen auch solche erkennen, die durch die Einwirkungen menschlicher Tätigkeit entstanden waren. Aus schrifthistorischem Quellenmaterial konnte er beispielsweise nachweisen, daß die in Nordwestdeutschland (aber auch in anderen Räumen) weit verbreitete

Callunaheide sich durch den für die Vermehrung des natürlichen Düngers umfangreich verwandten Plaggenhieb und durch zu starken Holzeinschlag enorm weiter ausgedehnt hatte. Die für die bäuerliche Nutzung nur noch für einige spezielle Dinge, wie die Schafweide, brauchbare, unfruchtbare Heide drang in die waldfrei gewordenen Gebiete ein. Durch die spezifische, harte und das Regenwasser nicht mehr durchlassende, sondern talwärts abführende Eisenausfällung der Heide wurde der Boden degeneriert und war nicht mehr fähig, höherwertige Pflanzengesellschaften zu tragen. Diese für die Qualität des Bodens und der Landschaft verderbliche Tätigkeit des Menschen konnte anhand des historischen Quellenmaterials für das Mittelalter mehr oder weniger, für die ganze Neuzeit bis weit in das vorige Jahrhundert hinein sicher nachgewiesen werden – bis zu einer besseren Waldhege und dem durch die Übernahme der künstlichen Ackerdüngung bedingten Wegfall des Plaggenhiebes in moderner Zeit; eine seitdem immer vermehrter und stärker angewandte künstliche Düngung, die heute nun ihrerseits den weithin bekannten, enormen Schaden am Boden und seinen Früchten sowie darüber hinaus anrichtet.

Für Tüxen stellte sich die Frage, ob eine solcherart anthropogen bedingte Einwanderung und Ausbreitung der Callunaheide, die den davor in Nordwestdeutschland weit verbreiteten Eichen-Birken-Mischwald zerstörte, schon vor diesen schrifthistorisch belegten Zeiten nachgewiesen werden konnte. Damit begann die ab dem Ende der zwanziger und dem Beginn der dreißiger Jahre anfangende Zusammenarbeit mit den Prähistorikern am Landesmuseum Hannover. Der Verfasser hatte das Glück, Mitte der dreißiger Jahre als Student mit Tüxen am Landesmuseum Hannover zusammenzukommen und ihm auch die entsprechenden Ergebnisse eigener, im Auftrag des Museums durchgeführter Grabungen vorlegen zu können, wie es eine Reihe meiner Kollegen schon vorher und nachher taten.

Das Prinzip dieser Zusammenarbeit mit dem Pflanzensoziologen Tüxen bestand darin, daß wir bei der Ausgrabung bestimmter Bodendenkmäler, besonders von Hügelgräbern des ausgehenden Neolithikums und der Bronze- und vorchristlichen Eisenzeit (also aus dem zweiten und letzten vorchristlichen Jahrtausend), genaue Bodenprofile durch den meist erdigen Hügelaufbau bis in den darunter liegenden gewachsenen Boden hinein anlegten und zeichnerisch mit den Ausfällungsbänken und -linien der Pflanzengesellschaften farbig festhielten. Als gelehrige Schüler konnten wir diese Profile pflanzensoziologisch bereits einigermaßen bestimmen, während Reinhold Tüxen uns abschließend die endgültige Beurteilung gab.

Folgendes kam bei dieser *Bodenentzifferung* oder diesem *Spurenlesen* für die von Tüxen gestellten, aber auch die Prähistoriker sehr interessierenden Fragen heraus. Diese von der Archäologie zeitlich bestimmbaren Hügelgräber hatten ein Stück Boden überlagert und dessen ehemaligen Zustand einer späteren Veränderung durch Pflanzen entzogen, sozusagen *fossil* bis in unsere Tage überliefert, einschließlich des vorher durch Pflanzen geschaffenen Bodenprofils. Eine Reihe dieser Profile zeigten im Boden u n t e r dem Hügel — der also aus der Zeit direkt vor der Errichtung des Hügelgrabes stammte — die Ausfällungen des Eichen-Birken-Mischwaldes in Form ockerfarbener, feiner und auch etwas stärkerer Linien. Dies war also ein Beweis dafür, daß vorher hier ein Eichen-Birken-Mischwald gestanden hatte. Im Boden des Hügels selbst waren gleichfalls einige zarte Ausfällungen des Eichen-Birken-Mischwaldes festzustellen, die aber stärker überlagert wurden von den tiefbraunen, harten Ausfällungen der Callunaheide. Das besagte, daß auch nach Erbauung des Hügels, der z. B. in das Endneolithikum (Ende des dritten und Anfang des zweiten Jahrtausends v. Chr.) zuerst noch der Eichen-Birken-Mischwald herrschte, später aber die Heide einzog. Der Zeitpunkt des Auftretens der Heide ließ sich manchmal durch die Anlage und Eingrabung eines jungbronzezeitlichen Urnengrabes (z. B. aus der Zeit um 1000 v. Chr.) näher eingrenzen, wenn sich bei dieser Eingrabung bereits ein volles Callunaheide-Profil zeigte. Solcherart ließ sich die Zeitbestimmung der geschilderten Vorgänge (bei einem älterbronzezeitlichen Hügelgrab und bei jüngeren sekundär niedergebrachten Grabanlagen usw.) noch enger zeitlich eingrenzen.

Es gab weiter Hügelgräber, die bereits u n t e r dem Hügel ein Bodenprofil der Callunaheide zeigten. Dies war äußerst selten bei Hügeln des Endneolithikums, aber bedeutend zahlreicher gerade bei solchen aus der älteren Bronzezeit der Fall. Dies beweist nun, daß die anthropogen bedingte Zerstörung des alten Eichen-Birken-Mischwaldes bereits schwach im Endneolithikum, also vielleicht um 2000—1700 v. Chr., begann, sich dann aber erheblich stärker in der frühen und älteren Bronzezeit (1700—1000 v. Chr.) auswirkte.

Nicht nur aus den oben erwähnten schrifthistorischen Quellen des Mittelalters und der Neuzeit unseres Landes, sondern auch aus zahlreichen völkerkundlichen, bis in unsere Tage reichenden Beobachtungen, z. B. in Nordafrika, erfahren wir von jenen Tätigkeiten des Menschen, die vergleichbar gravierende Schäden verursachen.

Einmal war es vor allem die Überweidung durch zu große Viehherden, wobei die jungen Schößlinge der nachwachsenden Bäume durch die Tiere verbissen wurden, so daß sie und schließlich ganze Wälder eingingen. Weit verbreitet war auch die Waldweide, uns als Hutewälder des Mittelalters und der Neuzeit bekannt, gleichfalls oft mit Waldvernichtung. Zum anderen war es der direkte, zu hohe Holzeinschlag oder die sich immer mehr ausbreitende Brandrodung für die Gewinnung immer neuer Äcker anstelle der durch den Fruchtanbau erschöpften alten Böden. Alle genannten Erscheinungen dürften auch in vorgeschichtlicher Zeit aufgetreten sein. Sowohl die Acker- als auch so betriebene Viehwirtschaft stellen also die Ursachen für die aufgetretenen verderblichen Schäden dar.

Fazit unserer Überlegungen in diesem Abschnitt — an dessen Anfang die Frage nach den Ursachen für das Ende der Kultur der älteren Bronzezeit stand – ist also folgendes: Wir müssen damit rechnen, daß für das Ende einer mehrhundertjährigen Kultur auch die nachgewiesene Umweltzerstörung eine Rolle gespielt haben kann, die schließlich solche Ausmaße annahm, daß die vorhandene Wirtschaftsform zusammenbrach. Im Zusammenhang damit muß sich auch die gewachsene gesellschaftliche und politische Struktur nicht haben halten lassen, für die die Ausstattung mit einer differenzierten Bewaffung und mit Trachtgegenständen aus Bronze kennzeichnend gewesen war. Der Erwerb dieser Dinge mit Hilfe von vermutlich nicht integrierten Wanderhandwerkern kann vielleicht gut floriert haben, dabei aber auch nicht unkompliziert gewesen sein. Ein wirtschaftlicher Zusammenbruch erlaubte aber dann keinen Erwerb solcher Bronzegegenstände mehr; auch das Wanderhandwerkertum könnte für weitere Regionen in diesen Zusammenbruch ganz oder teilweise mit hineingezogen worden sein.

Das in der Schlußperiode III der älteren Bronzezeit entstandene Häuptlingstum an der Ilmenau dürfte u. a. eine Folge der sich anbahnenden, hier zuletzt geschilderteren Ereignisse gewesen sein, die sich in der Umweltzerstörung zeigten, die durch das Häuptlingstum noch außerordentlich verstärkt wurde. Daß mit einem wirtschaftlichen, gesellschaftlichen und politischen Niedergang der nordwestdeutschen Stämme (und vielleicht auch von Stämmen im Gebiet des gesamten Mitteleuropa) auch ein Zusammenbruch der die Kultur der älteren Bronzezeit tragenden Ideologie einherging, ist nicht zu verwundern. Viele Beispiele des Niedergangs früherer Kulturen auf der ganzen Erde bestätigen dies. Die *Neue Zeit* der nächsten Kulturepoche, der jüngeren Bronzezeit, zeigt nicht nur andersartige Züge von Wirtschaft und Gesellschaft; auch die Züge einer anderen, die Kultur prägenden Ideologie sind aus den Materialien der prähistorischen Archäologie sehr deutlich zu erkennen.

2. Die metallzeitliche Revolution

Mit den von mir analytisch und interpretativ erarbeiteten Ergebnissen konnten Einblicke gewonnen werden, die bis in das gesellschaftliche und politische Leben der Gemeinschaften in der frühen und besonders der älteren Bronzezeit – als des ersten Teils des Metallzeitalters – hinein reichten. Dabei fiel als Grundzug der ganzen Epoche die starke evolutionäre Kraft auf, die mit dem Besitz des Metalls verbunden war und die sich in dem sich rasch entwickelnden und wohl mit beachtlichen Aktivitäten verbundenen Leben der Gemeinschaften zeigte. Bildungen des späteren Teils des vorgeschichtlichen Metallzeitalters, der Eisenzeit, und auch des folgenden schrifthistorischen Zeitalters können meines Erachtens in wichtigen Wesenszügen nicht ohne Beachtung jener ersten Entwicklungen verstanden werden, die sich in der frühen und älteren Bronzezeit vollzogen.

Bei einer solchen Vorstellung erscheint es einem nicht abwegig, von einer *metallzeitlichen Revolution* zu sprechen. Ein solcher Ausdruck lehnt sich an den vor einem halben Jahrhundert von dem englischen Archäologen Gordon Childe[99] geschaffenen und in die Forschung eingegangenen Begriff der *neolithischen Revolution* an. Dieser soll die starken Veränderungen bezeichnen, die mit dem Übergang vom Leben der Jäger und Sammler bzw. der Wildbeuter zu dem der Bauern verbunden waren. Während die Wildbeuter ihre Nahrungsmittel direkt der Natur entnahmen, waren die Bauern die ersten die mit Hilfe der Züchtung von Pflanzen und Tieren diese selbst produzierten.

Diese Revolution ist gewiß kennzeichnend für eine ganz wichtige Stufe in der Entwicklung der Menschheit, die sich zuerst in einigen Gebieten des Vorderen Orients zwischen 10.000–7.000 v. Chr. und in Mitteleuropa von 5.000 v. Chr. an vollzog. Zu den wichtigsten Folgen dieses Wandels rechnet man die größere Unabhängigkeit von der Natur und eine bessere Sicherung des Lebens über Notzeiten hinweg – man konnte Lebensmittel horten und lernte später auch, sie in gewissem Maße zu konservieren –, weiterhin konnte man größere Gemeinschaften als die Jäger und Sammler bilden und (zumindest die Feldbauern, die auch zusätzlich Vieh besaßen) in Dörfern mit festeren Häusern bei längerer Ortskontinuität leben.

Alle von ihnen geschaffenen Gegenstände bestanden aus pflanzlichem oder tierischem Material sowie für manche wichtigen Gerätschaften aus Stein, der normalerweise in der näheren Umgebung in ausreichender Menge und jedermann leicht zugänglich bereitlag; in allen wichtigen Teilen ihres materiellen Daseins lebten die damaligen Gemeinschaften also autark.

Das änderte sich mit dem Auftreten des Metalls, was zuerst nicht plötzlich, sondern langsam vor sich ging, besonders in seiner ersten Ausprägung, dem Kupfer. Dieses war bereits für die Herstellung von Gerätschaften und Waffen, wenn auch nicht so gut wie die spätere Bronze, sowie von Schmuck geeignet. Als Rarität kommen einzelne Kupfergegenstände bei uns bereits in neolithischen Kulturen des 3. vorchr. Jahrtausends vor, schon etwas verstärkter dann im Endneolithikum, das zeitlich an das Ende des 3. und an den Anfang des 2. vorchr. Jahrtausends gehört.

In der frühen Bronzezeit ist der Fundanfall metallener Gegenstände in weiten Teilen Mittel- und Nordeuropas schon reichlicher. In den ersten Teilen dieser Periode überwiegen noch die Kupfergegenstände oder halten sich mit denen aus Bronze die Waage. In Norddeutschland und in den skandinavischen Ländern sind aber noch keine Gräber mit Metallgegenständen ausgestattet, das ist hier erst in der Stufe Sögel, dem Endabschnitt der frühen Bronzezeit, der Fall und zuerst auch nur in Männergräbern.

Die Metallfunde aus den ersten Teilen der frühen Bronzezeit stammen aus Horten (Mehrstück- und Einstückhorte). Weiter vorne wurde schon länger darüber diskutiert, ob man sich dieser Stücke im Rahmen wahrscheinlich kultischer Opferung wieder entäußerte, nachdem sie vorher wohl einige Zeit in Besitz genommen worden waren. Ohne auch an dieser Stelle näher über die Hintergründe dieser Vorgänge zu diskutieren, ist festzustellen, daß der zeitlich befristete Besitz mit nachfolgender kultischer Entäußerung bereits einen Teileingang in die Kultur der Gesellschaften darstellte. Trotz einer solchen *Erstberührung* bleibt aber das Festhalten der Gemeinschaften an ihrer bewährten Subsistenzwirtschaft — ohne Metallbesitz — überaus deutlich.

Mit der Stufe Sögel aber, in der die nun bronzenen Metallgegenstände als Waffenbeigaben in den Männergräbern — und damit offenbar die Bewaffnung der Männer zu ihren Lebzeiten wiedergebend — erscheinen und von der Periode II ab auch Frauen mit Bronzeschmuck als Trachtbestandteil ausgestattet sind, kann man von einer wirklichen Integration des Metalls in die Kultur sprechen. Dieses ist nicht nur äußerlicher materieller Besitz, sondern die Bronze ist in ganz wichtige elementare Lebensbezirke eingedrungen, in die der Bewaffnung der Männer und in die der Tracht der Frauen.

Diese Lebensbezirke (dazu noch die Horte) spiegeln nun nicht allein den Stand und die im raschen Wechsel und Wachstum der Ausstattungen sichtbar werdenden, außerordentlich lebhaften Entwicklungen der Gemeinschaften wider — die uns als gesellschaftliches und politisches Leben in den Stämmen und ihren Gliederungen deutlich wurden —, sondern diese Progressivität ist auch offenbar grundsätzlich bedingt durch die Integration einer richtigen Bronzekultur. Mit dem Eingang des Metalls sind offensichtlich Kräfte in den Gemeinschaften wirksam geworden, die man in gewissem Sinne als explosiv bezeichnen kann. Man muß annehmen, daß, falls nicht die Entwicklung zu Stämmen überhaupt, dann doch der besondere Charakter dieser bronzezeitlichen Aktionsgemeinschaften dieser Art und Intensität erstmalig entstand. Dabei handelt es sich bei diesen Stämmen über längere Zeit immer noch um solche segmentärer Ordnung in Form von Ranggesellschaften, bei denen die Leitung in den Händen von Ältesten lag. Daß sich dann aber aus dem Umkreis der Stämme einer zum Häuptlingstum mit allen seinen strukturellen Veränderungen emporschwang, dürfte eine konsequente Entwicklung in einer so wie geschildert geprägten Zeitepoche darstellen.

Der Begriff der *neolithischen Revolution* bedeutet zwar näherhin den Übergang von Wildbeutertum zur produzierenden Landwirtschaft und dessen erste Begründung. Sie hat, wie wir aus dem archäologischen Studium der neolithischen Kulturen wissen, tiefe Spuren im Bewußtsein der damaligen Menschen hinterlassen. Die ganze Bedeutung dieses Vorgangs und seine Wertung als *revolutionäre Epoche* können erst wir Heutigen erfassen, weil wir die ganze weitere Entwicklung der Landwirtschaft und die daraus entstandenen Folgen durch die weitere Vorgeschichte und die schrifthistorische Zeit hindurch bis heute einigermaßen übersehen. Erst hierdurch bekommt man eine Vorstellung von dem Gewicht dessen, was damals geschah.

Nicht anders ist es mit dem Begriff einer *metallzeitlichen Revolution*. Auch hier gehört dazu als Voraussetzung die Erkenntnis, wie dieser Vorgang sich wirklich vollzog und wie die Kraft des damit verbundenen Wandels sich niederschlug in den Strukturen der Gemeinschaften und ihren gesellschaftlichen und politischen Bildungen; eine für die historische Sicht notwendige Vorstellung, die ich mit meinen Forschungen erarbeitet zu haben glaube. Nur mit einem wie eben beschriebenen Gesamtbild kann man auch hier erst wieder von heute her das ganze Gewicht eines solchen *revolutionären Vorgangs* ermessen und seine Bedeutung für die daraus entspringenden Entwicklungen erkennen: Folgewirkungen durch die weitere vorgeschichtliche und die schrifthistorische Zeit hindurch bis heute.

3. Urzeit und Jetztzeit

Führen wir hier noch einmal die wesentlichsten Kennzeichen einer *metallzeitlichen Revolution* auf, die den grundsätzlichen Unterschied zur *neolithischen Revolution* aufzeigen. Mit dieser war durch die Entstehung der Landwirtschaft die erste Produktionsstufe der Menschheit geschaffen worden, die im Gegensatz zu der rein aneignenden Wirtschaftsform der Jäger und Sammler stand. Was aber die Kulturen des Neolithikums weiterhin mit denen des Jäger-Sammlertums verband, war, daß sie wie jene Subsistenzgesellschaften darstellten. Sie lebten vom Ertrag ihrer Felder und Herden, und die Materialien und Rohstoffe, wie den Stein, für ihre Gerätschaften sowie Werkzeuge und Waffen entnahmen sie meistens der umgebenden Natur. Wohl kam es möglicherweise analog einiger ethnologischer Gesellschaften vor, daß bei einer Spezialisierung auf die Erzeugung bestimmter Nahrungsmittel ein gewisser Austausch mit benachbarten Gemeinschaften stattfand, doch führte dies nicht zu einer wirtschaftlichen Abhängigkeit.

Das änderte sich grundsätzlich und zum ersten Male in der Menschheitsgeschichte bei den metallzeitlichen Gesellschaften. Zwar wurden die Nahrungsmittel wie im Neolithikum (und noch lange weiter bis in schrifthistorische Zeiten hinein) landwirtschaftlich autark gewonnen, während für die Bewaffnung und für Trachtbestandteile Metalle benutzt wurden. Zuerst tauchen vereinzelte Kupfergegenstände auf, doch nur in Horten im Rahmen bestimmter Gesittungen, dann, noch seltener, hier auch die ersten Gegenstände aus Bronze, einer Legierung aus Kupfer und Zinn: einem Material von außerordentlicher Härte.

In der Folgezeit traten, über eine Reihe von Jahrhunderten hinweg, Waffen aus Bronze an die Stelle der alten neolithischen Bewaffnung, darunter ganz neuartige, die man, wie etwa das Stichschwert, mit dem man im Nahkampf den Gegner aus größerer Distanz treffen konnte, vorher aus Stein hätte gar nicht anfertigen können. Auch wurde das Waffenreservoir viel differenzierter, was zu einer, in diesem Umfang im Neolithikum noch nicht existierenden, gestaffelten und auf einzelne Kriegergruppen verteilten Ausrüstung führte. Strategische Kampfverbände entstanden, an deren unterschiedlicher Ausrüstung und Staffelung sich verschiedene Stämme und deren Siedlungsgebiete erkennen ließen. Dies und der im Laufe der Bronzezeitperioden mehrfache Wechsel in der Bewaffnung und der damit zusammenhängenden Strategie, auch der größere Umfang der Ausrüstung, dürften vermehrte kriegerische Auseinandersetzungen zwischen den Stämmen deutlich machen, die sich noch unter Führung vom Ältesten im Rahmen einer segmentären, nicht-herrschaftlichen Gesellschaftsform zu sogenannten Rangordnungen entwickelten. Die in ihrem bronzenen Schmuck und Trachtgerät umfangmäßig entsprechend gestaffelten Frauenausstattungen drückten, außer vielleicht Lebensstände wie *jugendlich* und *verheiratet*, wohl Prestige aus und bestätigten in ihrer unterschiedlichen Ausrüstung und Staffelung auch die offensichtlich bewußt gepflegten Gegensätze zwischen den einzelnen Stämmen.

Mit solcher Bewaffnungs- und Trachtausrüstung hatte die Bronze zentrale Gebiete der Gesellschaften *besetzt*, in denen Selbstbewußtsein, Aggressivität und politische Macht angesiedelt waren. Doch nicht nur in Nordwestdeutschland und Skandinavien, sondern auch in vielen Teilen Mitteleuropas und des gesamten übrigen Europa gab es keinerlei erschließbare Erzlagerstätten, in denen die Rohstoffe von Kupfer und Zinn gewonnen und metallurgisch verarbeitet werden konnten; solche Lagerstätten gab es nur an ganz wenigen Stellen im europäischen Raum. Ob nun die Bronze zur Verarbeitung in (noch nicht nachgewiesenen) eigenen Werkstätten von auswärts bezogen oder ob fertige Bronzegegenstände von nicht-integrierten Wanderhandwerkern, wie es nach ethnologischen Parallelen wahrscheinlicher ist, eingetauscht wurden, auf alle Fälle mußte jedes Gramm Bronze erworben werden; und dies für die Verwendung in den zentralen Gebieten der Gemeinschaften, damit einer in dieser ersten Metallzeitepoche über längere Zeiten hin aufgebauten, ganz spezifischen Lebensform, die nur noch unter Gefahr des Zusammenbruchs — wenn nicht aller, so doch der meisten damals gültigen grundlegenden Gemeinschaftswerte — hätte aufgegeben werden können.

Mit dieser Bronzezivilisation war aber ein Verlust der Subsistenz — und das in zentralen Bezirken des Daseins — eingetreten, der ebenfalls nicht mehr auszugleichen war. Dafür waren Abhängigkeiten von Kräften entstanden, die man sich gar nicht kompliziert genug vorstellen kann, da sie archäologisch nur in einigen Teilen, nicht aber im Zusammenhang eines organisierten Ganzen — das jedoch für ein Funktionieren vorausgesetzt werden muß — nachweisbar sind. Gedacht ist an die Verbundenheit und das Zusammenwirken verschiedener metallurgisch wichtiger Arbeitsstellen und -bezirke: die bergmännische Gewinnung der beiden Rohstoffe, einerseits Kupfer, andererseits Zinn (in meist weit voneinander getrennten Lagerstätten in Europa, wie z. B. auf der Iberischen Halbinsel, auf den Britischen Inseln, in der Ägäis, in Südosteuropa, im Nordostalpenraum), die metallurgische Bearbeitung zu möglichst reinen Metallen, die Legierung zu Bronze, der längere Transport zwischen diesen Arbeitsstellen, die Hinführung des Materials zu den Werkstätten, der Aufbau von Händler- und/oder Wanderhandwerkerorganisationen und die immer mehr abhängig machende Auswirkung dieser *Außenkräfte* auf die Bezieher der Produkte.

Der Verlust der Subsistenz war auch für die Gemeinschaften der jüngeren Bronzezeit, die bis 700 v. Chr. in Mitteleuropa, 600 v. Chr. in Nordeuropa reichte, ein schwieriges Problem. Eine Verlagerung der Abhängigkeit brachte für viele Gebiete die dann folgende Epoche der vorchristlichen Eisenzeit. Damals kam das die Menschheitsgeschichte noch mehr verändernde neue Metall, das Eisen, in Verwendung. Im Gegensatz zu Kupfer und Zinn, den Bestandteilen der Bronze, kam das Eisen, wenn auch in sehr unterschiedlicher Qualität, an sehr vielen Plätzen vor. Gewinnung, Verarbeitung und Besitz des Eisens zeigten schon bald neue schwerwiegende gesellschaftlich-politische Folgen für die Gemeinschaften; hier noch viel stärker als in der älteren Bronzezeit, wovon gleich noch einmal in diesem Abschnitt die Rede sein wird.

Noch beginnend in vor- und frühgeschichtlicher Zeit und stetig zunehmend in den schrifthistorischen Zeiten, kamen noch viele, vor allem auch nichtmetallische Rohstoffe und Güter hinzu, die, da vielfach von außen eingeführt, den betreffenden Gemeinschaften wieder eine starke, bis heute laufend ansteigende Nichtsubsistenz bescherten.

Die Metalle aber spielten weiter eine erstrangige Rolle. Dieses nahm an Umfang erheblich in den klassischen Hochkulturen Griechenlands und besonders Roms zu, dann im abendländischen Mittelalter, wuchs im Industriezeitalter ins Gigantische und behielt auch heute eindeutig seinen qualitativen Vorsprung vor den jüngsten nichtmetallischen Kunststoffen.

Seine wichtigste und in den hier eben genannten Zeiträumen, wie auch schon vorher, stetig steigende Verwendung lag auf dem Gebiet der Waffentechnik und der Rüstung; für sie mußte zu all diesen Zeiten ein erheblicher Teil der Wirtschaftsüberschüsse der Gemeinschaften aufgebracht werden. Die Kriege in diesen ganzen Zeiten bis heute zeigten fast immer eine nach Umfang und Art unterschiedliche Bewaffnung, Kampfesart und Strategie der gegnerischen Gemeinschaften, mit der jede den Sieg über die anderen zu erringen trachtete. Diese für die ganze Geschichte bekannte Beobachtung bestätigt unsere Interpretation prähistorisch-archäologischer Bewaffnungs- und Kampfesartgruppen als politische Gemeinschaften.

Unter dem Gesichtspunkt solcher Überlegungen fällt bei Betrachtung der älterbronzezeitlichen Verhältnisse besonders auf, daß das Metall, außer für Trachtbestandteile, hier sogar so gut wie ausschließlich für die Bewaffnung benutzt wurde. Im Alltag lebte man, wie schon berichtet, noch steinzeitlich. Dies änderte sich auch nicht so schnell und ein spürbarer, wenn auch keineswegs umfangreicher Eingang des Metalls in die Alltagswelt ist bei uns erst in der späteren Epoche des Metallzeitalters, der Eisenzeit, festzustellen, und auch hier erst in deren jüngeren Perioden.

Diese in den hier behandelten europäischen Breiten — neben der dem Stammesprestige dienenden Trachtausrüstung — ausschließliche Verwendung des Metalls für die Bewaffnung dürfte aber wohl bedeuten, daß man die in einer extensiven Wirtschaftsweise nur mühsam zu erzielenden Überschüsse zu größten Teilen für den militärischen Sektor ausgab. All dies mußte man sehr wahrscheinlich als Fertigprodukt oder als Rohmaterial von auswärts erwerben, während man die jungsteinzeitliche Bewaffnung in der Hauptsache an Ort und Stelle aus allen zugänglichen Materialien hatte herstellen können: damals, wie vorher gesagt, in einer wirtschaftlich unabhängigen Subsistenzwirtschaft, jetzt, bei Verlust derselben, in einer abhängigen Wirtschaftsweise. Diese hatte ihre Ursachen in der Umwandlung der jungsteinzeitlichen Bewaffnung in eine andere, die auf Metallwaffen beruhte, und solches war also demnach kein bloßer äußerlicher Wechsel oder Austausch. Mit der Metallbewaffnung war vielmehr eine andere Kampfesweise und Kampfesstrategie verbunden, die sich, was bei einer neolithischen Bewaffnung in diesem Maße überhaupt nicht möglich gewesen wäre, so rasch weiterentwickelte — und der Hintergrund war ja die anwachsende Auseinandersetzung mit den anderen Stämmen —, daß ein *Ausstieg* nicht mehr möglich war oder nur noch bei einem Zusammenbruch der gesamten gesellschaftlich-politischen Organisation hätte stattfinden können.

Da die Bewaffnung im Laufe der Perioden der älteren Bronzezeit stetig differenzierter und umfangreicher wurde, stiegen auch die Kosten, die in Form landwirtschaftlicher Überschußprodukte abgegolten wurden. Um solche aufzubringen, ist es naheliegend, daß die Erwerber für die Erweiterung der Bewaffnung gezwungen wurden, zu den Mitteln der Überweidung und/oder beim Ackerbau zu der verstärkten Brandrodung zu greifen. Das Ergebnis war eine immer größer werdende Umweltzerstörung, nämlich der Wälder und ihrer guten Böden. In die vom Waldbewuchs frei gewordenen Räume drang — in Nordwestdeutschland und in viele andere atlantische Anrainerländer Europas (Binnenländer dürften vielleicht andere Umweltzerstörungen erlitten haben) — die Heide vor, nahm schließlich große Gebiete ein und verwandelte jetzt vollends den vorher qualitätvollen alten Boden in einen der unfruchtbarsten. Dieser Zustand blieb bis in unsere Zeiten hinein irreparabel und vergrößerte sich gebietsmäßig noch erheblich. Erst im vorigen Jahrhundert wurde durch den anorganischen Kunstdünger eine Abhilfe für diese Böden gefunden. Der Beweis für diese urgeschichtliche Umweltzerstörung ist durch die pflanzensoziologischen Untersuchungen von R. Tüxen, von denen im vorletzten Abschnitt berichtet wurde, erbracht worden. Die entsprechenden Belege zeigten, nach geringen Auswirkungen im Endabschnitt der jüngeren Steinzeit, das erste große Anwachsen solcher verderblichen Folgen gerade in der älteren Bronzezeit.

Der Kollaps der die Kultur der älteren Bronzezeit Norddeutschlands und Nordeuropas tragenden verschiedenen Stammensgemeinschaften, aber auch (bei einer wohl etwas variierten, im Prinzip jedoch wohl gleich starken Umweltzerstörung) der Stammesgemeinschaften der mitteleuropäischen Hügelgräberkulturen der Bronzezeit sowie weiterer europäischer Bronzezeitkulturen muß am Ende der älteren Bronzezeit bzw. dem Ende der weiterhin eben genannten Bronzezeitkulturen erfolgt sein. Über den radikalen Abbruch und den tiefen Graben, der die älterbronzezeitlichen Kulturen von den nachfolgenden trennte, haben wir oben vorgreifend schon etwas berichtet.

Doch noch vor dem Ende der älteren Bronzezeit, zu Beginn ihres letzten Abschnitts, der Periode III, geschah noch etwas anderes, dem im Rahmen der hier jetzt angestellten Betrachtungen noch weitere Beachtung zukommen dürfte: die Entstehung des Häuptlingstums im Ilmenaugebiet und die damit verbundene Eingliederung einiger benachbarter, vorher selbständiger Gebiete. Auch hierüber hatten wir ausführlich berichtet. Hatten wir die Herausentwicklung einer solchen politischen Struktur − als vorher hier nicht vorhandene Herrschaftsform mit einer richtigen Erzwingungsgewalt − ursächlich in den allgemein stark evolutiven Verhältnissen der ersten Metallzeitepoche gesehen, so kann ein solcher Vorgang jetzt vielleicht noch eingehender erklärt werden.

Bei den letzten Betrachtungen waren wir darauf gestoßen, daß der im Laufe der älteren Bronzezeit verstärkte Erwerb metallener Waffen die Gemeinschaften zwang, ihre landwirtschaftlichen Produktionen in einer Art und Weise zu intensivieren, daß die vorher geschilderten Umweltschäden zu entstehen begannen. Während Landgewinn bis dahin nicht zu den Zielen kriegerischer Unternehmungen der Stammesgemeinschaften gehörte, was mit ihrer Gemeinschaftsordnung auf segmentärer Basis zusammenhing, ist mit dem Häuptlingstum die Eroberung fremden Bodens verbunden. Da nämlich dem Häuptling schon in seinem alten Stammensgebiet der gesamte Boden gehörte, den er an seine Untertanen lehnsartig gegen Abgaben verlieh, konnte er sich jetzt durch Kriege weiteren Boden verschaffen. Mit der vermehrten Produktion ließen sich nun weitere Waffen erwerben, die der inneren Machterhaltung, der Verteidigung und der weiteren Eroberung dienten. Solche Vorgänge, wie sie hier beschrieben wurden, könnten zumindest einen der Wege zum Häuptlingstum darstellen, der durch seine prozeßhafte Bedingtheit unserem Verständnis näherkommt.

Unter welthistorischer Perspektive kann man noch folgenden Hinweis als sehr interessant für die hier behandelten Entwicklungen ansehen: An der Basis der alten Hochkulturen Ägyptens und Vorderasiens, also kurz vor deren Entstehung, tritt (fast 1 1/2 Jahrtausende vor unseren mitteleuropäischen Gebieten) das erste Metall in Form von Kupfer auf, aus dem auch Waffen gefertigt wurden. Davor bestanden schon lange existierende neolithische Dorfkulturen, die aufgrund der besonderen räumlichen Bedingungen vieler alter Hochkulturen (langgestreckte fruchtbare Flußtäler) sehr entwickelt waren. Dazu gehörten sicher differenzierte Gemeinschaftsorganisationen, auch mit führenden Persönlichkeiten, um alle notwendigen Arbeiten, die mit den periodischen fruchtbarkeitsbringenden Überschwemmungen und der Zuleitung des Wassers verbunden waren, in die Wege zu leiten. Daß nach der Übernahme des Metalls der Sprung in die Hochkultur erfolgte, dürfte (neben der neolithischen Grundlage) nicht unabhängig von jenen weiterwirkenden Kräften gewesen sein, die aufgrund unserer Untersuchungen mit dem Besitz des Metalls verbunden waren und die sich vorzüglich auf die Herausentwicklung jeweilig höherer gesellschaftlicher und politischer Strukturen richteten.

Ansonsten oft verdienstvolle Werke, vorzüglich der amerikanischen Forschung über die Entwicklung der Kultur, befassen sich mit Recht auch ausgiebig mit den vorher genannten alten Hochkulturen in Ägypten, und im alten Orient. Was dabei aber zu wenig berücksichtigt wird, ist die Tatsache, daß die Ausstrahlungskraft dieser Hochkulturen zwar für die damalige Zeit sehr beachtlich war, daß aber von Europa nur noch im Rahmen gewisser Handelsverbindungen ein kleiner südöstlicher Zipfel erreicht wurde, nämlich Kreta und Teile des griechischen Festlandes.

Das vorgeschichtliche Europa ging eigene Wege. Hier gab es bereits um 5.000 v. Chr. ein Neolithikum, das wirtschaftlich, gesellschaftlich und politisch gut funktionierte. Gleichwohl dürfte es auf diesen Gebieten weniger differenziert gewesen sein als die entsprechenden neolithischen Kulturen im Gebiet der genannten späteren Hochkulturen, bedingt durch die jeweils verschiedenen Umwelten und die daraus für die Bewohner entstehenden Lebensbedingungen. Die Ausgangslage im Neolithikum für das beginnende Metallzeitalter muß zwar nicht prinzipiell, doch graduell jeweils verschieden gewesen sein und damit auch Ausmaß und Art der gesellschaftlichen und politischen Entwicklungen, die sich dann in dem neuen Zeitalter herausbildeten.

Die vorliegende Arbeit schließt zeitlich im Norden um 1.000 v. Chr., im anschließenden Süden etwas früher. Auch in der Folgezeit erwies sich – trotz dazwischenliegender Kulturabbrüche – das Metall für manche Gebiete als unentbehrlich für die Herstellung neuer Waffen. Für das letzte vorchristliche Jahrtausend kann man das bei den militärischen Ausrüstungen der klassischen Hochkulturen von Griechenland und Rom sehr gut beobachten. Selbst Kampfgeräte wie die schon vorher erfundenen Streitwagen, die zu großen Teilen aus Holz bestanden, bedurften für wichtige Elemente, wie für die Radnaben, des Metalls. Nach Erfindung des Schießpulvers am Anfang des Spätmittelalters bestanden die Läufe der ersten *Feuerrohre* anfangs aus Hartholz, das mit Blech verstärkt wurde, kurze Zeit darauf gänzlich aus Schmiedeeisen. Die ersten Flugzeuge Anfang unseres Jahrhunderts besaßen Motoren und andere Teile, die aus Metall bestanden, während die eigentlichen Flugkörper aus Holz und Leinen gefertigt waren. Es dauerte nur kurze Zeit bis zu den Ganzmetallflugzeugen, die dazu laufend leistungsfähiger wurden.

An dieser Stelle soll und kann natürlich keine Metall- und Waffengeschichte schrifthistorischer Zeiten gegeben werden, sondern hier soll lediglich auf die Richtung einer Entwicklung hingewiesen werden, deren Wurzeln wir in der ersten, noch vorgeschichtlichen Metallzeit entdeckten.

Wenn auch in den jüngeren schriftgeschichtlichen Zeiten das Metall langsam immer mehr in den Alltag mit seinen Bedürfnissen einzog, jene Tendenz, wie hier nochmals wiederholt sei, bleibt in diesen Folgezeiten bestehen, daß nämlich ein riesiger Teil der Überschußproduktion der Gemeinschaften für die militärische Bewaffnung aufgebracht wurde. Dies genauer darzustellen, bleibt den schrifthistorischen Disziplinen und deren Nachbarfächern vorbehalten. Die größten Produktionserträge wurden jedenfalls in den in der Geschichte rasch aufeinanderfolgenden Kriegen ausgegeben. Die dadurch hervorgerufene Verknappung aller zivilen Güter und die große Not allgemein kann man jedoch ohne große weitere historische Untersuchungen den vorliegenden Geschichtsbüchern leicht entnehmen. Auch wenn es in den vormetallzeitlichen Epochen bereits kriegerische Auseinandersetzungen gegeben hat, richtige Kriege größeren Ausmaßes begannen erst mit der Inbesitznahme des Metalls durch den Menschen und steigerten sich ständig bis zu den Ausmaßen von heute.

Neben dem Verlust der Subsistenzwirtschaft und dem Aufkommen immer größerer Kriege durch den für neue Bewaffnungen benutzten Metallbesitz (und später hinzukommende weitere Kampfstoffe) trat, mit den vorigen Elementen verbunden, die politische Herrschaftsform mit Erzwingungsgewalt. Auch hier vergrößerten und verstärkten sich aus den ersten Anfängen, dem Häuptlingstum heraus, die Formen bis hin zum Staat.[100] Daß an dieser Hauptentwicklung weitere Kräfte flankierend mitwirkten, ist klar, soll aber hier nicht breiter dargestellt werden.

Die Erkenntnis über die Wurzeln der genannten Folgeerscheinungen in schriftgeschichtlicher Zeit bis heute sollte gleichzeitig den Historikern die Einsicht vermitteln, welche Bedeutung eine so wie hier betriebene Vorgeschichtswissenschaft auch für ein universaleres Geschichtsbild haben könnte. Mein Vertrauen darauf, daß die im Eingangskapitel erwähnte und kurz beschriebene *Neue Geschichtswissenschaft* solches leisten könnte, ist, wie ich hoffe, nicht unbegründet. Auch für die Nachbarfächer der Ethnologie, die von ihrem Quellengut her ja nur schwierig in eine größere historische Tiefe eindringen kann, und der Soziologie sollten unsere Ergebnisse von Nutzen sein und einen Einbau in ihre Konzeptionen ermöglichen.

Würde so eines Tages der Metallbesitz auch für die schrifthistorischen Zeiten in gleicher zentraler Bedeutung für die damit verbundenen Folgen in Wirtschaft, Gesellschaft und Politik der Völker erkannt bzw. anerkannt werden, könnten vielleicht inter- oder besser überdisziplinär folgende Übereinstimmungen erzielt werden. Einmal eine wirkliche Anbindung der Zeiträume der archäologischen und der schrifthistorischen Geschichte in einer umfassenderen Universalgeschichte; zum anderen für die bei den Historikern vorrangig wichtige, doch immer auch wieder neu diskutierte Epochengliederung die Übernahme des Begriffs *Metallzeitalter* als eines – im Sinne einer umfassenden Überordnung – äußersten Oberbegriffs. Dieser würde damit im Rahmen der Epochengliederung eine sinnvolle Klammer darstellen zwischen den letzten Jahrtausenden der Vorgeschichte und der dann folgenden Schriftgeschichte. Daß solches nicht schnell, sondern nur in einer engen und länger dauernden Zusammenarbeit der beteiligten Disziplinen zu erreichen wäre, dürfte den Notwendigkeiten und Bedingungen auch *wissenschaftlicher Koalitionen* entsprechen.[101]

Ist also die Rezeption der Ergebnisse durch Nachbarwissenschaften wichtig, soll noch auf eine besondere Situation hingewiesen werden, in der sich jeder Autor einer als historisch verstandenen Untersuchung befindet. Diese leider nicht allgemein als selbstverständlich angesehene Situation besteht darin, daß man als Autor auch selbst zur Geschichte und besonders zur eigenen zeitgenössischen Geschichte gehört und sich mit ihr auseinandersetzen muß. Manche Historiker sind allerdings immer noch der Meinung, daß die Geschehnisse der eigenen Zeit sich erst *absetzen* müssen, um erst später als Geschichte verstanden und behandelt werden zu können.

Bei den in unserer Untersuchung erkannten prozeßhaften Entwicklungen mit entsprechenden Strukturen, die sich heute bis ins Riesige gesteigert haben, ist dies ganz unmöglich. Alle Lebensgebiete, und zwar der ganzen Menschheit, sind von solchen Prozessen betroffen, vorab jene, die hier näher behandelt wurden: Wirtschaft, Gesellschaft, Politik und Umweltverhalten. Dazu kommen nicht minder wichtige Wechselwirkungen mit anderen Bereichen des Menschen.

Diesen Zuständen und Ereignissen der eigenen Zeit gegenüber kann man sich nicht stumm und gleichgültig verhalten. Dennoch wollen wir hier nicht mit einem Katalog einzelner Vorschläge aufwarten (dies ist ein anderes, doch notwendig zu bearbeitendes Feld), sondern wollen uns auf nur Weniges und aus unserem eigenen Anliegen Herkommendes beschränken.

Zu allem, was heute gegenüber den die ganze Menschheit bedrohenden Zuständen – die es in diesem Maße noch niemals zuvor gegeben hat – hilfreich sein könnte, gehört notwendig auch das Bild, das wir uns vom Menschen machen. Meist ist dieses Bild unklar oder Vorstellungen entnommen, die sich nur an aktuell in Erscheinung tretenden Zügen des Menschen orientiert haben.

In unseren Bemühungen haben wir versucht, die Wurzeln zu erkennen und aufzudecken, aus denen sich u. U. auch letztlich die kulminierend gewachsenen Zustände von heute herausentwickelten. Dabei haben wir auch kurz die Lebensverhältnisse geschildert, wie sie vor dem Beginn der prozeßhaften Entwicklung des Metallzeitalters existierten und die noch nicht von den negativen Auswirkungen des neuen Zeitalters berührt waren.

Mit diesen vormetallzeitlichen Verhältnissen gilt es, sich künftig näher zu befassen. In unserer vorliegenden Darstellung haben wir jedoch bereits darauf hingewiesen, daß entscheidend die dort vorhandene Subsistenzwirtschaft mit den ihr entsprechenden gesellschaftlich-politisch-ökologischen Strukturen war, die im Verlauf der folgenden Bronzezeit zugrunde ging.

Wir wollen hier heute nur auf die allgemeine Bedeutung von Strukturen und Zuständen jener Zeiten hinweisen, die sie als Reservoir für Überlegungen erscheinen lassen, die sich auf unsere eigene Zeit beziehen. Gegenüber den bedrohlichen Zuständen unserer Tage — Überbevölkerung, Hoch- und Überrüstung, maßloses Wirtschaftswachstum, Umweltzerstörung—besaßen die vormetallzeitlichen (und auch heute noch an einigen Stellen der Erde in dieser Form lebenden) Gesellschaften eine weitaus höhere Lebensqualität: durch ein besseres Miteinander der in segmentärer Ordnung lebenden Teilgruppen eines Stammes, durch ein besseres gegenseitiges Auskommen der verschiedenen, sich zwar öfters in Form von Streitigkeiten, doch nicht in Form von richtigen Kriegen mit Landeroberung bekämpfenden Stämme und durch eine die Umwelt als ihre eigene Lebensbasis schonende und auch für alle anderen Lebenszustände bessere Wirtschaftsweise.[101]

Die Legitimität unseres Vorgehens ist auch neueren Forschungen zum Bild des frühen Menschen zu entnehmen.[102] Danach sind bereits die frühen und ältesten Vertreter der Menschheit, bis zu ihrer Entstehung vor etwa zwei Millionen Jahren zurück, als mit einem in körperlicher und geistiger Hinsicht vollmenschlichen — und uns Heutigen prinzipiell gänzlich gleichen — Wesen ausgestattet anzusehen. Dies steht heute noch der Auffassung mancher anderer Wissenschaftler, dazu einer breiten Öffentlichkeit, konträr entgegen, die an einem Bild des Menschen festhalten, das, je weiter nach rückwärts, den Menschen immer roher und geistig minderwertiger zeigt. Nach dieser Auffassung sind die von den damaligen Menschen geschaffenen Lebensverhältnisse für unsere eigene Zeit und ihre Probleme völlig wertlos und könnten in ihrer Bedeutung höchstens als abschreckendes Beispiel gegenüber den, nach dieser Auffassung, hochwertigen Lebensumständen der Jetztzeit dienen. Es erübrigt sich — da genügend bekannt — dagegen das wahre Bild unserer Zeit aufzuzeigen.

Zwei Dinge sind es vor allem, auf denen jene Anschauung, die sich im vorigen Jahrhundert herausgebildet hat, beruht. Einmal ist es die Auffassung, daß sich auch im Ablauf der von den Menschen geschaffenen Lebensverhältnisse eine evolutionistische Entwicklung vom Niederen zum Höheren vollzogen hätte (was aber nicht mit der Darwinschen Evolutionslehre übereinstimmt, die ja die Entstehung der Arten im ganzen zum Inhalt hat). Zum zweiten ist es der Fortschrittsglaube mit der gleichen Anschauung einer Entwicklung des Menschen und seiner Kulturen vom Niederen zum Höheren, die sich nun aber zielgerichtet erweitert zum *immer Höheren in alle Zukunft*. Dieser Glaube wird jedoch von der Erkenntnis über die wirkliche diesbezügliche heutige Entwicklung mehr und mehr widerlegt, doch bildet er immer noch die wichtigste ideologische Grundlage aller Industriegesellschaften und wird von dort in die *unterentwickelten* Länder der Dritten Welt importiert, wo sich, wie bekannt, die Folgen rasch in erschreckender Weise zeigen.

Wir haben die Hoffnung, daß die von einer historisch arbeitenden Archäologie erfaßten Dimensionen einer gesamtmenschheitlichen Geschichte dazu beitragen können, unserer Zeit ein besser begründetes Bild des Menschen zu vermitteln. Durch die Erkenntnis, daß der Mensch bereits zwei Millionen Jahre menschlich auf der Erde lebt, erweist sich die Zeitspanne bis zum dreieinhalb- bis viertausend Jahre alten Beginn des Metallzeitalters in Europa als winzig. Im universalgeschichtlichen Sinn ist demnach der Beginn jener Epoche wirklich von *gestern*, mit dem sich — nach allen Grundprinzipien der Geschichtswissenschaft — ernsthaft zu beschäftigen, dringend geboten erscheint, zumal jene Epoche mit ihren riesig gesteigerten Folgeerscheinungen bis ins Heute reicht. Das gleiche innere Beschäftigungsgebot gilt ebenso für die davorliegende und oben angesprochene Epoche, da auch sie erst von *vorgestern* ist. Die aus dieser Beschäftigung zu erwartende Einsicht trägt vielleicht dazu bei, unser Denken über den Menschen und die menschlichen Zustände in richtigere Relationen zu lenken und daraus richtigere Schlüsse für die Probleme der Gegenwart und der Zukunft zu ziehen.

Anmerkungen

1 Der Begriff *interdisziplinäre Zusammenarbeit* drückt die Kooperation verschiedener Fächer aus, die aber auch derart sein kann, daß man sich gegenseitig als *Hilfswissenschaft* ansieht, wobei nur bestimmte Spezialauskünfte erwartet werden (sehr oft bei der Unterstützung naturwissenschaftlicher Disziplinen für geisteswissenschaftliche Fächer), ohne daß es zu einer weiteren, inneren Zusammenarbeit solcher Fächer kommt. Unter *Interdisziplinarität* hingegen ist eine innere Haltung und ein andauerndes Bestreben zu verstehen, miteinander zusammenzuarbeiten, um gemeinsam weitergesteckte Forschungsziele zu erreichen — oder zumindest Fragen zu stellen, die das einzelne Fach für sich allein nicht beantworten kann. Interdisziplinarität entspringt überhaupt erst aus der Einsicht in die Beschränktheit des eigenen, nur mit seinen Mitteln arbeitenden Faches und wird letztlich getragen vom ständigen inneren Antrieb zu weiterer Erkenntnis.

2 Karl Jaspers, Vom Ursprung und Ziel der Geschichte, Ausgabe 1955, 38 ff.

3 Siehe Anmerkung 5. An dieser Stelle: a. a. O. 238 f.

4 W. E. Mühlmann, Umrisse und Probleme einer Kulturanthropologie, in W. E. Mühlmann, E. W. Müller (Hrsg.), Kulturanthropologie 1966, 15 ff. Anschließende Zitate: 15; 16 f.

5 R. Girtler, Kulturanthropologie 1979.

6 R. Girtler a. a. O. 7.

7 R. Girtler a. a. O. 7.

8 R. Girtler a. a. O. 46 f.

9 J. Stagl, Kulturanthropologie und Gesellschaft. Eine wissenschaftssoziologische Darstellung der Kulturanthropologie und Ethnologie, zweite, durchgesehene, verbesserte und mit einem Nachwort versehene Auflage 1981.

10 Georg Iggers, Neue Geschichtswissenschaft. Vom Historismus zur Historischen Sozialwissenschaft 1978.

11 H.-U. Wehler, Geschichte als Historische Sozialwissenschaft, 1977.

12 M. Bloch, F. Braudel, L. Febvre, Schrift und Materie der Geschichte. Vorschläge zur systematischen Aneignung historischer Prozesse. Herausgegeben von Cl. Honegger 1977. — Dieses Buch bietet eine gute Einführung in den Fragenkomplex.

13 Das *Dreiperiodensystem* muß Thomsen schon 1824 in der von ihm aufgebauten Schausammlung des Nationalmuseums in Kopenhagen angewandt haben, wie aus einem Briefwechsel bewiesen wird. Zu einer Veröffentlichung kam er erst später: Chr. Thomsen, Leitfaden zur nordischen Altertumskunde 1836.

14 Siehe dafür: H. J. Eggers, Einführung in die Vorgeschichte 1959, 88 ff.

15 H. J. Eggers a. a. O. 105 ff.

16 O. Montelius, Die älteren Kulturperioden im Orient und in Europa I, 1903.

17 In der Zeitschrift für Anthropologie, Ethnologie und Urgeschichte.

18 Der Begriff *Kulturkreis* wird auch im Fach der Ethnologie gebraucht und nimmt hier wissenschaftsmethodisch und wissenschaftsgeschichtlich einen wichtigen Platz ein (siehe hierfür: W. Hirschberg, Wörterbuch der Völkerkunde, 1965, 25). Er wurde 1898 von L. Frobenius in die Völkerkunde eingeführt, wobei es interessant ist, daß zu etwa der gleichen Zeit auch Kossinna seine Kulturkreis-These für die vorgeschichtliche Archäologie vorstellte. Anschließend an Frobenius wurde der Begriff in der Völkerkunde genauer von F. Graebner formuliert. Er bezeichnet — zitiert nach Hirschberg a. a. O. — *den für ein bestimmtes Gebiet charakteristischen Komplex von Kulturelementen, die sich zur Hauptsache auf dieses Gebiet beschränken und alle notwendigen Kategorien des Kulturlebens umfassen, also etwa religiöse Vorstellungen, soziale Verfassung, Wohnungsart, Waffen, Gerät usw.*

Hier wird bereits der Unterschied zum Kulturkreisbegriff der prähistorischen Archäologie klar. Die Ethnologie schöpft bei der Erforschung ihrer Kulturen sozusagen *aus der Fülle des Lebens*, die Prähistorie bearbeitet *tote* Kulturen.

Hier hat dazu der *Zahn der Zeit* viele materielle Kulturgüter oft restlos zerstört, je weiter in der Regel zurückliegend, desto mehr. So sind es vor allem die Kulturhinterlassenschaften aus anorganischem Material, die die Regale der archäologischen Museen füllen, Überbleibsel aus organischem Material gehören dagegen zu den größten Seltenheiten. Schon eine solche naturgemäß entstandene Auswahl k a n n die Ausrichtung einer prähistorischen Wissenschaft, die seit dem Ende des vorigen Jahrhunderts die kulturanthropologisch bestimmte Zusammenarbeit mit den entsprechenden Nachbarfächern verließ und seitdem sich fast gänzlich auf ihre eigenen Methoden beschränkt, beeinflussen; eine seit einiger Zeit gepflegte Zusammenarbeit mit den Naturwissenschaften ist bei aller Nützlichkeit hierfür nicht ausreichend. Die eben genannte, naturbedingt entstandene Quellenauswahl der Archäologie steht nämlich in ihrem so auffällig unterschiedenen Mengenverhältnis zwischen Kulturgegenständen aus anorganischen und organischen Materialien diametral dem Verhältnis entgegen, wie es die lebenden Kulturen der Völkerkunde zeigen (und daß man g r u n d s ä t z l i c h die Lebensart der prähistorischen Gemeinschaften mit der der Naturvölker vergleichen muß, wird auch kaum ein Vertreter

der Archäologie bestreiten). Hier stellen die Kulturgegenstände aus anorganischen Materialien nur ein Minimum dar, die aus organischen Materialien aber das weitaus größte Maximum.
Der gravierendste Quellenausfall der Prähistorie existiert aber bei den immateriellen Kulturelementen, die der Ethnologie in Fülle zur Verfügung stehen. Bei einer solchen Forschungsgrundlage kann die Ethnologie nun auch die Einbindung der materiellen Kulturgüter in durch die immateriellen Quellen erkannten verschiedenen Lebensbereiche erkennen, was die Prähistorie bei der Masse ihrer materiellen Kulturhinterlassenschaften wieder vor schwierige Aufgaben stellt. Zwar hat die Archäologie seit geraumer Zeit auch Befunde im Gelände entdeckt, die andeuten, daß sie mit den öfters dazugehörigen Fundgegenständen in eine besondere Lebenssphäre gehören, darunter etwa die des Kultischen oder Religiösen. Die Methoden der Archäologie allein ermöglichen es aber nicht, über eine ganz allgemein beschriebene Deutung eines solchen Befundes hinauszugehen. Die aufgrund der mangelhaften Quellenlage oft gänzlich fehlende Erkenntnis etwa der sozialen, politischen und weiterer Lebenszustände, gestattet es nicht, das Phänomen derartiger Befunde einem bestimmten Lebensbezirk zuzuordnen. Solches aber ist notwendig, um auch den alten Zielsetzungen der prähistorischen Archäologie aus dem vorigen Jahrhundert gerecht zu werden.
Eine Abhilfe ist nur durch den Wiedereintritt dieser Disziplin in den Kreis der durch die Kulturanthropologie verbundenen Fächer möglich. Eine durch Interdisziplinarität gezeichnete Zusammenarbeit mit der Ethnologie ist besonders vonnöten. Hierbei geht es nicht um die Erklärung von Einzelheiten im prähistorischen Bereich, sondern um die Gewinnung von Modellvorstellungen, gewonnen aus ganzheitlichen Forschungsergebnissen der Ethnologie. Vergleich und eine anschließende Weiterarbeit auf dem eigenen Feld sind hier die Wege für die Prähistorie.
Zum völkerkundlichen Kulturkreisbegriff sei abschließend noch erwähnt, daß er nach seiner Begründung durch Frobenius durch die Ethnologen Ankermann, Graebner, P. W. Schmidt, P. W. Koppers u. a. zu einer andersartigen Kulturkreis-Lehre erweitert wurde. Sie hatte die Aufstellung von globalen, sich chronologisch einander ablösenden Kulturkreisen zum Inhalt, ein Konzept, das sich in dieser Form später nicht erhalten ließ und für die hier behandelten Probleme auch nicht von Belang ist (siehe dazu Hirschberg a. a. O. 25 f. mit dem Artikel *Kulturkreis-Lehre*). Diese Lehre stand in Zusammenhang mit der kulturhistorischen Schule der Ethnologie, die, mit verbesserten Methoden, heute noch wirksam ist. Bemerkenswert für diese Schule ist, daß sie schon seit ihren Anfängen eine Zusammenarbeit mit der Prähistorie zur Erreichung ihrer Ziele für notwendig hielt, wofür diese in der Großzahl ihrer offiziellen Vertreter aber damals wenig Neigung verspürte.

19 Leben und Wirken Kossinnas sind ausführlich dargestellt in: H. J. Eggers a. a. O. 199 ff. — Die vorigen Zitate: 210 f.

20 J. Bergmann, Ethnosoziologische Untersuchungen an Grab- und Hortfundgruppen der älteren Bronzezeit in Nordwestdeutschland, Germania 46, 1968, 224 ff. — Hier 225.

21 J. Bergmann, Ethnos und Kulturkreis. Zur Methodik der Urgeschichtswissenschaft, Prähistorische Zeitschrift 47, 1972, 105 ff.

22 J. Bergmann, Zum Begriff des Kulturkreises in der Urgeschichtswissenschaft, Prähistorische Zeitschrift 49, 1974, 129 ff.

23 J. Bergmann, Zum Kulturkreis. Zur Denkweise in der Urgeschichtswissenschaft, Archäologische Informationen 2—3, 1973—1974, 189 ff.

24 J. Bergmann, Analogieschluß und interdisziplinäre Zusammenarbeit, Archäologisches Korrespondenzblatt 3, 1973, 269 ff.

25 Ausführlich dargelegt in Bergmann a. a. O. 1974.

26 E. Wahle, Typologisches und wirklichkeitsnahes Denken in der prähistorischen Forschung, Soziologus, Neue Folge 1, 1951, 44 ff. Neu abgedruckt in Wahle 1964 (hier Anmerkung 27), danach die Seitenangaben für die jetzt folgenden Zitate im Text.

27 E. Wahle, Tradition und Auftrag prähistorischer Forschung. Ausgewählte Abhandlungen als Festgabe zum 75. Geburtstag am 25. Mai 1964, herausgegeben von Horst Kirchner, 1964.

28 J. Bergmann a. a. O. 1974.

29 Denkt man an Umfang und Dauer solcher Bemühungen, kann man hierfür eigentlich nur H.-J. Hundt nennen. Als langjähriger Direktor der Urgeschichtlichen Abteilung am Römisch-Germanischen Zentralmuseum in Mainz, dem auch die Leitung der Werkstätten und Labors oblag, hat er hier neben solchen theoretisch-wissenschaftlichen Forschungen auch viele der Sache dienliche praktische Untersuchungen durchgeführt.

30 I: J. Bergmann, Zur frühen und älteren Bronzezeit in Niedersachsen, Germania 30, 1952, 21 ff.
II: J. Bergmann, Die Lüneburgische Bronzezeit, ungedruckte Marburger Dissertation 1941.

31 J. Bergmann, Die ältere Bronzezeit Nordwestdeutschlands. Neue Methoden zur ethnischen und historischen Interpretation urgeschichtlicher Quellen. Kasseler Beiträge zur Vor- und Frühgeschichte 2, Teil A und B, 1970.

32 J. Bergmann, Ethnosoziologische Untersuchungen an Grab- und Hortfundgruppen der älteren Bronzezeit Nordwestdeutschlands, Germania 46, 1968, 224 ff.

33 Karte 2 ist eine Wiedergabe von F. W. Putzger, Historischer Weltatlas, 1956—1957, wofür der Verlag Velhagen und Klasing die freundliche Erlaubnis erteilte.

34 H. Pieṣker, Untersuchungen zur älteren Lüneburgischen Bronzezeit, 1958.

35 Siehe Anmerkung Nr. 31, dort Teil A, Tabelle 1.

36 Siehe z. B.: H. Fr. Müller, Das alamannische Gräberfeld von Hemmingen (Kr. Ludwigsburg), 1976.

37 I. W. Schüberler, Der Langenberg bei Langen. Ein Grabhügel der älteren Bronzezeit. Jahrbuch der Männer vom Morgenstern 11, 1908—09. 110 ff. — II. Ders., Der Langenberg bei Langen. Prähist. Zeitschr. 1, 1909. 200 ff.

38 Piesker a. a. O. 1958, 31, Taf. 42, 2—43.

39 K. H. Jacob-Friesen, Einführung in Niedersachsens Urgeschichte, 1931.

40 F. W. Henning, Landwirtschaft und ländliche Gesellschaft in Deutschland 1, 800—1750, 1979.

41 Piesker a. a. O. 1958, Taf. 65, 1.

42 Piesker a. a. O. 1958, Taf. 66, 2.

43 Aus: E. Wels-Weyrauch, Schmuckausstattungen aus Frauengräbern der jüngeren Hügelgräberbronzezeit in Deutschland, in: Ausgrabungen in Deutschland, Römisch-Germanisches Zentralmuseum Mainz 1975, Teil 3, 300 ff.

44 Z. B. Großer Historischer Weltatlas 1954, I. Teil, Zeitdarstellung Spalte C/D. Dazu Erläuterungsband, I. Teil, Spalte 42 ff.

45 Z. B. W. Torbrügge, Vor- und frühgeschichtliche Flußfunde. Zur Ordnung und Bestimmung einer Denkmälergruppe, 51.—52. Bericht der Röm.-German. Komm. 1970/71.

46 Ich habe hier den im Fach der prähistorischen Archäologie üblichen Ausdruck *Hortsitte* nur mit Vorbehalt gebraucht. Eine weitere gleiche Wortverbindung stellt der Ausdruck *Grabsitte* dar. Man hat solche Bezeichnungen deshalb gewählt, weil man meistens noch nicht genau über Vorgänge und Hintergründe derartiger Fälle Bescheid wußte. Diese Ausdrücke und Wortschöpfungen klingen auf der einen Seite recht gut, doch sind sie gerade deshalb etwas *hochgeschraubt*, weil man meistens sehr wenig über die Sache selbst weiß. Dies hat verschiedene Gefahren. Einmal versperrt man sich den Weg zu weiteren Fragen, weil man sich mit einem solchen Ergebnis zufrieden gibt, indem man glaubt, bereits eine *Sitte* festgestellt zu haben. Zum anderen könnten spätere Antworten in ganz andere Richtung weisen, die mit dem Wort *Sitte* nicht richtig bezeichnet wären. Über das Wort *Grabsitte* haben wir in einer Veröffentlichung — Bergmann a. a. O. 1968, 233 f. — bereits einige Überlegungen angestellt, auf die hier verwiesen sei.

47 Bergmann a. a. O. 1970.

48 Bergmann a. a. O. 1970.

49 Bergmann 1970, Teil B, Karte 13.

50 Bergmann 1970, Teil A, Karte 1.

51 Bergmann 1970, Teil B, Karte 32.

52 Bergmann 1970, Teil B, Karte 40.

53 Bergmann 1970, Teil B, Karte 41.

54 Bergmann a. a. O. 1970.

55 Mit diesem soeben benutzten Bild der *Aneinanderreihung von Buchstaben* läßt sich auch trefflich das — von mir als solches aufgedeckte (s. Kapitel I und II) — Verfahren der *künstlichen Konstruktion von Kulturkreisen* illustrieren. Behaupten doch die Fachgelehrten, daß solche *aneinandergereihten Buchstaben* (nämlich die kartographisch übereinandergelegten Typenverbreitungen), ein *Wort* ergäben, von dem nur einschränkend gesagt wird, daß es *noch nicht lesbar* sei, —so wie ein wirkliches Wort (und nicht *Kunstwort*) einer neu entdeckten Schrift — was offenbar aber erwartet wird. Gerade hier beginnt der Irrtum bzw. das Übersehen der Künstlichkeit des vom Forscher selbst geschaffenen Gebildes *Kulturkreis*, von dem man — und das ist in dieser Verbindung wichtig — noch Aussagen über die Art der Gesellschaftlichkeit der hinter dem jeweiligen Kulturkreis angenommenen *Trägergruppe* erwartet. Zur Begründung dieser Auffassung sei hier noch einmal wiederholt, daß alle diese (auf einzelnen Typenkarten dargestellten und zu einem *Kulturkreis* vereinigten) Bronzegegenstände sich fast niemals zu einem wirklich geschlossenen und abgegrenzten Raum (*Kreis*) zusammenschließen, was für eine erwartete, gesellschaftlich geschlossene Trägergruppe aber notwenig wäre. Vielmehr ist bei vielen Bronzeformen festzustellen (für Beispiele s. Anmerkung 28 mit Bergmann 1974), daß sie zu größeren und oft untereinander ganz entgegengesetzten geographischen Verbreitungen gehören.

Man muß daraus *Importe* aus verschiedenen Richtungen annehmen und die Vorstellung von die verschiedenen gesellschaftlichen und politischen Gruppen beliefernden Wanderhandwerkern wird allein schon von hierher immer deutlicher. Was a m O r t, also bei den belieferten Gruppen, zu erforschen wäre, ist, was solche Gruppen mit den gelieferten Gegenständen gemacht haben. Die von mir dafür entdeckten Bereiche von gebietsmäßig geschlossenen sich abzeichnenden Bewaffnungs- und Trachtarten sind eine Antwort darauf.

Vielleicht überflüssig zu betonen, daß mit unserer Ablehnung des *künstlichen Kulturkreises* nur der von der prähistorischen Archäologie fachspezifisch aufgefaßte Begriff gemeint ist und nicht die Bedeutung, die dieses Wort z. B. bei einigen kulturwissenschaftlichen Disziplinen besitzt. Gerade bei solchen, im wesentlichen auf schrifthistorische Zeiten bezogene Fächer wird übrigens klar, daß ihre Kulturkreise nicht die politischen Trägerschaften oder Gebilde widerspiegeln, sondern (vielleicht in Verbindung mit ihnen) andere Kräfte und Personengruppen. (Siehe auch Anmerkung 20).

56 Siehe dafür Bergmann 1973/74, wo auch auf eine ganzheitlich ausgerichtete Kulturwissenschaft hingewiesen wird.

57 Die Darstellungen in den jetzt folgenden Unterabschnitten des Hauptabschnitts 7 sind dem Kapitel X (Deutung) meiner Arbeit über die Ältere

Bronzezeit (Bergmann 1970) entnommen, die des dann folgenden Hauptabschnittes 8 dem Kapitel XI (Zusammenfassung und Ausblick) dieser Publikation. Die dabei vorgenommenen Änderungen und Erweiterungen zeigen auch, daß die Theorie und Methodenlage sich im Fach der Prähistorischen Archäologie von damals (1970) bis zur heutigen Niederschrift dieser Zeilen (1984) prinzipiell kaum geändert haben.

58 Weber 1925, 223.

59 Mühlmann 1968, 236.

60 Maag in: H. Schmökel, Kulturgeschichte des alten Orients (1961) 482.

61 Wenskus 1961, 123.

62 Wenskus 1961, 140.

63 Raddatz 1967.

64 J. Moreau, Die Welt der Kelten (1958) 61 ff.

65 Mühlmann 1968, 236.

66 Zu fragen bleibt weiterhin, welcher Art dieser Machtverlust und die Eingliederung der Südheide und von Mittel- und Südhannover in die Ilmenaugruppe war. Hier sind die Möglichkeiten zur Diskussion zu stellen, die die Völkerkunde (z. B. Mühlmann 1964, 137 ff. 173 ff.) und die alte Geschichte (Wenskus 1961, 439 ff.) aufzeigen. Ich werde weiter unten darauf ausführlich zurückkommen.

67 Ein gutes Beispiel wurde von K. Böhner bei der Behandlung alemannischer und fränkischer Gräber herausgestellt: K. Böhner, Spätrömische Kastelle und alemannische Besiedlung in der Schweiz, in: Helvetia Antiqua, Festschrift Emil Vogt (1966) 315 f. mit Anm. 36 und 37. – Einen Überblick über solche Bemühungen verschiedener Bearbeiter sowie eine kritische Stellungnahme bietet für die Frühgeschichte: H. Steuer, Zur Bewaffnung und Sozialstruktur der Merowingerzeit. Ein Beitrag zur Forschungsmethode. Nachr. aus Nieders. Urgesch. 37, 1968, 18 ff.

68 Für die erwähnten Hinweise: T. G. E. Powell, Die Kelten (1959) 114. 116.

69 Wenn auch glänzender, dürfen diese Verhältnisse der Ägäis und der mykenischen Welt nach der erfolgten und hier noch näher zu deutenden Feststellung unserer gesellschaftlichen Ordnungen mit vermehrtem Recht zum Vergleich herangezogen werden. Ein bronzezeitliches Europa wäre damit mehr als nur der abstrakte Begriff einer bloßen, von der Forschung unserer Ära festgestellten Zeitgleichheit. Die Anzeiger der in der letzten Zeit durch glückliche Funde erkannten „Fernverbindungen" zwischen der Ägäis und Mitteleuropa würden auf Beziehungen deuten zwischen Völkerschaften, die dann mehr verbindet als nur die Rarität eines weitverhandelten Gegenstandes.

70 Maag in: H. Schmökel, Kulturgeschichte des alten Orients (1961) 499 f.

71 Mühlmann 1953, 42 f.

72 W. A. v. Brunn spricht sich gegen eine von ihm noch nicht erkannte ethnische, doch bereits für eine soziale Deutung vorgeschichtlicher Funde aus (v. Brunn 1952). Hierfür bringt er in einer längeren Studie Nachweise, die sich vorzüglich auf das letzte vorchristliche Jahrtausend und die Kaiserzeit konzentrieren und hebt eine „uralte und weitgehende Harmonie kultischer" (gemeint sind Totenkult und -ausstattung) „und sozialer Einrichtungen" hervor, worin ja gerade auch unsere Feststellungen wurzelten. Meine Ergebnisse bestätigen seine Anschauung, daß die soziale Schichtung im Grabgebrauch aufscheine. Wenn v. Brunn jedoch unter Berufung auf andere Bearbeiter (Broholm u. a.) weiter sagt, daß soziale Staffelungen für die ältere Bronzezeit im Material nicht erkennbar wären, so glauben wir, heute dafür aufgrund unserer neuen Methoden Nachweise erbracht zu haben.

73 Piesker 1958, passim.

74 Vielleicht spielten die offenbar hier wichtigen Lanzenkämpfer eine ähnliche Rolle, wie in späteren Zeiten die Reiter. Diese waren von besonderem, höheren Rang, wurden aber gleichwohl von Tacitus anscheinend nicht zum Adel gerechnet (siehe Wenskus 1961, 332 ff. und 335). Eine solche rangmäßige Stellung könnten unsere Lanzenkämpfer durchaus besessen haben. In einer Gruppe zusammengefaßt, war mit ihnen ein wichtiger Verband geschaffen, dem die Schwertkämpfer im Gegensatz zu früheren Epochen in ihrer kampfesmäßigen Bedeutung vielleicht nachstanden. Gleichwohl blieb diese Bewaffnung diejenige der Spitzenstufe, ausgewiesen als solche schon durch ihre geringere Anzahl. Hier wird vermutlich zum erstenmal ein Wertbegriff des Schwertes deutlich, der bereits auf Tradition beruht und der auch die Bedeutung eines Statussysmbols einschließt, wie es aus späteren Zeiten genügend belegt ist.

74a „Den Begriff *Big Man* haben wir aus Studien übernommen, die in Melanesien durchgeführt wurden, wo dieser Typus informeller Führerschaft häufig ist. Er unterscheidet sich dadurch von der Ältestenschaft, daß er keine offizielle Position darstellt. Ob man ein Big Man ist, hängt einzig und allein von der Persönlichkeit und der persönlichen Leistung ab. Die Leute folgen der Führung des Big Man, weil er ein überzeugender Redner ist, über Besitz verfügt, in seinen Unternehmungen gewöhnlich Erfolg hat, eine dominierende Persönlichkeit ist, die Vertrauen und Loyalität einflößt, und vielleicht auch, weil er ein guter Krieger oder Magier ist. Um seine Führungsrolle zu behalten, muß er diese hochbewerteten Charakteristiken immer wieder unter Beweis stellen. Wenn er seine Anhänger in dieser Hinsicht enttäuscht, wird er nicht mehr als ein Big Man betrachtet werden und seine Führungsrolle verlieren. Außerdem ist die Position eines Big Man nicht erblich, da dies keine offizielle, durch eine bestimmte Sukzessionsordnung regulierte Position ist. Jeder Big Man muß sie aufgrund seiner eigenen Verdienste erringen. Schließlich hat ein Big Man keine formale Autorität;

er kann die strenge Befolgung seiner Wünsche nicht erzwingen. In den Worten von Keesing und Keesing (1971, S. 273) ‚Er ist ganz einfach ein Mann, der führt, weil ihm Leute folgen, der Entscheidungen trifft, weil sich andere nach ihm richten' " (Vivelo 1981: 201/2).

75 J. Stagl 1983, 214 ff.

76 M. H. Fried, The evolution of political society, 1967.

77 Chr. Sigrist 1967, neuere Ausgabe 1979.

78 M. Harris 1978, besonders 101 ff. gibt eine anschauliche Schilderung zur Entstehung von Häuptlingstum und zum Aufstieg ursprünglicher Staaten.

79 Zur Bedeutung von Lanzenkämpfern seien hier folgende, wenn auch aus späterer Zeit stammende Berichte zitiert: Lanzen- oder Speerträger bildeten einen wichtigen Teil der keltischen Kriegsverbände und werden in antiken Quellen erwähnt (J. Filip, Die keltische Zivilisation und ihr Erbe (1961) 100 f.). — Bei der Namensdeutung der keltischen Gaesatae als Speerwerfer ist es interessant, daß von ihnen berichtet wird, daß sie von einer entfernteren Gegend zur Unterstützung fremder Stämme herangeholt wurden, demnach also etwas vom Status einer eigenen Truppe besaßen. Siehe dazu T. G. E. Powell, Die Kelten (1959) 117 f.

80 E. Schlesier, Die Grundlagen der Klanbildung (1956). E. W. Müller, Der Begriff „Verwandtschaft" in der modernen Ethnosoziologie (1981).

81 Ich verweise auf eine von mir veröffentlichte Ausgrabung eines bronzezeitlichen Hügelgrabes im Stadtwald von Wolfhagen (Bergmann 1962/B/, 101 ff.), weiterhin auf Piesker 1958, bei dem solches zwar nicht direkt erwähnt, doch dem Katalog und dem Text zu entnehmen ist.

82 Piesker 1958, 31 f. Dazu ergänzend eine freundliche briefliche Mitteilung von Herrn Dr. F. Laux, Lüneburg, vom 14.11.1969, aufgrund der Durchsicht der an ihn von Herrn Dr. H. Piesker übergebenen Grabungsunterlagen.

83 Ratzel, Beiträge zur Kenntnis der Verbreitung des Bogens und des Speeres im indo-afrikanischen Völkerkreis I, in: Berichte der Königl.-Sächs. Gesellschaft der Wissenschaften, 1893, Sitzung vom 8. Juli. Von Ratzel wird berichtet, „daß die Kriegerkaste der Elmoran nur Speer und Schild trug, während Bogen und Pfeil den älteren Masai und den Wandorobbo überlassen blieben" (a. a. O. 161). Von den Haussa heißt es, „daß sich hier die Waffen in einer Art sozialer Schichtung verteilen. Pfeil und Bogen sind hauptsächlich die Bewaffnung der Ärmeren" (a. a. O. 171). „An der Goldküste trug zu Müllers Zeit" (hierzu Anm.) „ein Krieger höheren Ranges im Gürtel das Schwert, in der Rechten 3 oder 4 Wurfspieße oder Pfeile (Wurfpfeile?) je nach seinem Rang, in der Linken den Schild. Die geringeren Soldaten waren mit Pfeil und Bogen, kurzen Wurfspeeren und Messern bewaffnet. Die Sklaven endlich folgten ihrem Herrn mit Bogen und Messern" (a. a. O. 157). Hier hätten wir also eine erste Stufe mit Schwert und Speer, eine zweite mit kurzen Speeren und Pfeil und Bogen (dazu

Messer) und eine dritte mit Pfeil und Bogen (dazu Messer). Eine ähnliche Staffelung geht auch aus der Schilderung einer Truppe hervor, wobei die genannten modernen Feuergewehre, wie von Ratzel an anderer Stelle berichtet, öfters nur gering geachtet wurden. „Der kriegsstarke Fürst im Lande der Wute (hier also offenbar ein Häuptlingstum, wie wir es bei uns für die Ilmenau der Periode III annehmen) hatte eine kleine Armee in 56 Gewehrträger, 156 Bogenschützen, 15 speerbewaffnete Reiter und über hundert Speer- und Schwertträger geteilt" (a. a. O. 157). Außer den Gewehrträgern gibt es hier also folgende Stufen: Schwert- und Speerträger, ferner Speerträger und schließlich Bogenträger. Solche Verhältnisse erinnern sehr an die von uns untersuchten bronzezeitlichen. — Aus anderen Bemerkungen geht hervor, daß die speertragenden Völkerschaften starke, die bogentragenden schwache Völker sind, weiterhin, daß der Bogen mehr und mehr zurückgedrängt wird. Auch hier wird man lebhaft an die Entwicklung der von uns behandelten Epochen erinnert, wo der Bogen in der Periode III allgemein nicht mehr verwandt wird (nachdem die Bogenschützen vorher z. B. in der Südheide eine eigene Stufe in der Periode II gebildet hatten) und die speertragende Gruppe des Ilmenaugebietes die Vorrangstellung erringt. „Die Mahdisten haben ihre Siege hauptsächlich mit Speer und Schwert errungen" (a. a. O. 163). „In den Machtbereichen großer militärischer Organisationen im Stile der Zulu oder Galla oder kriegerischer Völker, wie der Tuareg, fehlt der Bogen, der seine Verbreitung bei schwächeren, weniger stramm zusammengesetzten Völkern hat" (a. a. O. 147). „Die Kriegsführung der Bogenträger ist der kleine Krieg mit Tirailleuren und Überfällen, die der Speerträger der Massenangriff. Die Speerangriffe schrecklich bemalter und kriegerisch geschlossener Truppen sind von den Galla bis zu den südlichsten Kaffern das unfehlbare Mittel zur Niederwerfung der bogentragenden Neger in Ostafrika gewesen" (a. a. O. 177).

84 Mühlmann 1953, 50 ff.

85 Volkmann 1953, 67 ff.

86 S. Pigott, Ancient Europe from the Beginnings of Agriculture to Classical Antiquity (1965) 147 Abb. 80.

87 Siehe für solche Verhältnisse auch den Bericht einer Ausgrabung in Deutsch-Evern, Kr. Lüneburg (Körner 1959, 3 ff).

88 Die Deutung der Horte u. a. als Anlagen kultischer Deponierung diskutiert auch H. Geisslinger, Horte als Geschichtsquelle. Offa-Bücher 19 (1967) 9 ff. Hier ist der Versuch gemacht worden, das Material von völkerwanderungs- und merowingerzeitlichen Funden innerhalb der kultischen Deponierung noch aufgrund verschiedener Fundumstände zu unterteilen.

89 Service 1977, 106 ff.

90 Service 1977, 145 ff.

91 Eine solche mit archäologischen Methoden erreichte Feststellung kann durchaus als Erkenntnisfortschritt gewertet werden. Es verbleibt aber die Frage, in welchen gesellschaftsstrukturellen Zusammenhängen eine solche Ablehnung stand und wie sie also dadurch von uns näher zu erklären und zu verstehen ist; eine Haltung, die uns heute auch als irgendwie widersinnig gegenüber einer wie auch immer gearteten anfänglichen Inbesitznahme solcher Gegenstände erscheinen könnte.

Für die etablierte Metallkultur der älteren Bronzezeit konnten bei etlichen Formen gleichgeartete Vorgänge einer anfänglichen Aufnahme und späteren Wiederentäußerung (wovon im anschließenden Haupttext noch einmal die Rede sein wird) in den archäologischen Befunden nachgewiesen und hierfür Gründe erkannt werden. Sie dürften darin bestanden haben, daß die durch Bewaffnungs- und Trachtstruktur unterschiedenen Stämme solche Bronzeformen wieder ausschieden, die nicht ihrer Gemeinschaft eigneten, sondern der anderer Stämme; mithin also die Betonung des Gegensätzlichen und der Abgrenzung von den anderen Stämmen.

Für die behandelten Zeiten, die einer etablierten (durch Bewaffnung und Trachtelemente gekennzeichneten) Bronzekultur vorhergingen, sind andere Überlegungen anzustellen. Zwar sind auch dadurch, daß solche eingeführten Gegenstände — zu Beginn noch aus Kupfer, dann aus Bronze — für die meisten der sonst erst später sich durch Bewaffnung und Tracht deutlich zeigenden Stammesregionen bereits spezifisch sind, Hinweise darauf geben, daß diese Stammesgebiete schon im Endneolithikum existierten. Die Haltung, die sich in dieser früheren Zeit in der völligen Ablehnung des Metalls für den dauernden Besitz zeigte, war damals allen Stämmen gemeinsam.

Mit dem Quellenmaterial der prähistorischen Archäologie kann man nun nicht weiter die Hintergründe eines solchen Verhaltens erhellen, was für eine historische Betrachtungsweise aber notwendig ist. Mit den Erkenntnissen der Nachbardisziplin Ethnologie weiterzukommen, auch für Modellvorstellungen, entspricht kulturanthropologischem Bemühen. In einem Aufsatz von Claude Meillassoux, Essai d'interpretation du phénomenes économique dans les societés traditionelles d'autosubsistance, Cahiers d'Etudes Africaines, Nr. 4, Déc. 1960, 38 ff. wird über neuartige Untersuchungen zur Ökonomie von Subsistenzgesellschaften berichtet, die hauptsächlich an afrikanischen Stämmen segmentärer Ordnung gewonnen waren. Hier wird eine solchen Gesellschaften eigene Art von Ökonomie erkannt, die sich in ihrer Wirklichkeit dem Verständnis von seiten einer modernen liberalen Ökonomie völlig entzogen hatte: Gesetze von *Preis, Ware, Angebot* und *Nachfrage* waren hier ungültig.

Im Rahmen seiner Betrachtung schildert der Verfasser auch folgende Zustände in den von Ältesten geleiteten Gesellschaften, die, im Gegensatz zu manchen anderen Gesellschaften, keinerlei Metallproduktion (in dieser Zeit: Eisenproduktion und Geräteherstellung) besaßen. Es kam nun vor, daß einzelne, meist jüngere Mitglieder solcher Gesellschaften es hin und wieder zuwege brachten, sich in den Besitz von Metallgegenständen zu setzen, die aus anderen eisenproduzierenden Gesellschaften stammten. Diese — sozusagen *schwarz* — eingeführten Gegenstände mußten durch die Einflußnahme der Ältesten wieder aus der Gemeinschaft ausgeschieden werden; mit ihnen wären *Waren, Preise* und weitere Werte einer ganz anderen Ökonomie entstanden, die die bewährte Ordnung der eigenen Subsistenzwirtschaft unweigerlich zerstört hätten.

Mit solchen Untersuchungsergebnissen aus ethnologischen Subsistenzgesellschaften wäre das in der vorliegenden Arbeit behandelte Phänomen des Auftauchens und Wiederverschwindens einzelner Metallgegenstände in archäologisch erfaßten Subsistenzgesellschaften m. E. gut erklärt; ich möchte deshalb eine solche Erklärung als modellhafte Interpretation für derartige Befunde, die von der Forschung bislang noch nicht herausgearbeitet wurden, übernehmen.

Sehr beachtlich ist für solche archäologischen Verhältnisse — um es an dieser Stelle noch einmal zu wiederholen — der lange, über Jahrhunderte währende Widerstand gegen die Bedrohung der Subsistenzwirtschaft. Die Zunahme solcher Gegenstände im Laufe des genannten Zeitraumes ist auffällig. Von dieser Zunahme ist nicht zu sagen, ob sich darin der abnehmende Widerstand oder die wachsenden Importe stärker widerspiegeln. Der in der Stufe Sögel — und anscheinend ziemlich plötzlich — einsetzende Übergang zu einer eigenen Bronzekultur vollzog sich zuerst einzig auf dem Gebiet neuartiger Metallbewaffnung. Damit wird deutlich, in welchem Bereich sich der Wandel ereignete, von dem m. E. immer klarer wird, daß er in der Folgezeit jenen weltgeschichtlich großen Wandel von sicher schon bestehenden kriegerischen Auseinandersetzungen zwischen den Stämmen zu richtigen Kriegen bedeutete.

92 Commentarii de bello gallico, Buch VI, Kap. 14.

93 Nach T. G. E. Powell, Die Kelten (1959) 171 f., der sich auf irische Zeugnisse beruft, trugen die irischen Druiden jedoch Waffen. Von archäologischer Seite sind wieder umgekehrt nach J. Filip, Die Keltische Zivilisation und ihr Erbe (1961) 100, unter latènezeitlichen Männergräbern einige ohne Waffenbeigaben beobachtet worden. Die Möglichkeit scheint mir also gegeben, daß eine solche besondere Personenklasse bei einigen Völkerschaften keine Waffen trug.

94 Siehe dazu die Überlegungen in: Bergmann 1962 (B), 101 ff.

95 Eine durch eine Reihe von Einzelarbeiten mit Hilfe der hier vorgetragenen und angewandten Methoden erstellte Gesamtkarte aller als Stämme zu interpretierenden Gruppierungen des älterbronzezeitlichen Europas und vielleicht darüber hinaus wäre dabei das eine Ziel, was gleichzeitig die Erkenntnis des historischen Zusammenspiels dieser so festgestellten Stämme zum Inhalt hätte. — Neben der Hügelgräberbronzezeit würde sich auch die Frühgeschichte mit der Reihengräberzivilisation (zumal dort schon ähnliche, weiter oben z. T. zitierte Arbeiten begonnen wurden) für eine

weitere derartige Erforschung eignen. In dem Material anderer Epochen müßte vorher erst, wie gesagt, nach Leitlinien gesucht werden. Die Ergebnisse solcher Arbeiten könnten etwa in einer zu gründenden Reihe mit dem Titel „Studien zur Ethnosoziologie der Vor- und Frühgeschichte" erscheinen, mit welcher Benennung die besonderen historischen Ziele der neuen Arbeitsweise gekennzeichnet wären. Sollte sich ein solches Programm als zu umfangreich erweisen, könnte man sich vorläufig auf die zu Anfang genannte Zeit beschränken und einer solchen Reihe etwa den Titel geben „Studien zur europäischen Bronzezeit".

An dieser Stelle sei aber angemerkt, daß der Verfasser beabsichtigt, in einer künftigen Arbeit auch die anderen, zeitlich anschließenden Abschnitte des vorgeschichtlichen Metallzeitalters unter gleicher Betrachtungsweise wie in diesem Buch vorzustellen. Dabei handelt es sich (1) einmal um die Epochen der jüngeren Bronze- und älteren Eisenzeit, (2) zum anderen um die Epoche der jüngeren Eisenzeit.

Für (1) sollen dabei vorzüglich die Ergebnisse einer über viele Jahre hinweg reichenden Untersuchung herangezogen werden, bei der von mir ein im nördlichen Hessen gelegenes Brandgräberfeld mit fast 300 Bestattungen in seiner Gänze ausgegraben wurde. Hierbei konnten detaillierte Erkenntnisse über die Geschichte und Struktur der hinter dem Gräberfeld stehenden Gemeinschaft gewonnen werden, und zwar für die Zeit von etwa 1.100—550 v. Chr. Das Enddatum fällt mitten in die ältere Eisenzeit (etwa 700—450 v. Chr.), wo in diesem Raum das erste Eisen auftritt, nachgewiesen durch andernorts in diesem Gebiet durchgeführte Ausgrabungen. Das Aufkommen des *zweiten* Metalls, des Eisens, das — im Gegensatz zu den Bestandteilen der Bronze — nun an sehr vielen Plätzen gewonnen werden konnte, brachte gesteigerte Veränderungen in jener wirtschaftlichen, gesellschaftlichen und politischen Entwicklung, deren Beginn wir in der älteren Bronzezeit erkennen konnten. Dabei werde ich auch für solche Veränderungen besonders deutliche Verhältnisse in anderen Räumen, wie z. B. in Süddeutschland, schildern. Dies betrifft auch den Bericht über die dann folgende jüngere Eisenzeit (etwa 450 v. Chr.—Christi Geburt) mit noch größeren Veränderungen auf dem ökonomisch-gesellschaftlich-politischen Gebiet.

96 Unsere archäologischen Ergebnisse aus der Epoche des zweiten vorchristlichen Jahrtausends könnten der Ethnologie vielleicht Vorstellungen über die zeitliche Tiefe gewisser von ihr beobachteter gesellschaftlicher, politischer und anderer Erscheinungen vermitteln; so etwa für die Anschauungen bei Mühlmann 1964, 58 ff., wo es heißt, daß für die *innerethnischen Beziehungen und Zusammenhänge* eine Darstellung, die *die Ethnien monographisch als gleichgewichtige Einheiten horizontal nebeneinander* sieht, nicht *der Tatsache einer vertikalen Struktur, Populationsgröße, politischer Macht, geistiger Macht usw.* Rechnung trägt. *Die Auffassung des Miteinanders als eines in sich gestaffelten dynamischen Gleichgewichtssystems ist der traditionellen Ethnographie noch gänzlich fremd.*

Abzulehnen sind jedoch Auffassungen des gleichen Verfassers a. a. O. 169, die offenbar vom Glauben an den stetigen Fortschritt der menschlichen Kultur und an eine Höherbewertung der durch ihn entstandenen gesellschaftlich-politischen Erscheinungen (gemeint sind offensichtlich Häuptlingstümer und andere Herrschaftsstrukturen) bestimmt sind. Über eine andere Bewertung des *Fortschritts* hatten wir weiter vorn Ausführungen gemacht und dabei auch neuere entsprechende Literatur zitiert. Im nächsten Kapitel IV können wir auf tiefgreifende Zerstörungen hinweisen, die im Zusammenhang des *Fortschritts* an der dem Menschen originär eignenden Lebensqualität und der ihn tragenden Umwelt entstanden.

97 Hier versprechen wir uns durch die Ergebnisse der hier beschriebenen Untersuchung neue Kontakte vor allem zwischen den Nachbarfächern Prähistorie und Ethnologie. Die von der letzteren Disziplin erarbeiteten Modelle sollten auf die Möglichkeit einer Interpretation mit Hilfe des Analogieschlusses überprüft werden. Umgekehrt würden die durch die Untersuchungsweise dieses Werkes erarbeiteten Modelle von seiten der Prähistorie dann der Ethnologie auch gleichen Nutzen bringen können, wenn diese versuchte, durch archäologische Methoden in eine geschichtliche Tiefe ihrer Gruppen vorzudringen. Eine Voraussetzung für eine Zusammenarbeit der beiden Fächer scheint mir zu sein, daß beide sich in ihren speziellen Forschungszielen sozusagen auf gleicher Ebene bewegen, d. h. beispielsweise etwa Fragen soziologischer Art stellen und deren Lösung zuerst einmal mit Mitteln des eigenen Faches anstreben. Erst bei einer solchen parallelen Arbeitsweise läßt sich eine fruchtbringende Zusammenarbeit erzielen. In jedem anderen Falle kommt eine solche nicht über sehr schemenhafte und äußerst allgemeine Vergleiche hinaus. Dies scheint mir bei dem Verhältnis der beiden Fächer zueinander in unserem Jahrhundert der Fall gewesen zu sein. Hier war die Prähistorie im Rückstand hinter der Ethnologie (was durch die besondere und schwierige Quellenlage der Prähistorie teilweise natürlich bedingt war, teilweise aber auch durch eine zu eingleisig betriebene Gesamtausrichtung der Forschung verursacht worden war). Was der Ethnologie im wesentlichen angeboten wurde, waren hauptsächlich die aufgrund von Typenbearbeitungen der Funde aufgestellten *Kulturkreise*, die viel zu ausgedehnt für die Ethnologie waren, um mit ihnen mehr als nur globale Parallelen herzustellen. Wurden daneben von der Prähistorie einzeln erarbeitete, nicht-materielle Elemente einer Kultur aufgezeigt, so handelte es sich dabei fast immer um isoliert erfaßte Erscheinungen, von deren Einbau in eine soziale oder ethnische Struktur meist keinerlei Vorstellung bestand. Daß so Analogien im völkerkundlichen Bereich nur jongleurhaft und vereinzelt benutzt werden konnten, lag auf der Hand. Daß daraus eher Abneigung gegen eine Zusammenarbeit der beiden Fächer erwuchs, ist naheliegend, und ebenso, daß eine dennoch in bester Absicht versuchte meist in wissenschaftlichen Mißkredit auf beiden Seiten geriet. Das aber führte zur weiteren Isolierung beider Fächer, die letztlich eine Beschränkung auf die durch die jeweilige Quellenlage bedingte schmalere

Grundlagenbasis bedeutet. Ein Verlust möglicher größerer Erkenntnisse durch fehlende Zusammenarbeit ist die unabdingbare Folge. Umgekehrt könnte eine neu begonnene Zusammenarbeit, die von aufeinander bezogenen Fragestellungen ausgehen würde, neue und umfassende Erkenntnisse nicht allein für eine universale Menschheitsgeschichte liefern, sondern auch für eine auf bestimmte Räume bezogene.

Eine nähere Zusammenarbeit mit der Geschichtsforschung sollte deshalb noch besonders betont werden, weil sie meistens als selbstverständlich erachtet wird, in Wirklichkeit aber nur an ganz wenigen Stellen praktiziert, daneben aber weitgehend vernachlässigt wird. Die realisierten Formen eines Arbeitskontaktes der beiden Disziplinen Prähistorie und Geschichte erweisen sich als sehr fruchtbar, wenngleich sie sich so gut wie ausschließlich auf die Frühgeschichte beschränken. Eine Erweiterung in die reine Urgeschichte hinein wäre hier ein dringendes Desiderat, wofür wir auch mit unserer Bronzezeit-Arbeit Ansatzpunkte aufgezeigt zu haben glauben.

Während sich von der Frühgeschichte her aber auch noch Kontakte über eine Art direkter *Ereignisgeschichte* knüpfen lassen, müßte eine Zusammenarbeit hier mehr über die Erkenntnis *geschichtlicher Prozesse* vor sich gehen. Wie im Eingangskapitel näher ausgeführt, hat sich gerade hierfür eine *neue Geschichtsforschung* interessiert (in Frankreich seit den zwanziger Jahren, in der Bundesrepublik in den fünfziger Jahren beginnend) und sich mit ihnen sozusagen ganz neue Beobachtungsfelder erschlossen. Das Prozessuale historischer Vorgänge war nun auch das, was uns bei unseren vorliegenden archäologischen Untersuchungen besonders deutlich wurde. Hier also müßte die von uns gewünschte Kontaktstelle mit der Geschichtsforschung liegen.

Als dritte engere Nachbardisziplin hatten wir oben die Soziologie genannt, hier vor allem auch die historische Sozialwissenschaft. Wie oben berichtet, ist es in jüngster Zeit zwischen ihr und der Geschichtsforschung und zwischen ihr und der Ethnologie zu fruchtbaren Brückenschlägen gekommen. Während ein solcher in breiter Front zur Prähistorie und von der Prähistorie noch aussteht, haben gelegentliche Versuche von der Prähistorie her doch stattgefunden und der Leser wird hier gemerkt haben, wie sehr auch uns daran gerade gelegen ist.

98 R. Tüxen, Von der nordwestdeutschen Heide: 1. Entstehung der Heide, in Natur und Volk, Bericht der Senckenbergischen Naturforschenden Gesellschaft 68, 1938, 253 ff. — Dieser Bericht stellt eine Einführung in die behandelte Problematik dar. Für stärker Interessierte ist natürlich eine Einsicht in diesbezügliche größere Arbeiten Tüxens angebracht.

99 V. G. Childe, Man makes himself, 1936.

100 E. R. Service, Ursprünge des Staates und der Zivilisation. Der Prozeß der kulturellen Evolution 1977.

101 An dieser Stelle sei auf ein wichtiges Buch hingewiesen, das erst nach dem Manuskriptabschluß meiner Arbeit erschien: Ekkehart Krippen-

dorff, Staat und Krieg. Die historische Logik politischer Unvernunft, 1985. Der Autor ist nicht Historiker im engeren Sinn, sondern Politikwissenschaftler (hier möchte man sagen: im weiteren Sinn); er selbst sieht seine Arbeit auch als eine geschichtliche Untersuchung an und gehört damit in den Politik- und Sozialwissenschaften zu jenem — sicher noch engerem, aber für die wissenschaftliche Weiterentwicklung wichtigen — Personenkreis seines Faches, der von den interdisziplinär arbeitenden Historikern der *Neuen Geschichtswissenschaft* nur begrüßt werden könnte.

Krippendorffs Buch ist insofern von großer Bedeutung für die Ergebnisse meiner Arbeit, als es zu ihr sozusagen das Pendant darstellt mit der Untersuchung der schriftgeschichtlichen Zeit, die dem von mir erarbeiteten archäologisch-geschichtlichen Zeitraum folgt. Für die von mir in den archäologischen Epochen entdeckten gesellschaftlichen Umwandlungskräfte hatte auch ich bereits deren, immer stärker kulminierende Fortsetzung in die schriftgeschichtliche Zeit hinein bis heute festgestellt, ohne daß eine diesbezügliche nähere Untersuchung dieser Zeiten von mir als Archäologen vorgesehen war.

Eine solche Untersuchung hat Krippendorff in seinem Buch in umfassender und aufklärender Form geleistet für ein Thema, das in dieser Breite bis dahin völlig unerkannt war. In der Denkrichtung und in manchem Prinzipiellen unserer beiden Arbeiten bestehen m. E. viele Ähnlichkeiten. Unsere Auffassungen über die gegenseitige Bedingtheit von Herrschaft bzw. Staat und Krieg scheinen sich gänzlich zu decken. Hinzufügen oder in anderer Form aufdecken als bei Krippendorff konnte ich in meiner Arbeit noch Erkenntnisse einmal zur Entstehung der neuen Verhältnisse: durch Aufgabe der ursprünglichen Subsistenzwirtschaft und den Übergang in eine Wirtschaftsweise mit externen Abhängigkeiten, zum anderen über die, offenbar in gleicher gegenseitiger Bedingtheit stehende, Endauswirkung aller neuen ökonomisch-gesellschaftlich-politischen Kräfte: Umweltzerstörung und damit Verknappung oder Verlust der alten Ressourcen. Die Entstehung von Herrschaft und Krieg sehe ich, abweichend von Krippendorff, für Europa nicht in Nachfolge entsprechender Verhältnisse der alten vorderorientalischen Hochkulturen, sondern in eigenständigen Erscheinungen und Entwicklungen vom Anfang und der ersten Hälfte des zweiten vorchristlichen Jahrtausends, wofür ich, bei den damit verbundenen enormen gesellschaftlichen Umwandlungskräften, den Ausdruck der *metallzeitlichen Revolution* prägte.

Während die Arbeiten von Krippendorff und mir etwa in den gleichen Jahren und unter gegenseitiger Unkenntnis entstanden, lernte ich, gleichfalls leider erst nach Manuskriptabschluß und durch Hinweis im Werk von Krippendorff, ein zweites wichtiges Buch kennen, das mit einer Reihe der in meiner Arbeit vertretenen Gedanken und der Ergebnisse übereinstimmt. Dieses Buch erschien in Deutsch neun Jahre vor dem Manuskriptabschluß meiner Arbeit und weitere zwei Jahre zuvor als amerikanische Originalausgabe: Stanley Diamond, Kritik der Zivilisation. Anthropologie und die

Wiederentdeckung des Primitiven. Eingeleitet von Wolf-Dieter Narr: Zum Politikum der Anthropologie heute. 1976.

Auch auf dieses Buch kann hier nur kurz — und leider, angesichts seiner großen Bedeutung, wie ebenso des Krippendorffschen, für die heutige Welt, mit noch weniger Worten — hingewiesen werden. Zu Parallelen zwischen diesem Autor und mir sei auf folgendes hingewiesen: Diamond schätzt die Kultur der primitiven Gemeinschaften höher ein als unsere Zivilisation. Jene sind uns in der Qualität ihrer gesamten Lebensweise und der sich daraus ergebenden Chancen eines Weiterbestehens in die Zukunft weit überlegen. Wir können zwar nicht *in ihre Haut schlüpfen*, aber wir können von ihnen Wichtiges für unsere Lebensmöglichkeiten lernen. Ich hatte in meiner Arbeit auf die ganz gleiche Bedeutung der vormetallzeitlichen Gemeinschaften hingewiesen. Auch ich hatte daraus die Schlüsse gezogen, daß wir — heute in den ins Riesige und in die für uns alle bedrohlichsten Zustände gewachsenen Verhältnisse des Metallzeitalters leben — von jenen Lebensweisen in einer Art und Weise lernen können, die vielleicht ausschlaggebend für ein künftiges Überleben wären. Eine zweite Parallele zwischen Diamond und mir wären unsere Ansichten über den hartnäckigen Glauben an Fortschritt und Evolutionismus als den gefährlichsten Elementen in der Ideologie der heutigen Industriekultur.

102 Hierfür sei auf eine neuere Arbeit von archäologischer Seite hingewiesen: K. J. Narr 1984.

Literaturverzeichnis

Bergmann, J.

1941: Die Lüneburgische Bronzezeit, Marburger Dissertation.

1952: Zur frühen und älteren Bronzezeit in Niedersachsen, in: Germania 30, 21 ff.

1962: Bronzezeitliche Hügelgräber im Stadtwald von Wolfhagen. Ein Beitrag zur westhessischen Hügelgräberbronzezeit, in: Fundberichte aus Hessen 2, 101 ff.

1968: Ethnosoziologische Untersuchungen an Grab- und Hortfundgruppen der älteren Bronzezeit in Nordwestdeutschland, in: Germania 46, 224 ff.

1970: Die ältere Bronzezeit Nordwestdeutschlands. Neue Methoden zur ethnischen und historischen Interpretation urgeschichtlicher Quellen, in: Kasseler Beiträge zur Vor- und Frühgeschichte 2, Teil A und B.

1972: Ethnos und Kulturkreis. Zur Methodik der Urgeschichtswissenschaft, in: Prähistorische Zeitschrift 47, 105 ff.

1973: Analogieschluß und interdisziplinäre Zusammenarbeit, in: Archäologisches Korrespondenzblatt 3, 269 ff.

1973/74: Zum Kulturkreis. Zur Denkweise in der Urgeschichtswissenschaft, in: Archäologische Informationen 2–3, 189 ff.

1974: Zum Begriff des Kulturkreises in der Urgeschichtswissenschaft, in: Prähistorische Zeitschrift 49, 129 ff.

Bloch, M., Braudel, F., Febvre, L. u. a.

1977: Schrift und Materie der Geschichte. Vorschläge zur systematischen Aneignung historischer Prozesse. Herausgegeben von Cl. Honegger.

Böhner, K.

1966: Spätrömische Kastelle und alemannische Besiedlung in der Schweiz, in: Helvetia Antiqua, Festschrift Emil Vogt, 315 ff.

Brunn, W. A. v.
1952: Frühe soziale Schichtungen im Nordischen Kreis und bei den Germanen, in: Festschrift des Römisch-Germanischen Museums Mainz 3, 1952, 13 ff.

Childe, V. G.
1936: Man makes himself.

Diamond, St.
1976: Kritik der Zivilisation. Anthropologie und die Wiederentdeckung des Primitiven. Eingeleitet von Wolf-Dieter Narr: Zum Politikum der Anthropologie.

Eggers, H. J.
1959: Einführung in die Vorgeschichte.

Filip, J.
1961: Die keltische Zivilisation und ihr Erbe.

Fried, M. H.
1967: The Evolution of Political Society.

Geisslinger, H.
1967: Horte als Geschichtsquelle.

Girtler, R.
1979: Kulturanthropologie.

Harris, M.
1978: Kannibalen und Könige.

Henning, F. W.
1979: Landwirtschaft und ländliche Gesellschaft in Deutschland 1, 800–1750.

Hirschberg, W.
1965: Wörterbuch der Ethnologie.

Iggers, G. G.
1978: Neue Geschichtswissenschaft. Vom Historismus zur Historischen Sozialwissenschaft.

Jacob-Friesen, K. H.
1931: Einführung in Niedersachsens Urgeschichte.

Jaspers, K.
1955: Vom Ursprung und Ziel der Geschichte.

Körner, G.
1959: Ein bronzezeitlicher Mehrperiodenhügel bei Deutsch-Evern, im Landkreis Lüneburg, in: Nachrichten aus Niedersachsens Urgeschichte 28, 3 ff.

Krippendorff, E.
1985: Staat und Krieg. Die historische Logik politischer Unvernunft.

Maag, V.
1961: Syrien–Palästina, in: H. Schmöckel, Kulturgeschichte des alten Orients, 448 ff.

Meillassoux, Cl.
1960: Essai d'interpretation du phénomenes économique dans les societés traditionelles d'autosubsistence, Cahiers d'Etudes Africaines, Nr. 4, Déc. 1960, 38 ff.

Montelius, O.
1903: Die älteren Kulturperioden im Orient und in Europa I.

Moreau, J.
1950: Die Welt der Kelten.

Mühlmann, W. E.
1953: Primitive Waffentechnik und soziale Organisation, in: L. v. Wiese (Hg.). Die Entwicklung der Kriegswaffe und ihr Zusammenhang mit der Sozialordnung, 22 ff.
1964: Rassen, Ethnien, Kulturen.
1966: Umrisse und Probleme einer Kulturanthropologie, in: W. E. Mühlmann, E. W. Müller (Hg.), Kulturanthropologie.
1968: Geschichte der Anthropologie.

Müller, E. W.

1981: Der Begriff „Verwandtschaft" in der modernen Ethnosoziologie.

Müller, H. Fr.

1976: Das alamannische Gräberfeld von Hemmingen (Kr. Ludwigsburg), 1976.

Narr, K. J.

1984: Von der Natur der frühesten Menschheit, in: W. Böhme (Hg.), Freiheit in der Evolution, 9 ff.

Piesker, H.

1950: Untersuchungen zur älteren Lüneburgischen Bronzezeit.

Panoff, M. und M. Perrin

1982: Taschenwörterbuch der Ethnologie. Begriffe und Definitionen zur Einführung.

Pigott, S.

1965: Ancient Europe from the Beginnings of Agriculture to Classical Antiquity.

Powell, T. G. E.

1959: Die Kelten.

Raddatz, K.

1967: Die Bewaffnung der Germanen in der jüngeren römischen Kaiserzeit, in: Nachrichten der Akademie der Wissenschaften in Göttingen, I. Phil.-Hist. Klasse 1967, Nr. 1.

Ratzel, Fr.

1893: Beiträge zur Kenntnis der Verbreitung des Bogens und des Speeres im indo-afrikanischen Völkerkreis I, in: Berichte der Königl.-Sächs. Gesellschaft der Wissenschaften, Sitzung vom 8. Juli.

Schlesier, E.

1956: Die Grundlagen der Klanbildung.

Schmitz-Cliever, G.

1979: Schmiede in Westafrika.

Schübeler, W.

1908/09: Der Langenberg bei Langen. Ein Grabhügel der älteren Bronzezeit, in: Jahrbuch der Männer vom Morgenstern 11, 110 ff.

1909: Der Langenberg bei Langen, in: Prähist. Zeitschrift 1, 200 ff.

Service, E. R.

1977: Ursprünge des Staates und der Zivilisation. Der Prozeß der kulturellen Evolution.

Sigrist, Chr.

1967: Regulierte Anarchie. Untersuchungen zum Fehlen und zur Entstehung politischer Herrschaft in segmentären Gesellschaften Afrikas.

1979: Neuauflage des Werkes von 1967.

Stagl, J.

1981: Kulturanthropologie und Gesellschaft. Eine wissenschaftssoziologische Darstellung der Kulturanthropologie und Ethnologie, zweite, durchgesehene, verbesserte und mit einem Nachwort versehene Auflage.

1983: Politikethnologie, in: H. Fischer (Hg.), Ethnologie. Eine Einführung, 203 ff.

Steuer, H.

1968: Zur Bewaffnung und Sozialstruktur der Merowingerzeit. Ein Beitrag zur Forschungsmethode, in: Nachrichten aus Niedersachsens Urgeschichte 37, 18 ff.

Thomsen, Chr.

1836: Leitfaden zur nordischen Altertumskunde.

Torbrügge, W.

1970/71: Vor- und frühgeschichtliche Flußfunde. Zur Ordnung und Bestimmung einer Denkmälergruppe, in: 51.–52. Bericht der Römisch-Germanischen Kommission des Deutschen Archäologischen Instituts.

Tüxen, R.

1938: Von der nordwestdeutschen Heide: 1. Entstehung der Heide, in: Natur und Volk, Bericht der Senckenbergischen Naturforschenden Gesellschaft 68, 253 ff.

Vivelo, Fr. R.
1981:   Handbuch der Kulturanthropologie.

Volkmann, J.
1953:   Die Waffentechnik in ihrem Einfluß auf das soziale Leben der Antike, in: L. v. Wiese (Hg.), Die Entwicklung der Kriegswaffe und ihr Zusammenhang mit der Sozialordnung, 62 ff.

Wahle, E.
1951:   Typologisches und wirklichkeitsnahes Denken in der prähistorischen Forschung, in: Soziologus, Neue Folge 1, 44 ff.
1964:   Tradition und Auftrag prähistorischer Forschung. Ausgewählte Abhandlungen als Festgabe zum 75. Geburtstag am 25. Mai 1964, herausgegeben von Horst Kirchner.

Weber, M.
1925:   Wirtschaft und Gesellschaft, III. Abteilung, in: Grundriß der Sozialökonomie.

Wehler, H.-U.
1977:   Geschichte als Historische Sozialwissenschaft.

Wenskus
1961:   Stammesbildung und Verfassung.

**Abbildungen
und
Karten**

Nachweis der Abbildungen und Karten

Außer der Originalkarte (1) stammen Abbildungen und Karten aus folgenden Stellen:

Abbildungen 1, 2 und 3
aus: J. Bergmann, Hügelgräber der älteren Bronzezeit bei Hölingen, Gem. Reckum, Kr. Grafschaft Hoya. Beiträge zur Frage der regionalen Gliederung des urgeschichtlichen Niedersachsens und zu den Problemen der Doppelbestattung und der beginnenden Brandbestattung, Die Kunde NF. 13, 1962, 53—100; hier Abb. 1 und 2 auf S. 54, 55 und 56.

Abbildungen 4 und 5
wurden freundlicherweise von Herrn Dr. H. Schirnig, Direktor der Urgeschichtsabteilung des Niedersächsischen Landesmuseums Hannover, zur Verfügung gestellt.

Abbildungen 13 und 14
aus: H. Piesker, Untersuchungen zur älteren Lüneburgischen Bronzezeit, 1958, Taf. 65,1 und 66,2. Freundliche Erlaubnis zur Wiedergabe durch das Niedersächsische Landesmuseum Hannover.

Abbildung 15
aus: E. Wels-Weyrauch, Schmuckaustattungen aus Frauengräbern der jüngeren Hügelgräberbronzezeit in Deutschland, in: Ausgrabungen in Deutschland, Römisch-Germanisches Zentralmuseum Mainz 1975, Teil 3, 300 ff. Hier Beilage 45, oberes Bild rechts aus Teil 4. Freundliche Erlaubnis zur Wiedergabe durch das Römisch-Germanische Zentralmuseum Mainz.

Karte 2
Umzeichnung aus: Putzger Historischer Schulatlas, 66. Auflage, 1956, Karte 8, mit freundlicher Erlaubnis des Cornelsen-Velhagen-Klasing Verlags Bielefeld.

Alle anderen Abbildungen und Karten aus: J. Bergmann, Die ältere Bronzezeit Nordwestdeutschlands. Neue Methoden zur ethnischen und historischen Interpretation urgeschichtlicher Quellen. Teil A, Grab- und Hortfunde; Teil B, Die Formen, Kasseler Beiträge zur Vor- und Frühgeschichte 2, 1970. Dabei wurden die dort mehrfarbigen Karten 6—10 aus Teil A hier als Rasterkarten 8—12 in schwarz-weiß von Herrn Graphiker R. Gumbinger, Vellmar b. Kassel, umgezeichnet, dem auch die Umzeichnung der Karte 2 zu verdanken ist.

Abb. 1: Meßtischblattauschnitt mit dem Hügelgräberfeld nördlich von Hölingen, Gem. Reckum, Kr. Hoya (Weser-Emsgebiet).

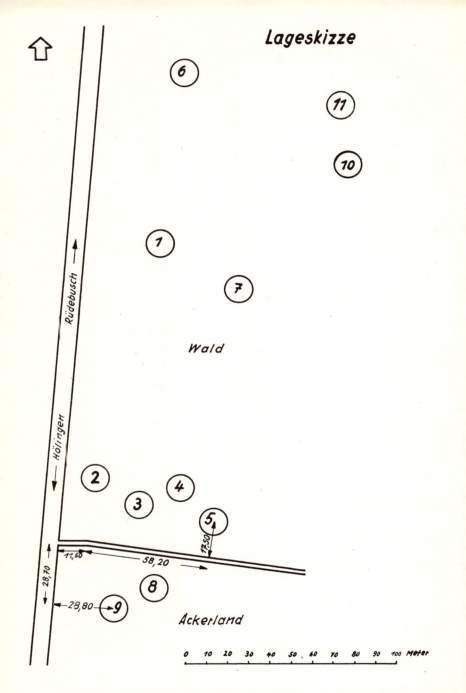

Abb. 2: Lageplan des Hügelgräberfeldes nördlich von Hölingen, Gem. Reckum, Kr. Grafschaft Hoya (Weser-Emsgebiet).

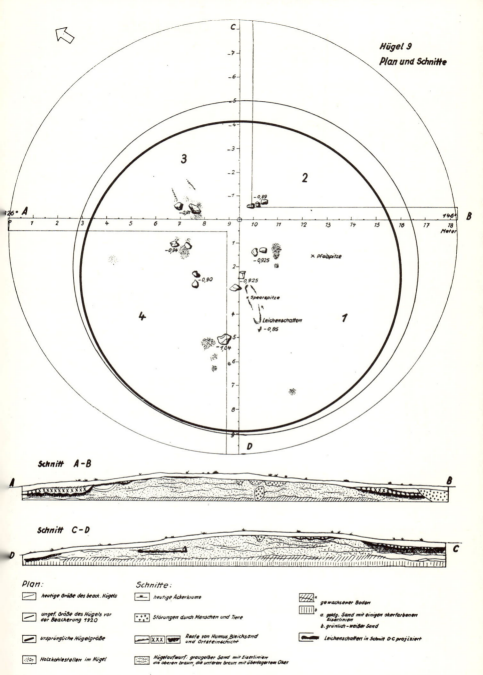

Abb. 3: Ausgegrabener Hügel aus dem Gräberfeld nördlich von Hölingen, Gem. Reckum, Kr. Grafschaft Hoya mit den Überresten einer Männerbestattung (Weser-Emsgebiet).

Abb. 4: Grabhügel auf der Addenstorfer Heide, Landkreis Uelzen, vor der Ausgrabung (Ilmenaugebiet).

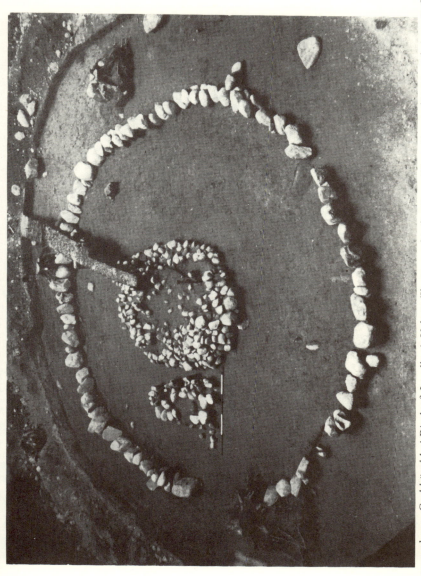

Abb. 5: Ausgegrabener Grabhügel bei Ripdorf, Landkreis Uelzen (Ilmenaugebiet) mit zwei Bestattungsplätzen und einem äußeren Steinkranz, der ursprünglich den Hügel abstützte.

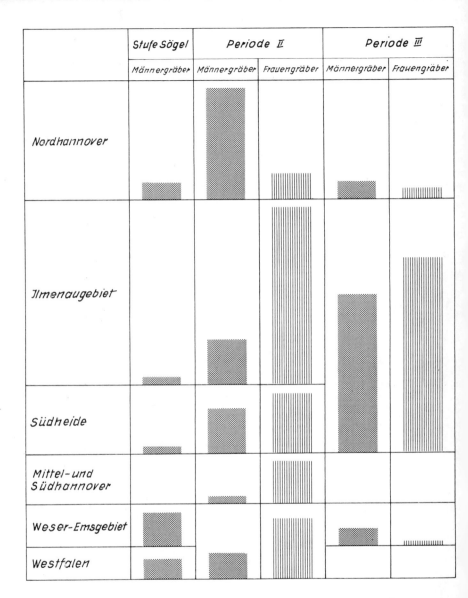

Abb. 6: Anzahl und Mengenverhältnis der Männer- und Frauengrabfunde in den einzelnen Gebieten und Epochen der älteren Bronzezeit Nordwestdeutschlands. 0,7 mm Säulenhöhe entspricht einem Grab.

Bemerkung: Nicht verwendet wurden die Ergebnisse der Ausgrabungen in der Südheide von 1936–1944, um das Verhältnis nicht zu stark einseitig zu verändern. Mit ihnen zusammen ergeben sich in diesem Gebiet für die Periode II an Männergräbern 59, an Frauengräbern 73.

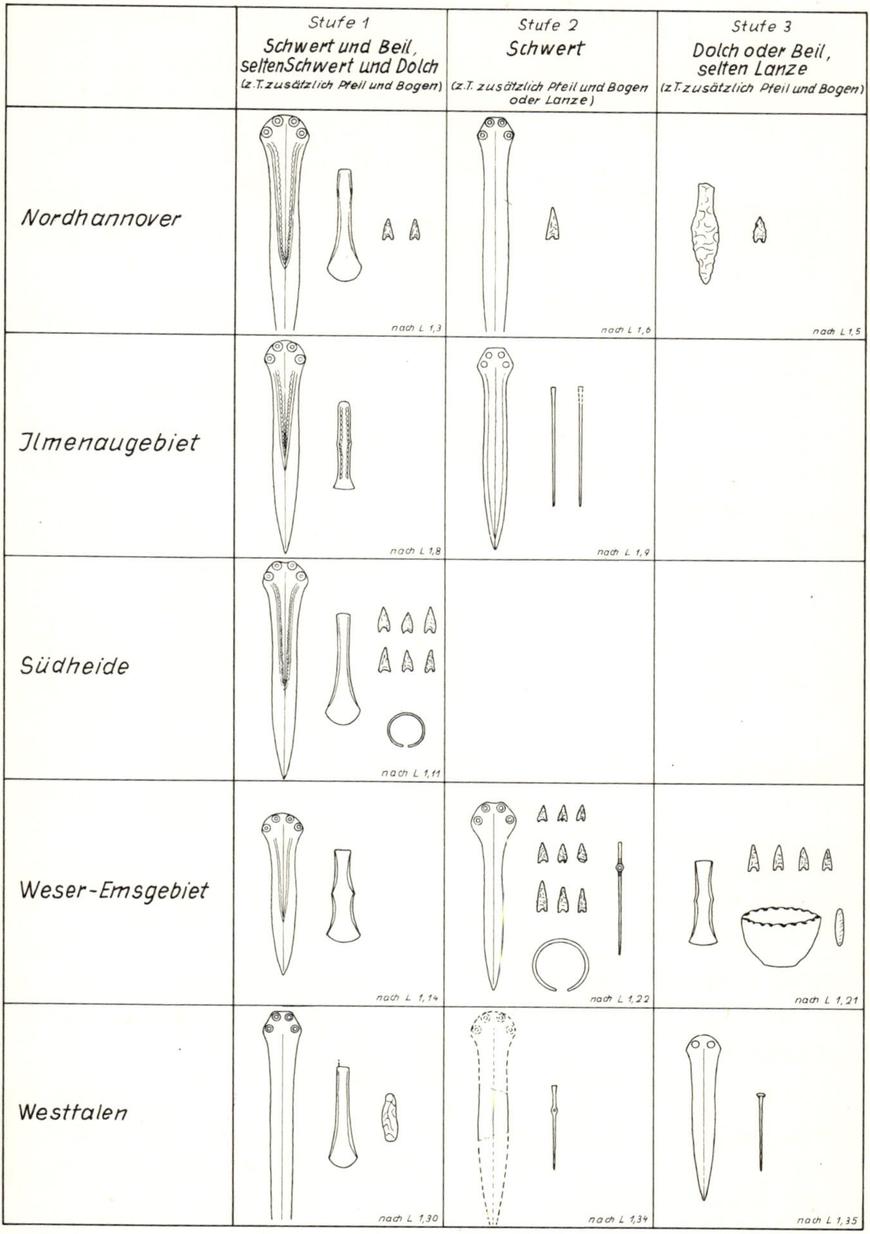

	Stufe 1 Schwert und Beil, selten Schwert und Dolch (z.T. zusätzlich Pfeil und Bogen)	Stufe 2 Schwert (z.T. zusätzlich Pfeil und Bogen oder Lanze)	Stufe 3 Dolch oder Beil, selten Lanze (z.T. zusätzlich Pfeil und Bogen)
Nordhannover	nach L 1,3	nach L 1,6	nach L 1,5
Ilmenaugebiet	nach L 1,8	nach L 1,9	
Südheide	nach L 1,11		
Weser-Emsgebiet	nach L 1,14	nach L 1,22	nach L 1,21
Westfalen	nach L 1,30	nach L 1,34	nach L 1,35

Abb. 7: Männergräber der Stufe Sögel. Beispiele von Grabausrüstungen der einzelnen Stufen.

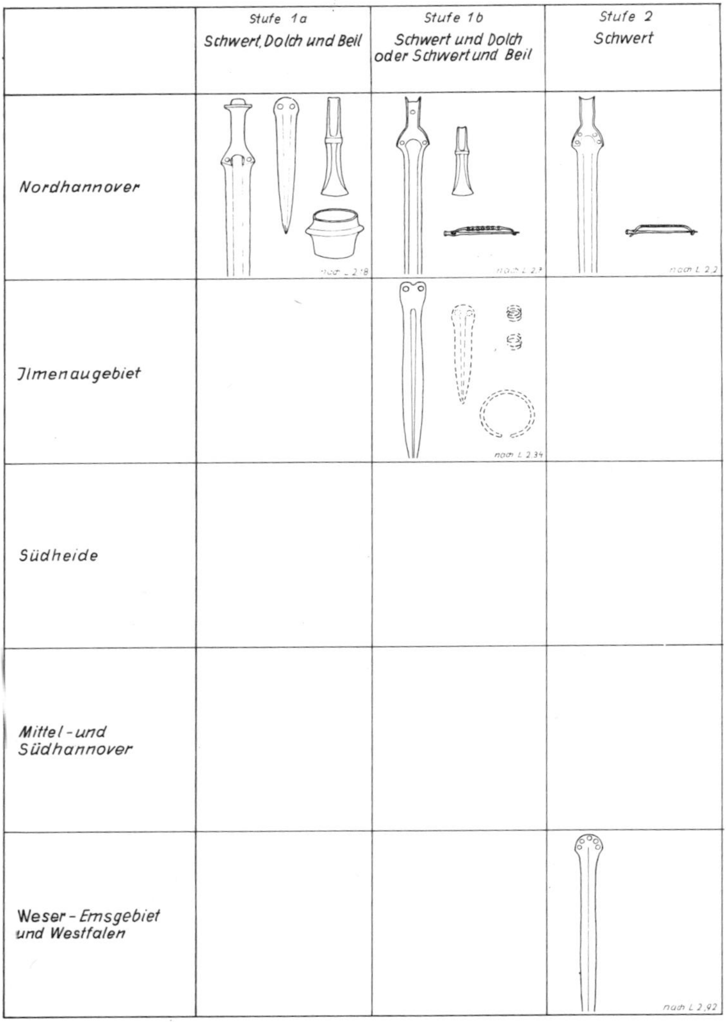
Stufe 1a
Schwert, Dolch und Beil
Stufe 1b
Schwert und Dolch oder Schwert und Beil
Stufe 2
Schwert
Nordhannover
nach L 2,2
Jlmenaugebiet
nach L 2,34
Südheide
Mittel- und Südhannover
Weser-Emsgebiet und Westfalen
nach L 2,92

Abb. 8: Männergräber der Periode II. Beispiele von Grabausrüstungen der einzelnen Stufen.

Stufe 3a Dolch und Beil (z.T. zusätzlich Lanze, selten Pfeil und Bogen)	Stufe 3b Dolch oder Beil (z.T. zusätzlich Pfeil und Bogen, selten Lanze)	Stufe 4 Pfeil und Bogen (selten zusätzlich Lanze)	Stufe 5 Lanze	Stufe 6 Waffenlos
nach L 2,3	nach L 2,23		nach L 2,25	
nach L 2,15	nach L 2,30			
nach L 2,50	nach L 2,60	nach L 2,39		nach L 2,55
	nach L 2,88			
	nach L 2,94	nach L 2,90	nach L 2,91	

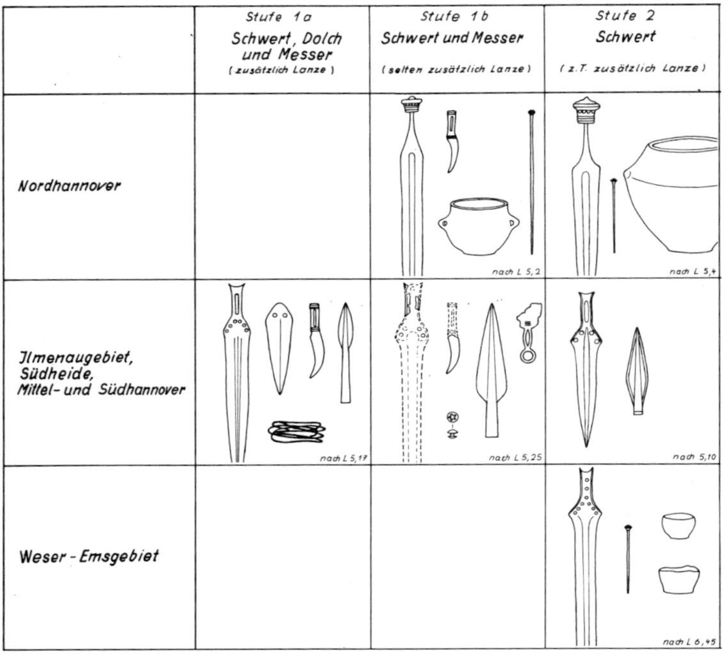

	Stufe 1a Schwert, Dolch und Messer (zusätzlich Lanze)	Stufe 1b Schwert und Messer (selten zusätzlich Lanze)	Stufe 2 Schwert (z.T. zusätzlich Lanze)
Nordhannover		nach L 5,2	nach L 5,4
Jlmenaugebiet, Südheide, Mittel- und Südhannover	nach L 5,17	nach L 5,25	nach 5,10
Weser-Emsgebiet			nach L 6,+5

Abb. 9: Männergräber der Periode III. Beispiele von Grabausrüstungen der einzelnen Stufen.

Stufe 3a Dolch und Messer	Stufe 3b Dolch (selten zusätzlich Lanze)	Stufe 4 Pfeil und Bogen	Stufe 5 Lanze (selten zusätzlich Pfeil und Bogen)	Stufe 6 Waffenlos
Dolch Messer Nadel Pinzette (Fund verschollen) nach L 5,3				
	nach L 5,24	nach L 5,11	nach L 5,14	nach L 5,12
	nach L 6,48		nach L 6,49	

	Stufe 1 21-50 Wertpunkte
Nordhannover	
Ilmenaugebiet	nach L 7,15
Südheide	nach L 7,77
Mittel- und Südhannover	
Weser-Emsgebiet und Westfalen	

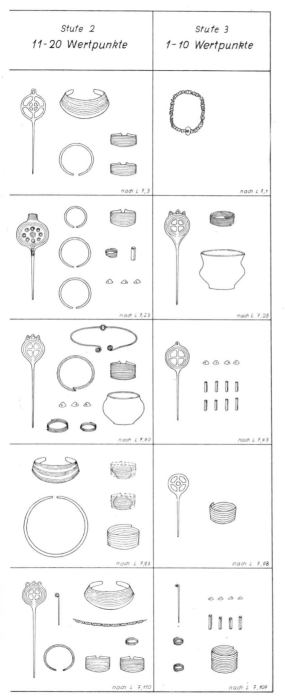

Abb. 10: Frauengräber der Periode II. Beispiele von Grabausrüstungen der einzelnen Stufen.

	Stufe 1 21-50 Wertpunkte
Nordhannover	
Jlmenaugebiet	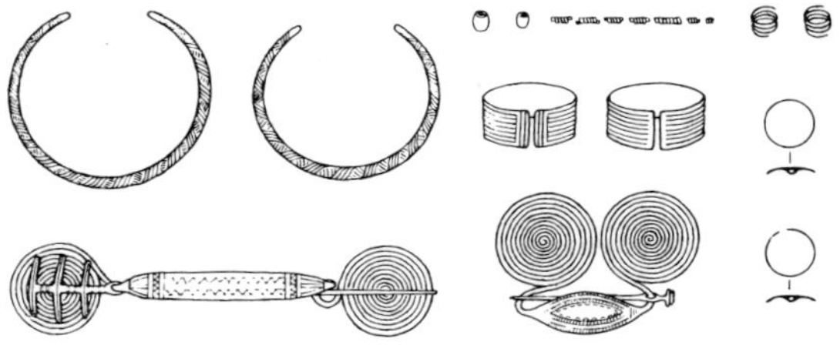 *nach L 11,6*
Weser-Emsgebiet	

Abb. 11: Frauengräber der Periode III. Beispiele von Grabausrüstungen der einzelenen Stufen.

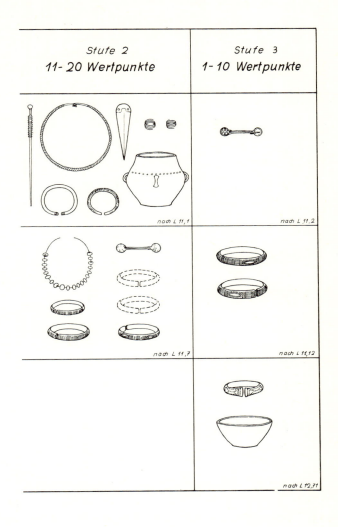

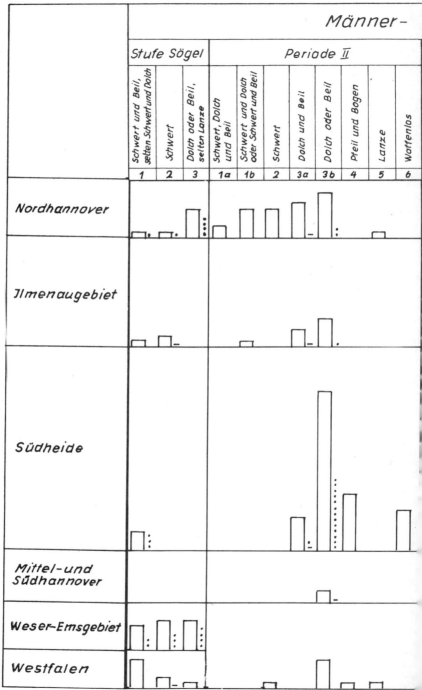

Abb. 12: Männer- und Frauengräber von der Stufe Sögel bis Periode III. Stufen-

gräber							Frauengräber					
Periode III							Periode II			Periode III		
Schwert, Dolch und Messer	Schwert und Messer	Schwert	Dolch und Messer	Dolch	Pfeil und Bogen	Lanze	Waffenlos	21-50 Wertpunkte	11-20 Wertpunkte	1-10 Wertpunkte	21-50 Wertpunkte	11-20 Wertpunkte	1-10 Wertpunkte
1a	1b	2	3a	3b	4	5	6	1	2	3	1	2	3

...gliederung in den einzelnen Gebieten Nordwestdeutschlands. — = zusätzlich mit Lanze; · = zusätzlich mit Pfeil und Bogen; 1,5 mm Säulenhöhe = 1 Grab. ↔

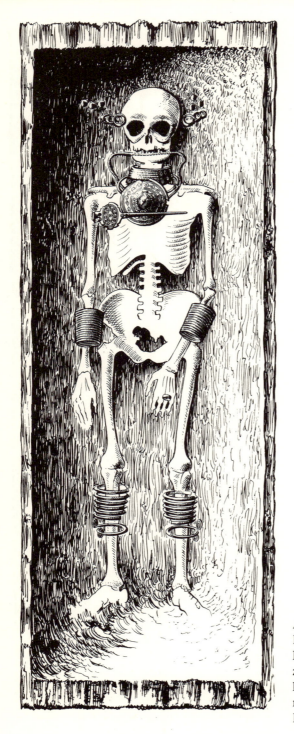

Abb. 13: Reich ausgestattetes Frauengrab der Stufe 1 aus der Periode II der älteren Bronzezeit von Wardböhmen, Landkreis Celle (Südheidegebiet). Das nicht erhaltene Skelett und der Baumsarg sind rekonstruiert.

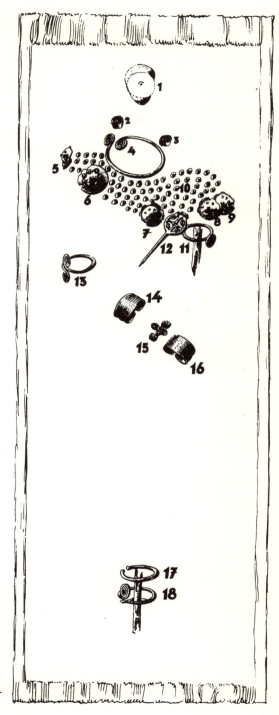

Abb. 14: Reich ausgestattetes Frauengrab der Stufe 1 aus der Periode II der älteren Bronzezeit von Bleckmar, Landkreis Celle (Südheidegebiet). Spuren des Baumsarges und einige Knochen des Skeletts waren hier erhalten.

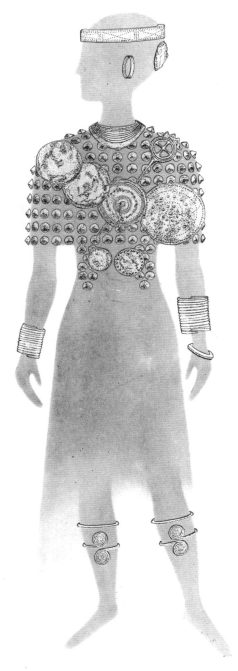

Abb. 15: Rekonstruktion einer reichen Frauentracht der Stufe 1 aus der Periode II der älteren Bronzezeit nach einem Grabfund von Wardböhmen, Landkreis Celle (Südheidegebiet).

	Frühe Bronzezeit	Stufe Sögel	Periode II	Periode III
Nordhannover		▓	▓	
Ilmenaugebiet		▓		▓	▓
Südheide		▓		▓	
Mittel- und Südhannover			▓	
Weser-Emsgebiet		▓	▓	▓	▓
Westfalen	▓	▓		▓

Abb. 16: Anzahl der Hortfunde in den einzelnen Gebieten und Epochen der frühen und älteren Bronzezeit Nordwestdeutschlands. 4 mm Säulenhöhe entsprechen einem Hortfund.

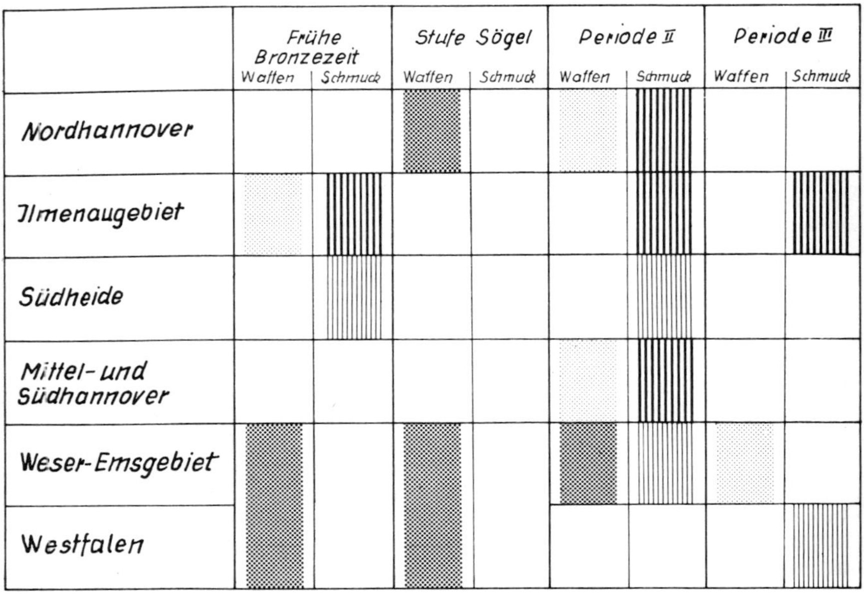

	Frühe Bronzezeit		Stufe Sögel		Periode II		Periode III	
	Waffen	Schmuck	Waffen	Schmuck	Waffen	Schmuck	Waffen	Schmuck
Nordhannover				▓		░	▌	
Ilmenaugebiet		▌						▌
Südheide			▌					
Mittel- und Südhannover						▌		
Weser-Emsgebiet	▓		▓		▓		░	
Westfalen	▓		▓					▌

Abb. 17: Waffen- und Schmuckhorte von der frühen Bronzezeit bis Periode III in den einzelnen Gebieten Nordwestdeutschlands. Dunkles Raster: häufiges Vorkommen, helles Raster: seltenes Vorkommen.

	Frühe Bronzezeit	Stufe Sögel	Periode II Vornehmlich zur Ausrüstung des Mannes gehörige Formen	Periode II Vornehmlich zur Ausrüstung der Frau gehörige Formen	Periode III Vornehmlich zur Ausrüstung des Mannes gehörige Formen	Periode III Vornehmlich zur Ausrüstung der Frau gehörige Formen
Nordhannover	2 (8)	5 (18)	17 (78)	1 (2)	3 (9)	
Ilmenaugebiet	6 (39)	5 (38)	47 (281)	24 (159)	20 (226)	20 (315)
Südheide		1 (2)	4 (11)	4 (15)		
Mittel- und Südhannover		5 (13)	1 (2)	13 (51)	1 (2)	
Weser-Emsgebiet	5 (41)	11 (64)	19 (112)	4 (11)	4 (13)	1 (2)
Westfalen		6 (29)	13 (112)	1 (2)		

Abb. 18: Anzahl der mehrmals in Einzelfunden (vermuteten Einstückhorten) vorkommenden Formen und deren Stückzahl in den einzelnen Gebieten und Epochen Nordwestdeutschlands.

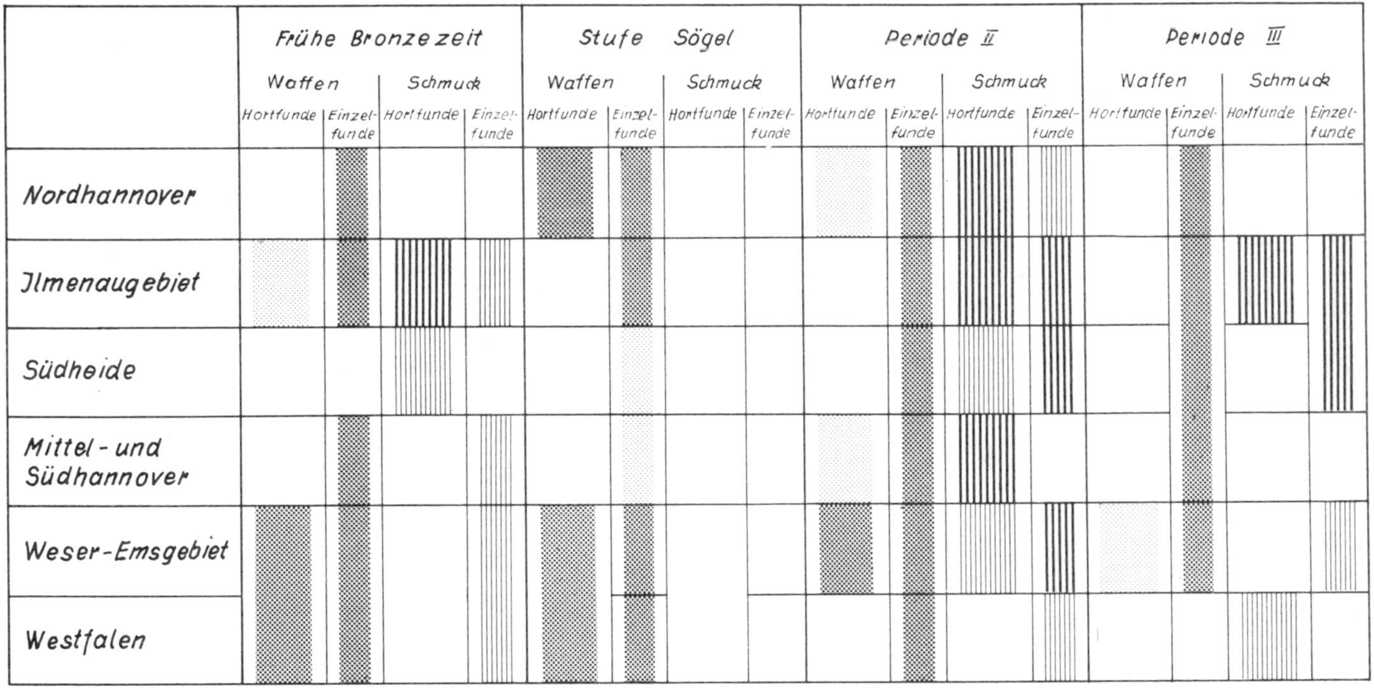

Abb. 19: Waffen und Schmuck in Hortfunden (Mehrstückhorten) und Einzelfunden (vermuteten Einstückhorten) von der frühen Bronzezeit bis Periode III in den einzelnen Gebieten Nordwestdeutschlands. Dunkles Raster: häufiges Vorkommen, helles Raster: seltenes

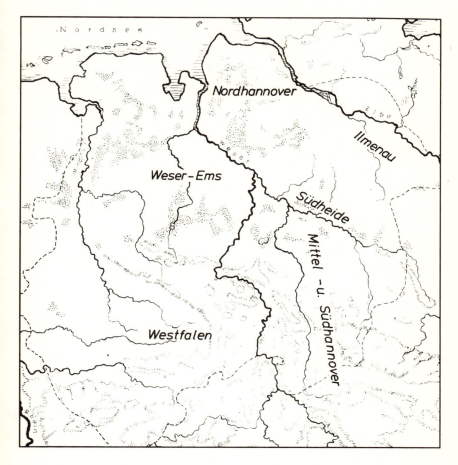

Karte 1: Nordwestdeutschland mit den eigenständigen Gebieten der älteren Bronzezeit.

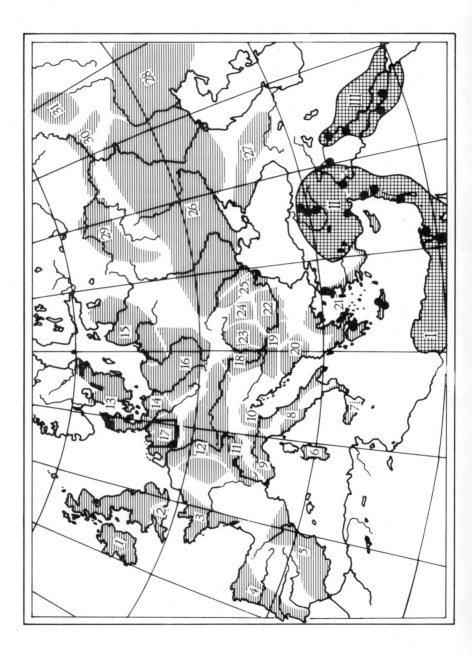

1 = Food-Vessel-Kultur	12 = Hügelgräberkultur	22 = Tei-Kultur
2 = Wessex-Kultur	13 = Nordischer Kreis	23 = Hatvan-Kultur
3 = Armorikanische Bronzezeit	14 = Mecklenburgisch-pommerscher Kreis	24 = Otomani-Kultur
4 = Portgiesisch-Galicische Bronzekultur	15 = Baltische Bronzezeit	25 = Späte Monteoru-Kultur
5 = El-Argar-Kultur	16 = Vorlausitzer Kultur	26 = Ockergräberkultur
6 = Nuraghen-Kultur	17 = Lüneburger Gruppe	27 = Kuban-Terek-Kultur
7 = Sikulische Kultur	18 = Vatya-Kultur	28 = Andronova-Kultur
8 = Appenin-Kultur	19 = Vattina-Kultur	29 = Fatjanovo-Kultur
9 = Ligurische Kultur	20 = Serbische Hügelgräberkultur	30 = Abashevo-Kultur
10 = Oberitalische Pfahlbaukultur	21 = Kretisch-myken. Kulturkreis	31 = Shigir-Kultur
11 = Rhône-Kultur		

I Größte Ausdehnung des Ägyptischen Reiches um 1450 v. Chr.
II Jüngeres Hethitisches Reich um 1400 v. Chr.
III Größte Ausdehnung des Babylonischen Reiches vor der Eroberung Babylons durch den Hethiterkönig Muršiliš 1531 v. Chr.

Karte 2: Älterbronzezeitliche Kulturgruppen in Europa nach 1500 v. Chr. (nach der bisherigen Definition der Forschung). Der eingezeichnete Rahmen um die „Lüneburger Kulturgruppe" Nr. 17 deckt sich mit unserer Karte 1 von Nordwestdeutschland.

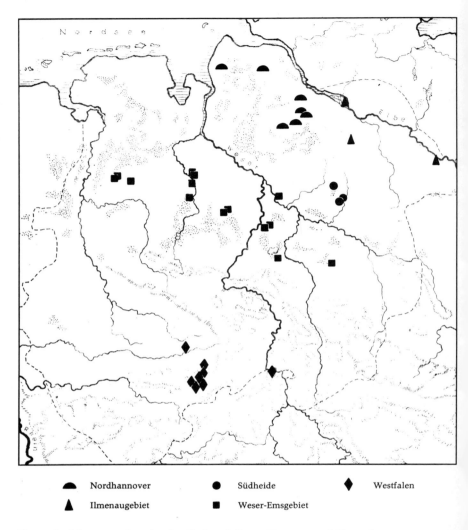

Karte 3: Männergräber der Stufe Sögel. Bewaffnungs- und Kampfesartgruppen.

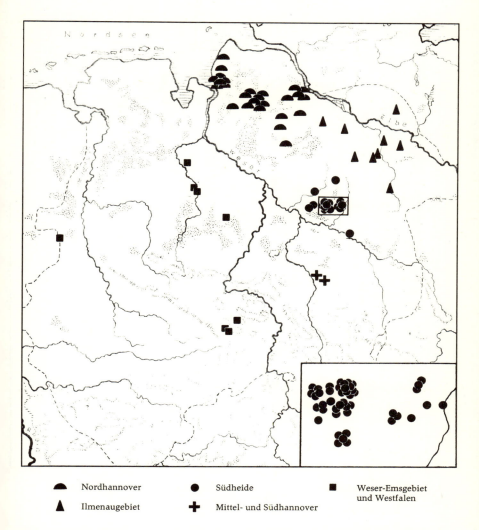

Karte 4: Männergräber der Periode II. Bewaffnungs- und Kampfesartgruppen.

(Südheide: genaue Kartierung nur in vergrößertem Kartenausschnitt.)

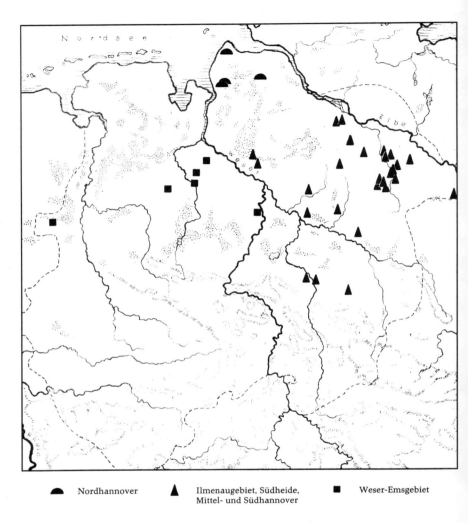

Karte 5: Männergräber der Periode III. Bewaffnungs- und Kampfesartgruppen.

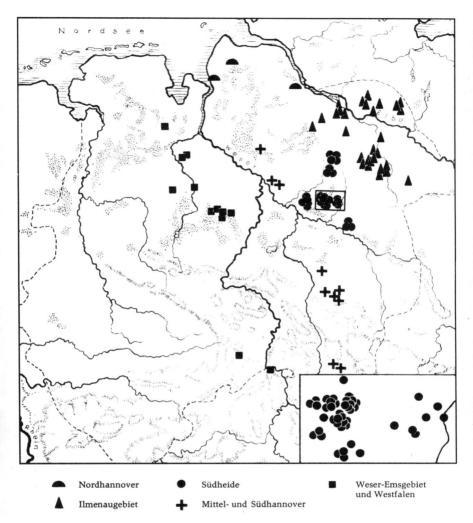

◗	Nordhannover	●	Südheide	■	Weser-Emsgebiet und Westfalen
▲	Ilmenaugebiet	✚	Mittel- und Südhannover		

Karte 6: Frauengräber der Periode II. Ausstattungs- und Trachtgruppen.

(Südheide: genaue Kartierung nur in vergrößertem Kartenausschnitt.)

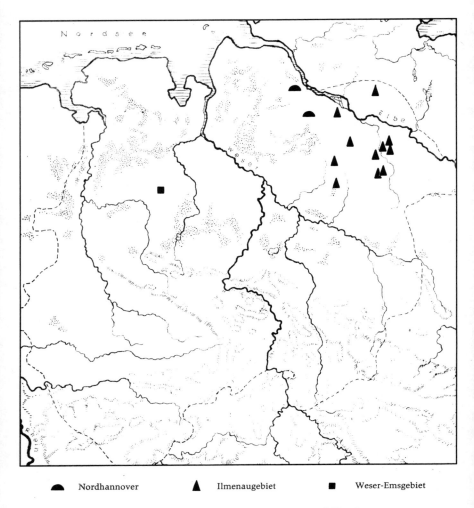

Karte 7: Frauengräber der Periode III. Ausstattungs- und Trachtgruppen.

Legende der Karten 8–12.

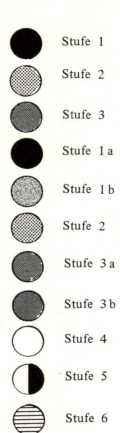

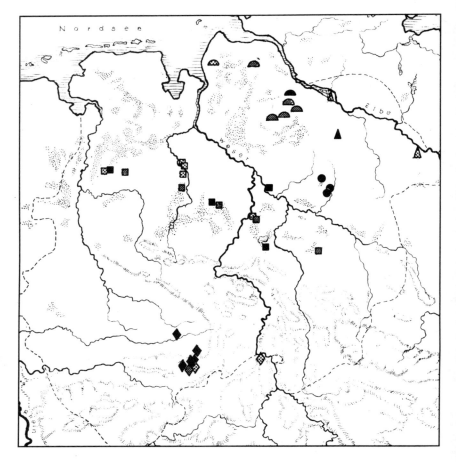

Karte 8: Männergräber der Stufe Sögel. Stufengliederung der Bewaffnungs- und Kampfesartgruppen.

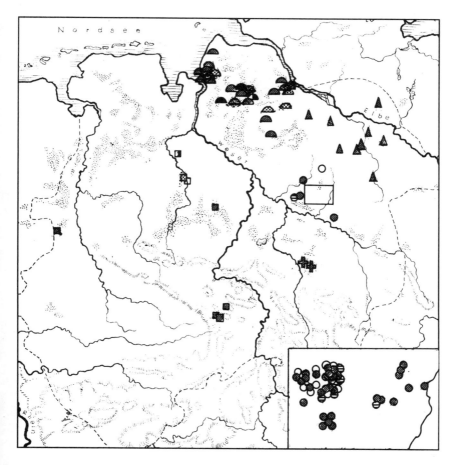

Karte 9: Männergräber der Periode II. Stufengliederung der Bewaffnungs- und Kampfesartgruppen.

(Südheide: genaue Kartierung nur in vergrößertem Kartenausschnitt.)

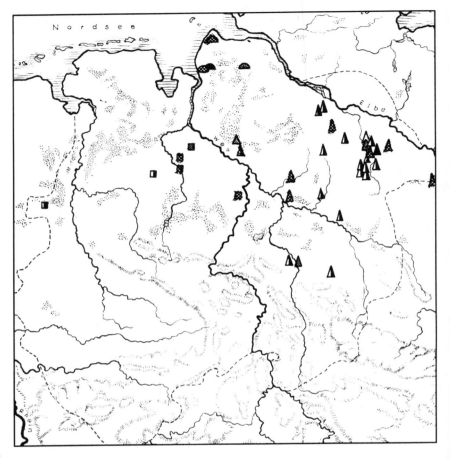

Karte 10: Männergräber der Periode III. Stufengliederung der Bewaffnungs- und Kampfesartgruppen.

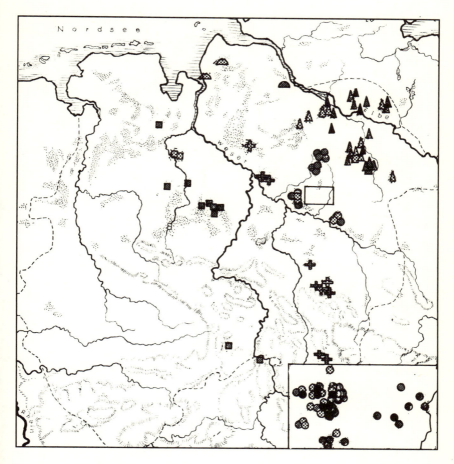

Karte 11: Frauengräber der Periode II. Stufengliederung der Ausstattungs- und Trachtgruppen.

(Südheide: genaue Kartierung nur in vergrößertem Kartenausschnitt.)

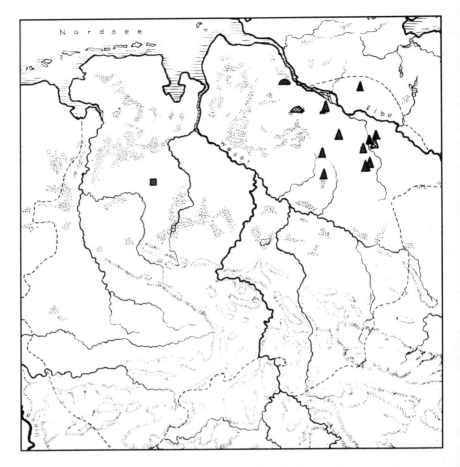

Karte 12: Frauengräber der Periode III. Stufengliederung der Ausstattungs- und Trachtgruppen.

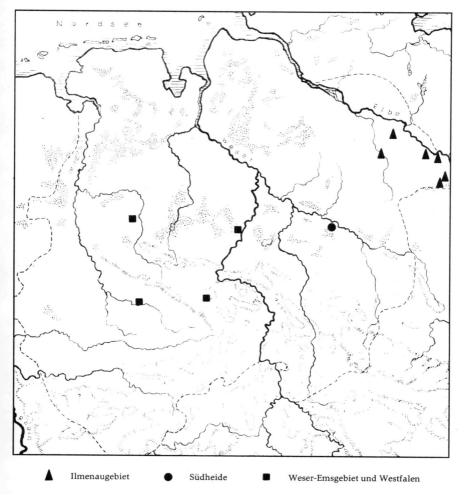

▲ Ilmenaugebiet   ● Südheide   ■ Weser-Emsgebiet und Westfalen

Karte 13: Hortfundgruppen der frühen Bronzezeit.

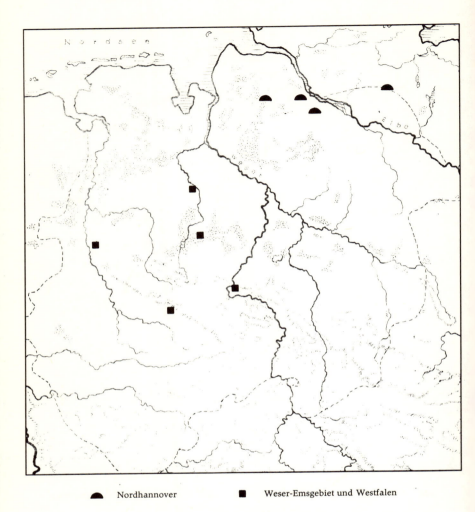

Karte 14: Hortfundgruppen der Stufe Sögel.

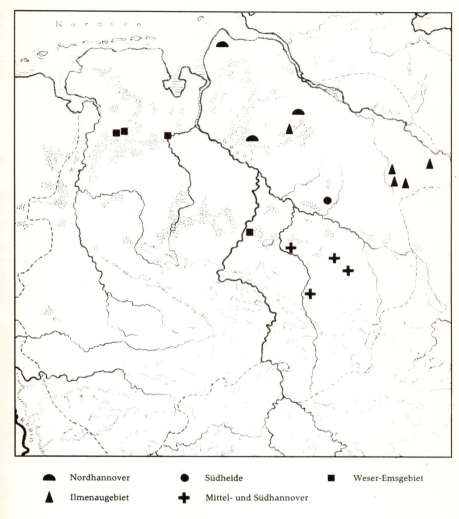

Karte 15: Hortfundgruppen der Periode II.

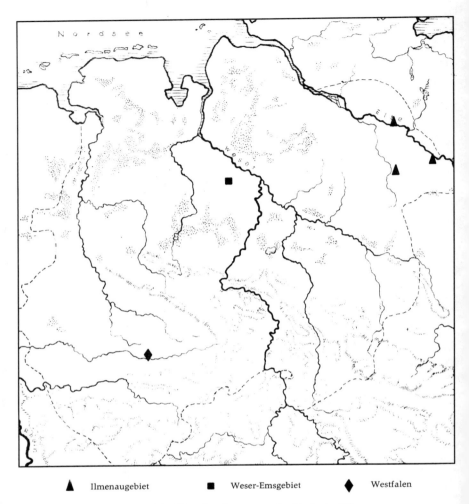

▲ Ilmenaugebiet ■ Weser-Emsgebiet ◆ Westfalen

Karte 16: Hortfundgruppen der Periode III.

Reinhard Dittmann
BETRACHTUNGEN ZUR FRÜHZEIT DES SÜDWEST-IRAN
Regionale Entwicklungen vom 6. bis zum frühen 3. vorchristlichen Jahrtausend
(Berliner Beiträge zum Vorderen Orient, Band 4)

2 Teile. Teil 1: XXVIII und 487 Seiten, Teil 2: VI und 243 Seiten mit zahlreichen Abbildungen, Karten und Tabellen
Broschiert DM 88,– / ISBN 3-496-00883-0

Gegenstand der Betrachtungen sind interregionale Gemeinsamkeiten und Kontraste zwischen dem keramischen Neolithikum (ca. 7. Jahrtausend v. Chr.) und der protoelamischen Periode (frühes 3. Jahrtausend v. Chr.). Sie werden dargestellt anhand von regional gegliederten Einzeluntersuchungen der Siedlungsräume.

Jean-Jaques Glassner
LA CHUTE D'AKKADÉ
L'évenement et sa memoire
(Berliner Beiträge zum Vorderen Orient, Band 5)
VII und 125 Seiten mit 2 chronologischen Tabellen und 2 Karten
Broschiert DM 32,– / ISBN 3-496-00878-4

Der Niedergang des Großreiches von Akkadé, der ersten universalen Reichsbildung der Menschheitsgeschichte, läßt sich in der Zeit zwischen 2200 und 2100 v. Chr. datieren. Der Autor zeigt die wesentlichen Charakteristika dieses politischen Gebildes, seine Stärken und Schwächen und darauf aufbauend, die inneren Ursachen für seinen Verfall. Anhand zeitgenössischer Quellen wird diese Entwicklung dargelegt und ergänzt durch eine Untersuchung der Geschichtsauffassung im Alten Mesopotamien.

Karl Hecker / Walter Sommerfeld (Hg.)
KEILSCHRIFTLICHE LITERATUREN
Ausgewählte Vorträge der XXXII. Rencontre Assyriologique Internationale, Münster 8. – 12.7.1985
(Berliner Beiträge zum Vorderen Orient, Band 6)
XVIII und 164 Seiten und 1 Tafelblatt mit 3 Abbildungen
Broschiert DM 38,– / ISBN 3-496-0879-2

Mythen, Epen, Kultlyrik, Weisheitsliteratur, Königsinschriften und andere Textgattungen, die uns in keilschriftlicher Überlieferung aus dem alten Orient vorliegen, haben lange Zeit hauptsächlich als Quellen zur Rekonstruktion der Geschichte oder Religion gedient. Zunehmend aber rücken Fragen nach ihrer typologischen Klassifikation, ihrem »Sitz im Leben«, ebenso wie solchen nach Stil und literarischer Gestaltung in den Mittelpunkt des Interesses. Die in diesem Sammelband vereinten Vorträge vermitteln ein Bild vom Stand der Erforschung der Keilschriftliteraturen.

DIETRICH REIMER VERLAG  BERLIN

HALLER VON HALLERSTEIN IN GRIECHENLAND 1810–1817
Katalog der Carl Haller von Hallerstein Gesellschaft, München
Herausgegeben von Hansgeorg Bankel
282 Seiten mit 16 farbigen und 151 schwarz-weiß Abbildungen. Format 23,5 x 22 cm
Broschiert DM 39,80* / ISBN 3-496-00840-7

Der vorliegende Katalog dokumentiert die Griechenlandreise des frühklassizistischen Architekten und Bauforschers Carl Haller von Hallerstein (1774-1817). Von 1810 bis zu seinem Tod 1817 erforschte Haller die antike Architektur Griechenlands, erwarb für den bayerischen Kronprinzen Skulpturen, schuf Entwürfe für die Münchner Glyptothek und die Walhalla und zeichnete als Broterwerb die Ruinenlandschaften für englische Reisende.

ARCHÄOLOGISCHE BRONZEN, ANTIKE KUNST, MODERNE TECHNIK
Herausgegeben von Hermann Born
Staatliche Museen Preußischer Kulturbesitz, Museum für Vor- und Frühgeschichte

206 Seiten mit 50 farbigen und 127 einfarbigen Abbildungen
Format 21 x 29,7 cm
Gebunden DM 58,–* / ISBN 3-496-01029-0

Ein wichtiges und schönes Handbuch für alle, die umfassende Informationen auf dem Gebiet der archäologischen Bronzen Europas und des Vorderen Orients suchen, ist das vorliegende Katalogbuch. Unter Auswertung antiker Quellen gibt es Auskunft über Erzgewinnung und Erzverhüttung, Herstellungstechniken, Korrosion und Patina, Bergung, Dokumentation, Restaurierung und naturwissenschaftliche Untersuchungsmethoden.

Otfried von Vacano
TYPENKATALOG DER ANTIKEN MÜNZEN KLEINASIENS
Herausgegeben von Dietmar Kienast

XX und 513 Seiten (keine Abbildungen)
Broschiert DM 128,– / ISBN 3-496-00848-2

Der Typenkatalog schlüsselt das Material aller publizierten größeren Sammlungen für den Bereich Kleinasien auf, sowie das Material der wichtigsten Monographien und zahlreichen Zeitschriftenaufsätze. Dem Benutzer wird die Möglichkeit geboten, einen Münztyp in seinen zeitlichen und örtlichen Zusammenhang einzuordnen, ohne zuvor jede einzelne Angabe anhand des genannten Zitats nachschlagen zu müssen.

* unverbindliche Preisempfehlung

DIETRICH REIMER VERLAG  BERLIN